YINGKE® 盈科

盈科全国业务指导委员会系列丛书

身边的法律
权利、义务、程序

盈科律师事务所 / 编
池锦刚 / 著

LAWS AROUND YOU
RIGHTS, OBLIGATIONS, PROCEDURES

法律出版社 LAW PRESS · CHINA
北京

图书在版编目(CIP)数据

身边的法律：权利、义务、程序 / 盈科律师事务所编；池锦刚著. -- 北京：法律出版社，2023
ISBN 978-7-5197-8657-1

Ⅰ. ①身… Ⅱ. ①盈… ②池… Ⅲ. ①法律-基本知识-中国 Ⅳ. ①D920.4

中国国家版本馆 CIP 数据核字(2023)第 248410 号

身边的法律：权利、义务、程序
SHENBIAN DE FALÜ：QUANLI、YIWU、CHENGXU

盈科律师事务所 编
池锦刚 著

策划编辑 朱海波
责任编辑 朱海波 杨雨晴
装帧设计 汪奇峰 臧晓飞

出版发行 法律出版社
编辑统筹 法律应用出版分社
责任校对 蒋 橙
责任印制 刘晓伟
经　　销 新华书店

开本 710 毫米×1000 毫米 1/16
印张 14　**字数** 240 千
版本 2023 年 12 月第 1 版
印次 2023 年 12 月第 1 次印刷
印刷 天津嘉恒印务有限公司

地址：北京市丰台区莲花池西里 7 号(100073)
网址：www.lawpress.com.cn
投稿邮箱：info@lawpress.com.cn
举报盗版邮箱：jbwq@lawpress.com.cn

销售电话：010-83938349
客服电话：010-83938350
咨询电话：010-63939796

书号：ISBN 978-7-5197-8657-1　**定价**：56.00 元
凡购买本社图书，如有印装错误，我社负责退换。电话：010-83938349

本书编著者

池锦刚 著

目录

概述

不完整的权利 / 003
权利的本质 / 003
权利和利益的关系 / 005
侵权行为影响权利实现 / 006
权利也可能被滥用 / 008

个人

活着的权利 / 013
生命健康权的内容 / 013
生命健康权的防护 / 017
受侵权者事后维权 / 019

婚姻自由权 个体权衡之道 / 026
婚前:择偶权利与婚前财产公证(协议) / 026
婚后:婚姻权利义务与婚姻财产协议 / 029
离婚:协议离婚与诉讼离婚 / 033
离婚后财产纠纷 / 044

公司

企业用工权利:维护和谐劳资关系 / 051
劳动合同解除类型 / 051
劳动者不辞而别如何处理 / 055
协商解除劳动关系的风险防范 / 056

劳动者严重违反单位的规章制度的处理 / 058
双方无过错解除劳动合同 / 059
如何打造用人标准化管理 / 061

合同中的权利：无畏契约 / 066
不是律师能否审合同 / 066
如何修补合同漏洞 / 072
合同违约损失的计算 / 077

企业合同权利保障：科学的合同管理模式 / 084
合同管理中存在的主要风险 / 084
企业合同管理的目标和基本流程 / 086
合同管理的操作具体建议 / 088
《合同管理制度》模板参考 / 094

纳税人权利：税务合规助利润增长 / 104
商法财税的逻辑关系 / 105
企业常见的税务风险 / 107
税务合规落地实施方案 / 111
《税务合规专项指南》参考 / 114

程序

预防刑事诉讼：生意人的底线 / 121
涉企刑事诉讼发生的原因 / 121
那些生意人容易犯的错 / 124
如何预防刑事诉讼风险 / 133

民事诉讼攻防谋略 / 136
民事诉讼十二步法 / 136
在哪里起诉有讲究 / 144
起诉状(答辩状)与辩论意见书(代理词)的攻防策略 / 151
民事诉讼程序期限一览表 / 155

证据原理和庭审技巧 / 163
打官司的“保质期” / 163
举证有期限 / 167
质证要点 / 167
法庭辩论要点 / 171

辩护人的意见 / 174
为什么要为“高启强”们辩护 / 174
刑事辩护人的自我要求 / 176
辩护手记 / 179

概述

不完整的权利

权利的本质

权利是什么？有人说权利就是自主决定一件事可行与不可行的自由，或者拥有指示或决定别人做与不做的自由，也有人说权利就是人拥有的某种权力，还有人说权利就是这个社会愿意维护你、给予你的利益，甚至还有人说权利就是义务、责任相对应的那个东西。这个问题不仅困扰着我们普通人，甚至很多法学家都很难说清楚。美国著名法学家庞德就说过，“法学之难者，莫过于权利也”。

相对于权利到底是什么，很多人更想知道自己有哪些权利。我们先看一下法律规定的权利有哪些，宪法中对我们拥有哪些权利作了规定，可以概括为七个方面。

1. 政治权利和自由。

政治权利和自由，是指公民依法享有的参加国家政治生活方面的权利和自由。具体包括两大方面：第一，选举权和被选举权；第二，政治自由，包括言论、出版、集会、结社、游行、示威的自由。

2. 宗教信仰自由。

《宪法》规定我国公民有宗教信仰自由，任何国家机关、社会团体和个人不得强制公民信仰宗教或者不信仰宗教，不得歧视信仰宗教的公民和不信仰宗教的公民。

3. 人身自由权利。

广义的人身自由权包括公民的人身、人格尊严和住宅不受侵犯，以及与人身自由密切联系的通信秘密受法律保护。

4. 社会经济权利。

社会经济权，是指公民享有的经济生活和物质利益方面的权利，是公民实现其他权利的前提条件和物质基础。它主要包括:第一,财产权;第二,继承权;第三,劳动权;第四,休息权;第五,物质帮助权;第六,离退休人员的生活保障权。

5. 教育、科学、文化权利和自由。

教育、科学、文化既是权利,也是义务,《宪法》规定公民有受教育的权利和义务。国家采取各种措施,发展各种教育和科学文化事业。

6. 特定人的权利。

所谓特定人,这里是指包括妇女、母亲、儿童、老人、离退休人员、烈军属、华侨、归侨和侨眷在内的人员。其权利包括:第一,妇女、婚姻、家庭、母亲、儿童和老人受国家保护;第二,保障离退休人员和烈军属的权利;第三,保护华侨、归侨和侨眷的正当权益。

7. 监督权利。

《宪法》规定公民有对国家机关和国家工作人员提出批评和建议的权利;对其违法失职行为有向国家机关提出申诉、控告或者检举的权利。

在当下中国社会,随着社会交往的复杂化以及法治意识和权利观念的普及,权利越来越多地获得人们的认同和信奉,社会生活中的各种立场、主张、意见或评论几乎都借助权利话语来表达,也不断地挑战着社会管理的能力,人们对人格权的关注程度越来越强,我们发现各种层出不穷的新兴权利主张大部分落入人格权范畴之内,如祭奠权、接吻权、贞操权、眺望权、安宁权、生育权、被遗忘权等。人格权的保护主要体现于侵权责任法律规范中,它们是一种保护性的规范体系,随着时代和环境的变迁呈现出开放性和动态性特征,因此,在侵犯人格权利或利益的个案背景下,某项新兴权利一出现,对它主张首先考虑能不能成立,即诉权的问题,然后考虑是否应当受到保护,就构成立法层面或者理论上及司法实务或者实践上亟须解决的难题。

从上面这些权利种类可以看出,权利的本质就是一种实际利益,是法律认可和保护的利益,我们就是权利的主人,也是法律所认可的利益的主人。而利益又是什么?利益可以朴素地理解为人类的某种需要或愿望,人类生存、生活和发展所需之物。这种需要或愿望可能表现为你工作应该取得的报酬,也可能表现为你可以拒绝一个讨厌的人进入你的房子,你可以参与竞选领导干部,你借给别人的钱没得到偿还可以将借款人告到法院等。在此我们讨论的是法定的,也就是法律规定的权利,除此之外我们还有道德层面的权利和习俗层面的权利。

最有助于理解法定权利的方法之一就是将权利和义务对应起来。说某人享有或拥有某种利益、主张、资格、权力或自由，是说别人对其享有或拥有之物负有不得侵夺、不得妨碍的义务。若无人承担和履行相应的义务，权利便没有了依托，自然形同虚设。故一项权利的存在，意味着一种让别人承担和履行相应义务的观念和制度的存在。如果说权利表示的是以“要求”、“获取”或“做”为表现形式的“得”，那么义务所表示的就是相应的以“提供”、“让与”或“不做”为表现形式的“予”。其实法律就是由权利和义务组成的，比如制约买卖关系双方的法律条文规定，买主有收取货物的权利和支付货款的义务，卖主就有交付货物的义务和收取款项的权利，运用法律解决问题的过程实则是在调整社会成员的权利、义务，以及社会成员之间的权利义务关系的过程。从权利和义务的关系看，尽管二者是相伴相生的，但相较而言，权利处于主动地位，义务处于被动地位，权利是目的，义务是手段，法律设定义务的目的在于保障权利的实现，义务需要被某种权利所约束和支配，义务主体应按照权利主体的指示和要求去做或不做某事，因此，在“权利是第一性的要素，义务是第二性的要素”的关系格局之中，权利成为维护每一个公民利益的起点。

权利和利益的关系

利益是权利的基础，但利益不能当然地成为权利，唯有“经过社会权衡、协调、界定而得到公认和一定保障应受分配”的正当利益才能被确认为权利。利益转化为权利是经过利益识别、利益正当性证明和利益被权威认可三个步骤实现的。其中，利益识别环节是利益转化为权利的基础步骤，包括利益主体识别和利益主张识别，需要回答两个问题，即谁是适格的利益主体、利益主体的具体需求是什么。利益正当性证明环节是利益转化为权利的关键步骤，判断利益是否正当的标准是利益能否普及所有公民，正当的利益应该是共性的，而不是个性的，应该是由全体公民所普遍享有的，而不是由某些个体所独有的。在主体适格、正当性显现后，利益进入被权威主体审视、评价的环节，具体表现为，国家立法机关按照法定程序将利益纳入法律之中，以权利的形式对其进行确认和分配。权益是法律所认可和保护的利益，可被视为“权利束”，一项权益可以对应多种权利。比如,按照《民法典》的相关规定,人民法院分割夫妻共同财产时应考虑无过错方权益,此处的"无过错方权益"除了夫妻共同财产的所有权之外,还可能包括在家庭生活中付出较多的一方请求对方给予补偿的权利、离婚时生活困难的一方请求对方给予适当帮助的权利,以及无过错方的损害赔偿请求权等。在中国现行法律中,权益与合法权益可做相同理解,由权利和其他合法权益组成,其中,权利是主体明确、具有正当性,且经过立法活动确认和命名的利益,其他合法权益与权利并列存在于法律之中,蕴含权利要件、法律原则或立法宗旨,名称尚不具体、外延尚未明确,其功能在于承认和保护部分"漏列的权利"、"应(固)有权利"和"新生权利"等。由于权益具有流动性和不稳定性,故而为权益寻找匹配的权利不应仅限于权益所在的法律,还可以扩大至其他法律,甚至整个法律体系。比如,国家对其出资的企业享有"出资人权益",该权益可与《公司法》所规定的股东权利相对应,包括资产收益权、参与重大决策权、选择管理者权,以及查阅、复制公司章程、三会会议记录和财务会计报告的权利等;《妇女权益保障法》中所规定的"文化教育权益""劳动和社会保障权益""婚姻家庭权益"可分别借助《著作权法》《劳动法》《劳动合同法》《民法典》中所规定的权利而实现;《数据安全法》所保护的"个人、组织的合法权益"可能触碰《公司法》所规定的公司所拥有的法人财产权、《著作权法》所规定的著作权、《民法典》所规定的知识产权(商业秘密),以及《反不正当竞争法》所保护的商业秘密等。

侵权行为影响权利实现

侵权行为是他人由于过错侵害权利人人身、财产和其他合法权益,依法应承担民事责任的不法行为,以及依照法律特殊规定应当承担民事责任的其他侵害行为。

侵权行为必须具备的相应条件,即行为人承担侵权民事责任的条件。侵权行为有一般侵权行为和特殊侵权行为之分。就一般侵权责任而言,必须具备以下四个要件才能构成:

1. 损害事实的客观存在,即必须在客观上造成财产损害或精神损害。
2. 行为具有违法性,如因合法行为造成损害,则行为人不承担责任。

3. 不法行为与损害后果之间有因果关系。

4. 行为人主观上有过错，包括故意和过失。如行为人主观上无过错，则不承担责任。

特殊侵权行为的民事责任不须完全具备上述要件，基于法律的特别规定或具备一定的特殊条件即可成立。例如：

《民法典》第1165条规定：

行为人因过错侵害他人民事权益造成损害的，应当承担侵权责任。

依照法律规定推定行为人有过错，其不能证明自己没有过错的，应当承担侵权责任。

第1166条规定：

行为人造成他人民事权益损害，不论行为人有无过错，法律规定应当承担侵权责任的，依照其规定。

第1167条规定：

侵权行为危及他人人身、财产安全的，被侵权人有权请求侵权人承担停止侵害、排除妨碍、消除危险等侵权责任。

立法者认为侵权责任的立足点是解决中国具体问题。一般侵权责任是基于我们传统意义上的正义道德观念。但是，在现代工业社会，弱势群体——受害人的存在被视为一种社会的"不公"，应当加强对受害人的法律救济和社会救济。产生了法律哲学上的矫正主义，来弥补传统理念下归责上的不足。在这个意义上，无过错责任具有矫正正义的意义。矫正正义的目标是纠正这种"不公"，通过"有伤害，则有责任"，加强对弱势群体——受害人的保护，实现社会整体公平。值得注意的是，基于中国的基本国情和法律制度建设状况，《民法典》中也保留了个别权宜性条款，但明确了这些条款"例外"的地位并严格限制其适用，最为典型的是高空抛物责任和公平补偿规则。从本质上讲，这两个制度的基础都是法律经济分析理论，其目标都是填补受害人的损失，合理分散风险，促进社会和谐稳定、维护社会秩序。

现代社会已经成为一个权利泛化的社会，人们在日常生活中会产生各种各样新型的利益诉求，远超出法律所明确列举的利益类型。我们看到诉讼中当事人为了让自己的诉求更容易获得法官的支持，也往往倾向于为其利益诉求冠以权利之名，似乎不披上"权利"的外衣就无法保证其利益诉求的正当性。正因如此,各种各样的所谓“新型权利”在现代社会中不断涌现,比如信用权、性生活权、贞操权、纯粹精神损害赔偿请求权、被遗忘权、亲吻权等“新型权利”在司法实践中经常为当事人所主张,这类案件往往是困扰法官的疑难案件,因为这类所谓的“权利”并非实在法意义上的权利类型,故法官在裁判此类案件时缺乏直接、明确的法律依据,而基于“不得拒绝裁判”的要求,只能寻求其他相近规范或者一般规范的支持,论证个案中的“新型权利”是否具有正当性。

《民法典》将部分“新型权利”纳入法律明确保护的范围,上升为“有名权利”①(如居住权),能够为法官裁判此类案件提供比较明确的制定法依据,从而无须再论证此类权利应受法律保护的正当性。但社会新业态的发生无论给裁判者还是当事人在权利是否构成侵权以及如何保护权利人都造成了困扰。比如,5G时代下现代网络用户用来消遣碎片时间的短视频迎来大爆发,这意味着短视频侵权问题也将伴随5G推广而广泛出现。短视频侵权的爆发式增长不仅会影响短视频行业的健康发展,其侵权纠纷还会占用乃至浪费大量司法资源。短视频著作权的权利归属难以确定,独创性标准难以统一,损害结果难以计算,平台责任较轻,尤其困扰权利人的是侵权主体难以认定:在实际生活中能够成为侵权主体的主要是短视频平台及其用户,但是我们难以准确判断侵权主体。平台可以通过爬虫技术爬取他人视频后进行转码或者适配后提供给自己的服务器提供给用户,也可以伪装成自媒体上传,更有甚者与第三方公司合作伪装成自媒体“名正言顺”盗用他人的视频,并且通过自媒体账号诱导、帮助用户上传短视频;另外,由于短视频平台的注册不要求真实身份信息,在侵权获利后便可注销账号一走了之,著作权人难以找到侵权人维护自己的权利。

权利也可能被滥用

伴随中国法治环境的不断充实,公民的法治意识和权利意识随之提高,行使权利和为权利而斗争的愿望愈加明显。在公共领域,公民通过行使言论、出版、

---

① 所谓“有名权利”指的是由法律明确规定且有具体权利名称的权利。参见彭诚信:《现代权利理论研究——基于“意志理论”与“利益理论”的评析》,法律出版社2017年版,第297页。

集会、结社、游行、示威等权利，参与国家政治和公共事务的决策，与政府、社会组织等其他主体进行平等交流、诉求表达和协商对话或者通过行使批评、建议权和申诉、控告、检举权监督权力主体的行为；在社会生活中，公民与其他社会主体在平等、自由协商的基础上建立权利义务关系，通过达成或履行约定获得经济利益和精神满足。在当前的法治实践中，依旧存在以权利为起点，但与法律渐行渐远，甚至脱离法治轨道的行为，比如，在互联网上发表的言论直接侵害他人的名誉，未获批准而进行集会活动，利用政府“维稳”心理和地方政府信访工作的缝隙建立信访产业链，将“上访路”转化为“致富路”，试图激发公众舆论和媒体报道以干扰法官裁判，并与司法机关进行对抗和“死磕”，为了实现特事特办的要求，甚至做出“声泪俱下地哭喊”、“牢骚满腹的诉说”和“不分青红皂白拍桌子、出言不逊”等戏剧化的行为。“以权利之名、行违法之实”的行为折射出仍有公民的权利观念尚未成熟的现实，由于缺乏对权利范围，以及利益和权利边界的清晰认知，公民在表述、行使和救济权利时，难免将利益等同为权利、以利益指代权利。与权利相比，利益的范围更广泛、形式更多样、内容更个性，故而利益思维比法治思维更容易被接受、理解和运用，在利益思维的引导下，公民观察、分析和解决问题的基础不是权利而是利益，所提出的主张不是为了实现权利而是为了满足利益，以权利为开端所展开的思考终将转向对利益的争夺。超出权利范围的利益主张若被满足，可能实现个案公平和短期的、小范围的社会稳定，但将在全社会范围内挤压法治思维的运行空间，若公民的个体需求被忽视、被压制，则极有可能激化矛盾、衍生出极端行为和违法行为，进而与法治和法治思维渐行渐远，故而法治思维的正确运用应排除利益思维的干扰、防止利益思维的误导，其关键在于树立公民正确的权利观念，使其有能力区分利益与权利，并从利益主张中提炼出权利诉求。据此，本书认为，以一种简约但不简单的立场认识法治思维应基于日常生活实践，从权利概念入手，辨析利益与权利，并动态展示从利益主张到权利诉求的进程。

权利被滥用的另一个典型就是滥用诉讼程序行为，其中恶意控告和恶意诉讼从构成要件上是指客观方面表现为一方当事人提起了有利于自身的无理由诉讼；主观方面表现为提起诉讼的一方当事人是恶意的，其造成权益损害的，本质上也属于侵权行为。遗憾的是，2020 年 5 月通过的《民法典》中，没有见到关于滥用诉讼程序行为侵权责任化的明确规定。《民事诉讼法》第 115 条中关于滥用诉讼权利规定的是恶意串通型虚假诉讼作为前提。相对来说,《最高人民法院关于防范和制裁虚假诉讼的指导意见》(法发〔2016〕13 号)和《最高人民法院关于进一步推进案件繁简分流优化司法资源配置的若干意见》(法发〔2016〕21 号)以司法文件的形式,明确了虚假诉讼侵害人的损害赔偿责任。因缺乏法律的直接规定,对于滥用诉讼程序行为侵权损害赔偿的司法实践并不统一。比如,对于中途撤诉、单方实施等未被《民事诉讼法》第 115 条涵盖的滥用诉讼程序行为的损害赔偿不予支持,重庆市永川区人民法院(2019)渝 0118 民初 12296 号民事判决书、福建省厦门市海沧区人民法院(2019)闽 0205 民初 3152 号民事判决书就作出类似判决。

个人

▲

活着的权利

人们经常说,无常和死亡谁先来?这个问题挺有意思。有句台词说:“人活着有两件事,或忙着生,或忙着死。”死,是唯一的终点;生,却有不同的风景。人生短短30,000天,每个人都在诠释自己的“活着”:或是繁华落尽,或是万紫千红,或是含苞待放……人最宝贵的是生命,健康是人们幸福生活乃至生命安全的重要前提。生命健康权是公民参加一切社会活动、享有其他一切权利的基础。生命一旦丧失,任何权利都失去了意义,生命健康权是公民最根本的人身权。

生命健康权的内容

生命健康权是有关生命尊严、身体完整、身心健康的权利内容,它是指公民享有的生命安全、身体健康和机能完善的权利,[①]它包括生命权、身体权和健康权。

《民法典》第1002条规定:“自然人享有生命权。自然人的生命安全和生命尊严受法律保护。任何组织或者个人不得侵害他人的生命权。”这一规定确认了生命权的基本内容,就是两个维护权,一是生命安全维护权,二是生命尊严维护权。

生命安全维护权,是权利人保持其生命持续地活着,防止他人危害其生命的权利。每个人都有持续存活在这个世界上的权利,法律保护人的生命延续,这不是通过提高健康程度而延长生命,因为那是健康权的内容,而是保护人的生命不因受外来非法侵害而丧失,保护的是人的生命安全利益。健康问题可能和自身

---

① 参见孙亚明主编:《民法通则要论》,法律出版社1991年版,第204页。

也有干系,比如应该注重自我锻炼,但生命安全的维护有对世的意思,是排除他人妨碍该活着状态的持续。因此,生命安全维护权包括的就是对生命利益享有的消极维护权以及在遭受侵害时享有的积极防卫权。[①]

维护生命安全的权利是每一个自然人都享有的权利,包括对他人的不法侵害而享有的正当防卫的权利。自然人行使生命安全维护权以保护自己的生命安全,可以防卫来自他人甚至国家对生命权侵害的行为。这种防卫权的行使受到法律的约束,既不是没有限度,也不是要颠覆国家,而是生命权人为保护生命安全所必需。这是生命权对世或者对外的表现。生命权对世或对外的另外一个表现就是对周围环境的要求。当周围环境对生命造成威胁时,作为生命的个体,可以要求改变周围环境来消除危险,保护自身安全。这种危险的消除,有可能是改变造成生命威胁的某个场合,某个处所,或者某个物件。生命个体有权申请相关机关,依法消除这种威胁生命的环境危险。比如法律规定,公安机关是维护治安的职能机构,当公民的生命受到威胁,履行相关职能的人员不能视而不见,否则就是一种渎职,轻则应当接受行政处罚,重则属于构成犯罪。因为对于行政人员来说,这是他的一个岗位职责,是一份工作,而对于生命个体来说,生命一旦丧失就无法逆转。

人格尊严,是人作为一个人所应有的最起码的社会地位,并且应当受到社会和他人最起码的尊重。[②] 换言之,人格尊严就是把人真正当成"人",无论自然人的职业、职务、政治立场、宗教信仰、文化程度、财产状况、民族、种族、性别有何差别,其人格尊严都是相同的,绝无高低贵贱之分。[③]《民法典》通过人格尊严的规定,将对自然人人格尊严的保护作为自己最高的职责,生命尊严是其中的内容之一。生命的终极价值在于人能够维护自己的人格尊严,而人格尊严在于人的自我决定,人因为能够自我决定所以才具有尊严。基于自然人对自己的人格尊严的维护,就当然地对其生命具有决定力。尽管自杀不是合法的行为,不属于生命权的自我决定范畴,但是当出现无法遏止的病痛,使生命不能发挥维护人的尊严的作用,反而成为人格尊严的负累时,人就应当有权决定终止它,使自己有尊严地死去。如果只有活的尊严而没有死的尊严,一个人的人格尊

---

① 参见王利明:《人格权法研究》,中国人民大学出版社 2019 年版,第 270 页。

② 参见杨立新:《人格权法》,法律出版社 2011 年版,第 306 页。

③ 参见梁慧星:《中国民法经济法诸问题》,法律出版社 1991 年版,第 73 页。

严就不完整,就无法保护自己最后的尊严。明确规定生命尊严,就从基本法的立场上把生命尊严概括在人格尊严之内,使之成为人格尊严的组成部分,实现人的生、活、死的尊严一体化,使之成为一个整体,从而完整地保护每一个人的人格尊严。

2022 年发生的"唐山烧烤店打人"事件中暴徒的行径是对受害人生命权和健康权的双重侵犯,当时在社会上持续发酵,引起各界的广泛关注。从被曝出的监控视频中可以看到,在唐山市的一家烧烤店内,一名身材魁梧的壮汉因搭讪陌生女子失败,当即掌掴被搭讪女子,随后男子同伙一涌而入对包括被搭讪女孩在内的几名女子进行殴打,被搭讪女子被拖出店外后仍持续遭受群殴……几名男子对手无缚鸡之力的女孩残忍施暴的视频引发众怒。盛怒之下,人们不禁质问:世界上怎么会有如此野蛮之人?恶霸当街调戏良家妇女的事件,我们常认为只会发生在封建社会,不曾想到这种事件竟然会在现代生活中出现。这不仅践踏了法治、女性的尊严,更直接危害到了被打女子的生命权和健康权。

身体权是自然人维护其身体完整,并支配其肢体、器官和其他组织的具体人格权。《民法典》第 1003 条规定:"自然人享有身体权。自然人的身体完整和行动自由受法律保护。任何组织或者个人不得侵害他人的身体权。"身体权包括维护身体完整的基本内容。身体权是自然人的具体人格权之一,属于物质性人格权,表现为自然人对于物质性人格要素的不转让性支配权,是人格权而不是所有权。身体权属于人格权而不是所有权的一个重要的佐证就是禁止器官买卖。我们知道器官是身体的一部分。每个人活着应该保持身体器官各部分完好无损,以便顺利发挥身体各个器官的机能。之所以禁止买卖器官,就是因为它不是一种所有权,我们知道所有权是可以转让的。人格权的最基本内容是"维护自己的身体完整",身体权以身体为客体,最重要的就是保持其身体整体完全性、完整性。任何人破坏自然人身体的完整性,就构成对身体权的侵害。[①] 对此,在所有的人格权著述中,都确认身体权的客体最重要的是身体的完整利益。对身体的处理,《民法典》当中仍然有所突破,但也是限于对死者身体的处理:《民法典》第 1006 条规定:"完全民事行为能力人有权依法自主决定无偿捐献其人体细胞、人体组织、人体器官、遗体。任何组织或者个人不得强迫、欺骗、利诱其捐

① 杨立新:《论公民身体权及其民法保护》,载《法律科学》1994 年第 6 期。

献。”“完全民事行为能力人依据前款规定同意捐献的，应当采用书面形式，也可以订立遗嘱。”“自然人生前未表示不同意捐献的，该自然人死亡后，其配偶、成年子女、父母可以共同决定捐献，决定捐献应当采取书面形式。”这是《民法典》对自然人捐献人体组成部分及具体方式的规定。身体权的义务人是权利人以外的其他任何主体，即《民法典》第1003条规定的“任何组织或者个人”，对身体权都负有不可侵义务。对于捐献自己身体组成部分的行为，任何组织和个人都不得进行强迫、欺诈、利诱，不能通过这样的方法强令自然人进行上述人体组成部分的捐献。实施强迫、欺诈、利诱的方法使自然人违背其真实意志而实施捐献行为的，构成侵害身体权的侵权行为，应当依照过错责任原则的规定承担民事责任。

身体权和健康权哪个更重要呢？我们从《民法典》条文设置就可以看出。《民法典》将身体权从通常排在健康权之后的位置，放到了仅次于生命权、排列在健康权之前的位置，一定程度上体现了《民法典》认为身体权的地位优越于健康权，是在物质性人格权中仅次于生命权的人格权。杨立新教授认为，《民法典》将身体权的地位提升，具有重要的创新意义：

1. 从自然规律的人体身体机能来看，强调身体权是健康权的基础，没有身体权的人体组成部分的完整性，就没有健康权的人体机能发挥的完善性。

2. 身体权的内容丰富于健康权的内容，特别是身体权对于身体组成部分的有限支配权，在当今社会中具有更重要的价值。

3. 在科学技术迅猛发展，特别是医学科学的迅猛发展面前，对于人的身体组成部分的利用已经成为常见的医学手段，对于救治他人、挽救生命，身体权的重要性更为凸显。

正因如此，《民法典》对于提升身体权的法律地位，具有重要意义。

健康权是一个人享有健康方面的利益。所谓健康，生理卫生层面的定义就是一个人发育是正常的，功能是良好的，体征方面健壮，精力充沛，各项身体机能完好，没有缺陷和疾病。现代医学上认为一个人的健康不仅包括身体，或者说是生理上的健康，而且包括心理健康。心理健康，是指心理的各个方面及活动过程处于一种良好或正常的状态。心理健康的理想状态是保持性格完好、智力正常、认知正确、情感适当、意志合理、态度积极、行为恰当、适应良好的状态。法律层面的健康权从原来只关注身体健康到关注身心健康，即既包括身体健康，又包括心理健康。《民法典》第1003条规定:“自然人享有健康权。自然人的身心健康受法律保护。任何组织或者个人不得侵害他人的健康权。”

生命健康权的防护

任何人的生命健康权利都不容践踏,但不可能所有人都能避免遇到暴力伤害、一般侵害或者意外伤害。如遇到如前“唐山暴力事件”类似情况的时候,我们普通人应该怎么办?该事件中,女子本弱,与相对更为健硕的男性对抗,后果是显而易见的。那么,当生命健康受到威胁时,有何避险方案呢?遇到任何紧急情况,都要保持冷静,首先我们在确保自身安全的情况下,应该远离对方,第一时间拨打报警电话。如果实在躲不过,就尽量跑到安全的场所或者有监控的场所;如果自己不方便,可以呼救请求围观群众报警;如果有条件,可以利用身边有利条件进行自卫,但注意自卫的强度和对象;如果条件允许,可以选择手机拍照或者录像,留下证据。

面对暴力侵害,做有能力反击的情况下,我们首先讨论正当防卫的问题。正当防卫又称自我防卫,简称自卫,是指为了使国家、公共利益、本人或者他人的人身、财产和其他权利免受正在进行的不法侵害,而采取的制止不法侵害的行为,对不法侵害人造成损害的,属于正当防卫,不负刑事责任。正当防卫明显超过必要限度造成重大损害的,应当负刑事责任,但是应当减轻或者免除处罚。正当防卫成立的条件:

1. 起因条件:不法侵害现实存在。

正当防卫的起因必须是具有客观存在的不法侵害。“不法”指法令所不允许的,其侵害行为构成犯罪为条件。

2. 时间条件:不法侵害正在进行。

不法侵害正在进行的时候,才能对合法权益造成威胁性和紧迫性,因此才可以使防卫行为具有合法性。

3. 主观条件:具有防卫意识。

正当防卫要求防卫人具有防卫认识和防卫意志。前者是指防卫人认识到不法侵害正在进行;后者是指防卫人出于保护合法权益的动机。

4. 对象条件：针对侵害人防卫。

正当防卫只能针对侵害人本人防卫。

5. 限度条件：没有明显超过必要限度。

防卫行为必须在必要合理的限度内进行，否则就构成防卫过当。

《最高人民检察院、公安部关于依法妥善办理轻伤害案件的指导意见》（2022 年 12 月 22 日发布）第 2 条第 9 项规定："准确区分正当防卫与互殴型故意伤害。人民检察院、公安机关要坚持主客观相统一的原则，综合考察案发起因、对冲突升级是否有过错、是否使用或者准备使用凶器、是否采用明显不相当的暴力，是否纠集他人参与打斗等客观情节，准确判断犯罪嫌疑人的主观意图和行为性质。因琐事发生争执，双方均不能保持克制而引发打斗，对于过错的一方先动手且手段明显过激，或者一方先动手，在对方努力避免冲突的情况下仍继续侵害，还击一方造成对方伤害的，一般应当认定为正当防卫。故意挑拨对方实施不法侵害，借机伤害对方的，一般不认定为正当防卫。"

"于欢杀人案"是理解正当防卫的典型案例。2014 年 7 月，山东某工贸公司负责人苏某向赵某借款 100 万元，双方口头约定月息 10%。2016 年 4 月 14 日 16 时许，赵某以欠款未还清为由纠集郭某、程某、严某等 10 余人先后到该工贸公司催要欠款。当日 21 时 50 分，杜某等多人来到苏某及其子被告人于欢所在的办公楼一楼接待室内催要欠款，并对二人有侮辱言行。约 22 时 10 分，冠县公安局经济开发区派出所民警接警后到达接待室，询问情况后到院内进一步了解情况，于欢、苏某欲随民警离开接待室，杜某等人阻拦，并强迫于欢坐下，于欢拒绝。杜某等人手卡于欢项部，将于欢推拉至接待室东南角。于欢持刃长 15.3 厘米的单刃尖刀，警告杜某等人不要靠近。杜某出言挑衅并逼近于欢，于欢遂捅刺杜某腹部一刀，又捅刺围逼在其身边的程某胸部、严某腹部、郭某背部各一刀。杜某因失血性休克于次日 2 时许死亡，严某、郭某伤情构成重伤二级，程某伤情构成轻伤二级。原审法院认为，被告人于欢面对众多讨债人的长时间纠缠，不能正确处理冲突，持尖刀刺多人，致一人死亡、二人重伤、一人轻伤，其行为构成故意伤害罪。于欢捅刺被害人不存在正当防卫意义上的不法侵害前提，其所犯故意伤害罪后果严重，应当承担与其犯罪危害后果相当的法律责任。鉴于本案系由被害人一方纠集多人，采取影响企业正常经营秩序、限制他人人身自由、侮辱谩骂他人的不当方式讨债引发，被害人具有过错，且于欢归案后能如实供述自己的罪行,可从轻处罚。原审法院以故意伤害罪判处被告人于欢无期徒刑,剥夺政治权利终身。二审法院认为,于欢持刀捅刺杜某等四人,属于制止正在进行的不法侵害,其行为具有防卫性质;其防卫行为造成一人死亡、二人重伤、一人轻伤的严重后果,明显超过必要限度造成重大损害,构成故意伤害罪,依法应负刑事责任。鉴于于欢的行为属于防卫过当,于欢归案后能够如实供述主要罪行,且被害方有以恶劣手段侮辱于欢之母的严重过错等情节,对于欢依法应当减轻处罚。故二审法院改判于欢犯故意伤害罪,判处有期徒刑 5 年。山东省高级人民法院审判长吴靖解释:

> 经过二审审理,我们认为,第一,于欢持刀捅刺杜某等四人的行为,属于制止正在进行的不法侵害,他的行为具有防卫性质。第二,于欢的行为造成一人死亡、二人重伤、一人轻伤的严重后果,严重超出了必要限度,造成了重大损害,属于防卫过当,应依法承担相应的刑事责任。第三,于欢实施捅刺的目的在于防止不法侵害,并且想离开接待室,在案的证据不能证实于欢有放任或者危害结果发生的故意,所以于欢的行为不构成故意杀人罪,而是防卫过当情形下的故意伤害,应当构成故意伤害罪,鉴于于欢的行为属于防卫过当,于欢归案后,能够如实供述主要罪行,被害方有侮辱于欢之母的严重过错,所以我们综合考虑于欢的事实、性质、情节和危害后果,作出了依法减轻处罚的决定。以故意伤害罪判处于欢有期徒刑 5 年。

受侵权者事后维权

解决纠纷的方式有很多。一般来说,如果涉及被侵权者身体受到伤害的程度较为严重,则构成刑事犯罪,受害人可以向公安机关检举揭发侵权人。受侵权人这时可以采取向公安机关提供线索和证据来报案的方式维权。公安机关一般首先组织伤情鉴定。按照《刑法》的规定,伤情鉴定结果为轻伤以上的,侵权人如负主要责任,则应当承担刑事责任。刑事责任是国家对侵权主体责任追究,并不代表其受到刑事追责后不再承担民事责任。受害人此时可以通过公安机关协调来表达自己的诉求,也可以通过自己与侵权主体达成和解的方式解决,还可以通过基层调解委员会等调解机构或个人进行民事方面的赔偿调解。建议受害人应当抓住机会,此时侵权主体将被刑事处罚,积极履行赔偿义务,取得受害人谅解,消除侵权影响,都将对其被刑事追责发挥减轻处罚的积极作用。因此在被判决有罪之前都是受害人相对比较容易取得侵权人赔偿的阶段。在刑事案件一审开庭前,没有取得赔偿的,法院收到检察院的刑事起诉书时,一般会通知受害人同时提起刑事附带民事诉讼。在一审审理刑事案件的同时,将对民事赔偿一并审理并作出相应的赔偿判决。在不涉及刑事案件的民事赔偿事项,双方仍然可以先调解、和解,调解和和解无法达成一致意见的,受害人可以向人民法院提起民事诉讼。

关于赔偿项目和标准,《民法典》第1179条规定:“侵害他人造成人身损害的,应当赔偿医疗费、护理费、交通费、营养费、住院伙食补助费等为治疗和康复支出的合理费用,以及因误工减少的收入。造成残疾的,还应当赔偿辅助器具费和残疾赔偿金;造成死亡的,还应当赔偿丧葬费和死亡赔偿金。”在日常工作中,我们经常接触到一些当事人,他们会误认为他们所发生的损失,就是他们在就医期间的医疗费和护理费,一旦涉及伤残,则受害当事人的权益将更大程度上被忽略。受害人应当关注自身身体受到的伤害是否构成人体伤残,如果构成伤残等级则应积极主张伤残赔偿金等项目。

一、医疗费

医疗费原则上根据医疗机构出具的医药费、住院费等收款凭据,按照一审法庭辩论终结前实际发生的数额确定。受害人主张后续医疗费用的,应告知其待实际发生后另行主张,但根据医疗证明或者鉴定意见能够确定必然发生的后续治疗项目,且金额可以确定,该费用可以一并处理。赔偿义务人确有证据证明医药费中存在不必要、不合理用药的,应予核减。因为医药费当中是否存在与伤害行为无关联的项目,这是一个专业问题,一般侵权人会通过申请鉴定来剔除核减。受害人因侵权行为发生的医疗费用全部或部分由社会保险核销的,不影响其要求赔偿义务人赔偿相关费用。受害人因侵权行为发生的医疗费用全部或者部分由人身意外伤害保险(商业险)理赔的,不影响其要求赔偿义务人赔偿相关费用,但人身意外伤害保险系该赔偿义务人为其投保的除外。

二、住院伙食补助费

一般每个地区都有自己的标准,省级法院会出相应的文件予以指导,一般参照当地国家机关一般工作人员的出差伙食补助标准予以确定。计算标准:住院伙食补助费 = 医疗机构载明的住院天数 × 国家机关一般工作人员出差伙食补助标准。

三、营养费

根据受害人伤残情况参照医疗机构的意见确定,一般也有地区标准。受害人在重症加强护理病房(ICU)期间,一般不计算住院伙食补助费、营养费,但需要鼻饲进食的除外。

四、交通费

交通费分为同城就医与外地就医分别计算。其中受害人及其必要的陪护人员因同城就医产生的交通费按照当地指导意见计算,结合门诊次数或者住院天数确定。受害人确有必要外地就医的,受害人及其必要陪护人员发生的住宿费,按照正式票据计算;外地就医产生的交通费,对长途汽车、火车、飞机等交通工具按照正式票据计算;但如住宿费、交通费超过受诉法院所在省、计划单列市国家机关一般工作人员出差标准的,法院会核减。

五、误工费

1. 受害人有固定收入的计算标准:误工费 = 受害人工资(元/天) × 误工时间(天);

2. 受害人无固定收入,能证明其最近 3 年的平均收入状况的计算标准:误工费 = 受害人最近 3 年平均收入(元/天) × 误工时间(天);

3. 受害人无固定收入且无法证明最近 3 年平均收入状况的计算标准:一般

按照统计局公布的平均工资×务工天数。

六、护理费

分为住院期间和非住院期间两个阶段，住院期间护理人员有收入的，护理费=护理人员工资（元/天）×护理时间（天），护理人员无收入的，护理费=当地职工平均每天工资×护理时间（天），护理人员雇用护工的，护理费=当地护工从事同等级别护理的劳务报酬（元/天）×护理时间（天）。受害人在重症加强护理病房（ICU）期间一般不计算护理费，但确需额外护理的除外。受害人非住院期间的护理费，按照受诉法院所在省、计划单列市上一年度私营单位从业人员年平均工资标准，结合护理依赖程度计算：完全护理依赖为100%，大部分护理依赖为80%，部分护理依赖为50%。受害人出院后仅需短期护理的，护理费按照部分护理依赖计算。受害人已配置残疾辅助器具费的，应按配置后的情况进行护理依赖程度评定。护理期限应计算至受害人恢复生活自理能力时止。完全护理依赖或受害人75周岁以上的，一般暂按5年计算。其他情况受害人因残疾不能恢复生活自理能力的，根据年龄、健康状况等合理确定护理期限。期满后确需继续护理的，受害人可另行主张。

七、丧葬费

当地非私营单位从业人员年平均工资的一半即6个月的数额。

八、残疾赔偿金、死亡赔偿金、精神损害抚慰金

精神损害抚慰金全国大部分地区以最高50,000元计，一级和死亡的以最高计，一级以下的递减幅度与残疾赔偿金递减方式同，但该项计算法院不同尚有很多变数。残疾赔偿金按最严重到最轻程度划分为一级到十级。一级伤残的赔偿金与死亡赔偿金数额相等。一级伤残的残疾赔偿金为当地全体居民年人均可支配收入的20倍，从二级到十级分别较上一级递减10%。残疾赔偿金是自定残之日起按20年计算，但60周岁以上的，年龄每增加1岁减少1年；75周岁以上

的,按5年计算。

九、被扶养人生活费

按照当地城镇居民人均消费性支出计算。赔偿期限:未成年人,计算至18周岁;无劳动能力又无生活来源,计算20年,但60周岁以上,每增加1岁减少1年;75周岁以上,按5年计算。赔偿限额:被扶养人生活费需根据扶养人丧失劳动能力程度按照标准计算,被扶养人有数人的,年赔偿总额累计不超过上一年度城镇居民人均消费支出额。

十、辅助器具费

残疾辅助器具价格一般按照国产普及型的配置标准确定,以能起到功能补偿作用为标准。更换周期参照配置机构意见确定。未成年受害人的残疾辅助器具赔偿期限一般计算至其成年后20年;成年受害人的残疾辅助器具赔偿期限一般按照残疾赔偿金计算期限计算。但受害人伤残等级高,且预期生存寿命不确定性大的,可以按照护理期限确定残疾辅助器具的赔偿期限。期满确需继续配置的,受害人可另行主张。

案例参考

案情

2020年5月3日,江某驾驶一辆牌照为浙HBT××电动自行车由华埠方向往星口方向行驶,19时30分,行至桃下线17千米+200米开化县池淮镇庄埠村吴家路段时,电动自行车后视镜与同向行走的行人陈某发生刮擦,造成江某、陈某受伤的交通事故。

2020年5月5日,开化县公安局交通警察大队作出《第330824420200001734号道路交通事故认定书(简易程序)》,认定江某负事故全部责任,陈某无责任。陈某受伤后即被送往开化县第二人民医院住院治疗,住院3天,后又到开化县人民医院检查治疗,诊断为全身多处软组织伤、左肘部皮下血肿、左侧桡骨远端骨折，共支出医疗费3207.17元。因开化县第二人民医院在陈某入院诊断有误，故该院与陈某签订协议书，补偿陈某经济损失10,612.06元，并出具《证明》，证明陈某“因车祸跌伤致全身多处疼痛、活动受限一小时入住我院，后期发现存在左侧桡骨远端骨折，骨折事实存在”的事实。

2020年7月22日，陈某之伤经开化县人民医院CT检查诊断为左侧桡骨远端骨折。开化县人民医院出具诊断证明书，建议陈某休息5个月。交通事故发生后，江某已垫付陈某医疗费603元，并另支付陈某医疗费1000元，共计1603元。

判决过程和结果

一审法院判决如下：

1. 被告江某赔偿原告陈某因本次交通事故所造成的各项经济损失23,287.17元，扣除被告江某已支付1603元，被告江某还应支付原告陈某21,684.17元，限判决生效后10日内履行完毕。

2. 驳回原告陈某的其他诉讼请求。

上诉人江某因与被上诉人陈某非机动车交通事故责任纠纷一案，不服浙江省开化县人民法院（2021）浙0824民初2487号民事判决，向中级人民法院提起上诉。

二审法院判决如下：

1. 变更浙江省开化县人民法院（2021）浙0824民初2487号民事判决第一项为，江某赔偿陈某因本次交通事故所造成的各项经济损失18,087.17元，扣除已支付1603元，余款16,484.17元限于本判决生效后10日内履行完毕；

2. 驳回陈某的其他诉讼请求；

3. 驳回江某的其他上诉请求。

判决理由

首先，关于陈某左侧桡骨远端骨折是否与本案事故存在因果关系。陈某在2020年5月3日的事故后即由江某送医治疗，开化县第二人民医院的入院诊断记载陈某“全身多处软组织伤，左肘部皮下血肿”，对陈某采取“左肘部弹性绷带包扎，患肢悬吊、止动”的治疗，开化县人民医院于2020年7月22日关于陈某“左侧桡骨远端小片骨质断裂，断端对位对线可，骨折线欠锐利，余诸骨未见明显骨折征象，关节间隙可，周围软组织未见明显异常密度影”的影像所见，以及开化县第二人民医院关于对陈某错误诊断的证明，综合前述陈某受伤时间、部位、症状及治疗方式、后果的分析，本院认为陈某在2020年5月3日的事故后存在左侧桡骨远端骨折具有较高盖然性，对江某关于陈某左侧桡骨远端骨折与本案事故缺乏因果关系的主张不予采信。

其次，关于陈某因事故损失的责任承担。本案事故发生在2020年5月3日，也即引发侵权责任的法律事实发生在《民法典》施行前，依据《最高人民法院关于适用〈中华人民共和国民法典〉时间效力的若干规定》第1条第2款的规定，本案应当适用原《侵权责任法》的规定。原《侵权责任法》第12条规定："二人以上分别实施侵权行为造成同一损害，能够确定责任大小的，各自承担相应的责任；难以确定责任大小的，平均承担赔偿责任。"就本案而言，陈某因江某驾驶的电动车刮擦而造成受伤，但开化县第二人民医院对陈某治疗又存在诊断失误，故陈某一审起诉主张的损害后果实际上是由江某、开化县第二人民医院各自过错行为结合造成。关于江某与开化县第二人民医院的责任大小，本院认为，根据前述因果关系的分析，可以认定陈某左侧桡骨远端骨折是江某的事故造成，另外，结合开化县第二人民医院、开化县人民医院对陈某受伤部位的影像意见及治疗方式分析，陈某即使在事故之后即被确诊为左侧桡骨远端骨折，医院除对陈某采取"患肢包扎、悬吊、止动，注意休息"的常规治疗外，尚无其他可以减损治疗费用的治疗方式，是故，开化县第二人民医院对陈某左侧桡骨远端骨折未能及时诊断，虽然存在一定意义上的过错，但并不会造成本案陈某损失的扩大。

此外，关于陈某主张的损失是否合理。本案中陈某的医疗费用据实发生，交通费数额亦属合理范围，一审法院予以支持并无不当。关于误工费，根据陈某的年纪、身体条件，其主张的误工损失标准可予支持，但对其主张的误工时间，本院结合陈某的伤情及治疗情况，酌定按照110日确定，该部分误工费14,300元（130元/日×110日）应由江某承担。

另外，本案双方关于陈某左侧桡骨远端骨折与江某事故之间的因果关系，属于诉讼中事实认定的争议，并非《最高人民法院关于民事诉讼证据的若干规定》（法释〔2019〕19号）第53条规定的法律关系性质或者民事行为效力争议，不属于人民法院应予释明的范畴，江某以一审法院未予释明鉴定为由主张一审判决违反法定程序，本院不予支持。

婚姻自由权　个体权衡之道

婚姻的幸福将为整个人生的幸福奠定坚实基础，人生三大幸事“洞房花烛夜”排在第一位，足见婚姻对一个人生存状态的重要性。以下我将从婚前、婚后、离婚三个方面展开，结合众多离婚案件的发生过程总结出间接经验和教训，对如何考虑结婚对象，婚前财产协议的效率和内容，婚后如何相处，婚姻财产协议的效力和内容，离婚的程序和注意事项等核心内容进行分析和论证。

婚前：择偶权利与婚前财产公证（协议）

很多解除婚姻关系的案件在诉讼前咨询中都对双方如何建立婚姻关系进行描述，在离婚案件的起诉状中也常见“因婚前缺乏了解”“因婚前相处时间不长，未能建立良好的感情基础”“因双方家庭和性格均不匹配，差异过大”“因被告对原告构成重大隐瞒（甚至欺诈）导致互相不信任”等关于结婚前存在的与导致离婚存在关联性的原因。比较常见的问题：

1. 存在没有明确的择偶标准和择偶标准过于条框固定两个极端。前者以“看感觉”作为决策因素，但究竟看什么感觉，他们自己也说不清楚，后者则一开始提出各种条条框框的所谓择偶标准，从身高、体重、颜值、学历、籍贯地域、工作、房子，甚至连生肖都有要求，一般这样的要求会持续多年，最后发现无法落实到位，最终自我“摆烂”，自我否认前述要求后随意短期内快速结婚，或者其标准的核心是金钱和地位，当事人贪图对方的社会地位、金钱或是违背自己意愿的婚姻，发展到一定阶段，一般会以离婚收场。

2. 因一方在父母面前缺乏话语权，父母与配偶矛盾无法调和导致的问题。婚姻确实是两个家庭的组合，而非男女双方的组合。当男方或者女方在与对方父母发生矛盾时,而对方无法在其父母面前表达诉求或者没有能力调解矛盾,特别是该一方在物质上还非常依赖其父母时,一旦一方父母不好相处,那另一方处境就不会很好,而另一方又无法给予帮助,从而渐行渐远,“宝妈男在恶婆婆出招时保持沉默或与恶婆婆站在一边碾压媳妇”或者反过来“让男人抬不起头”就是典型的婚姻问题。

3. 双方人格差异较大,为人处世差异大又各自坚持的问题。现代社会,人们不会像很多老夫妻吵闹一辈子都没分离,因为人们在满足自身物质需求的基础上,开始追求精神、情感的满足。但由于男女两性在认知、思维及行为方式上有很大的差异,从而使这一基本的需求很难得到满足。有时夫妻双方都付出了爱,但这种爱可能是配偶不需要的。其原因就是不了解配偶真正的需求是什么,有些人自认为对配偶很了解,其实他对配偶的心理需求一无所知,爱常常在这种误解中消失。

4. 其他问题:不能同步成长,导致双方认知由原来在同一层次到不同层次;以物质为基础而缺乏爱情,后以婚外情弥补爱;缺乏两性相处的技巧,单边思维导致误解或分歧逐渐加深。

结合婚姻咨询中当事人的结婚关联性描述,给予以下建议:

1. 在择偶时确定有弹性的恰当的择偶标准,该标准不是一成不变的,应该随着个人与环境的特征变化而进行调整。在调整择偶标准的过程中,也是一个自我认知与发现的过程,同时也是对异性进一步了解的过程,有利于为今后形成稳定的婚姻奠定基础。

2. 认真地考量对方的家庭,主要为对方在其原生家庭当中的话语权,以及原生家庭当中各个成员的相处关系。其中一方在其家庭当中的话语权决定了今后一旦发生家庭矛盾,其是否具备调解矛盾的能力。而一个家庭当中各个成员的相处关系可以折射出今后你作为其家人,能否得到同样的待遇。

3. 认真考量对方的朋友圈。相对于前述对其家庭的考量,朋友圈能够更加准确地反映出其个人的品质。因为一个人的原生家庭是一个人无法选择的客观存在,但是朋友圈是他后天选择的结果,朋友圈的成色能够真实地反映出他个人的品行。一个原生家庭比较糟糕的人,未必会成为一个糟糕的人,而一个原生家庭相对优越的人也可能成为一个品行糟糕的人。

4. 要理性地看待物质条件或经济条件,这个物质条件或经济条件应该指的是今后共同生活能够创造，或者仍然具有的可能性较大的物质条件。我们不能否认在同等的关系能力之下，物质条件好更具有创造幸福的优势。这就要通过一方的能力、人品来考察其将来对物质创造的趋势性能力或者潜力。

我国承认婚前财产约定或者公证的效力。主要是在离婚时，法律对夫妻共同财产的分割明确把婚前财产排除在外，一方婚前财产当然属于一方所有，不能一并混入婚后财产分配，因此婚前财产公证更多的是一个证据上的效力，即提供婚前财产的证据更加明确、真实、合法。《民法典》第 1063 条规定："下列财产为夫妻一方的个人财产：（一）一方的婚前财产；（二）一方因受到人身损害获得的赔偿或者补偿；（三）遗嘱或者赠与合同中确定只归一方的财产；（四）一方专用的生活用品；（五）其他应当归一方的财产。"

而婚前财产协议实际上是双方通过自认的方式规定对婚前财产进行区分，同时在婚前同居等情况下涉及哪一方的财产很难区分时，通过协议约定也是一种对自身权益的处分，并不违反法律规定。《民法典》第 1065 条规定："男女双方可以约定婚姻关系存续期间所得的财产以及婚前财产归各自所有、共同所有或者部分各自所有、部分共同所有。约定应当采用书面形式。没有约定或者约定不明确的，适用本法第一千零六十二条、第一千零六十三条的规定。夫妻对婚姻关系存续期间所得的财产以及婚前财产的约定，对双方具有法律约束力。夫妻对婚姻关系存续期间所得的财产约定归各自所有，夫或者妻一方对外所负的债务，相对人知道该约定的，以夫或者妻一方的个人财产清偿。"婚姻本身不仅是爱情的结合，也是财富的结合与财富的再分配，目前在欧美等发达国家，婚前财产公证已经是一项成熟的婚姻法律制度，婚前协议作为个人财产与生活方式的一种自我保护为双方做好，以防万一的准备，在离婚时能够免去很多不必要的争执，加快离婚进程并妥善解决离婚时财产的分配难题。

无论是否办理公证，要对婚前财产进行约定，都必须订立婚前财产协议，因为根据《民法典》第 1065 条的规定，约定应当采用书面形式，公证只是增强证据的证明力，没有做公证的婚前财产协议并不意味着没用。已婚的也可以办理。一般办理公证的流程：

第一步：当事人要准备好以下几种材料：

1. 个人的身份证明。如身份证、户口簿，已婚的还要带上结婚证。

2. 与约定内容有关的财产所有权证明。如房产证、未拿到产权证的购房合同和付款发票等能证明财产属性的证明等。

3.双方已经草拟好的协议书。协议书的内容一般包括:当事人的姓名、性别、职业、住址等个人基本情况以及财产的名称、数量、价值、状况、归属,上述婚前财产的使用、维修、处分的原则等。一般双方当事人的签名和订约日期空缺,待公证员对协议进行审查和修改后,再在公证员面前签字。

第二步:准备好上述材料后,双方必须亲自到公证处提出公证申请,填写公证的申请表格。委托他人代理或是一个人来办婚前财产公证,是不会被受理的。

第三步:公证申请被接待公证员受理后,公证员就财产协议的内容、审查财产的权利证明、查问当事人的订约是否受到欺骗或误导,当事人应如实回答公证员的提问,公证员会履行必要的法律告知义务,告诉当事人签订财产协议后承担的法律义务和法律后果。当事人配合公证员做完公证谈话笔录后,在笔录上签字确认。

第四步:双方当事人当着公证员的面在婚前财产协议书上签名。至此,婚前财产公证的办证程序履行完毕。

婚后:婚姻权利义务与婚姻财产协议

我曾经接到过这样一个案件,女方找到我坚决要求起诉离婚,在听取过女方对婚姻关系的描述后,我认为这段婚姻还有挽回的余地,于是组织双方调解。女方34岁,男方35岁,已经结婚6年,恋爱时和刚结婚时都很恩爱,男方主动追女方,每天嘘寒问暖,经常带她出去玩,接她上下班,把她当成小公主一样照顾。但婚后两三年男方开始疏远她,不如之前那么亲密了,每天就说自己工作忙,忙着赚钱和升职。女方一开始还能理解他,可后来看见他和别的女人在微信聊得火热,而且男方经常出差,是否和她人发生关系始终值得怀疑。这件事发生后他们的婚姻就彻底陷入了低谷,经常吵架,最近她提出了离婚,男方竟然也毫不挽留地答应了。我在第一次接触男方后,发现女方所述均属实,男方确实有离婚的意思,但在与男方进一步交流时发现,男方并没有那么绝情,只是感觉自己身负家庭重担和压力却得不到安慰和鼓励,反而还要无微不至地照顾妻子,不免身心俱疲。我先对女方做了问题解析:在这段感情中,女方过于依赖男方,很被动却又缺乏感情经验,全是靠男方的付出在维持双方的婚姻。我表示对男方的理解,希望双方重新梳理关系,认识自己的不足,改进自己在感情当中的风格。经过调解,双方同意不离婚,女方反思自己作为妻子存在的问题,也希望男方给予保证今后不与其他女性交往。为此,参考双方此前提出的财产分割和子女抚养的意愿,我为双方起草了婚内财产约定,按双方不同过错程度制作了不同财产分割方案。2 年后,男方因自身工作方面的事项,向我咨询另外一个案件,我顺便询问了目前双方相处的情况,男方表示自从上次调解后双方相处得很好,对律师的工作表示感谢。

婚姻权利是一种身份权利。婚姻权利的行使可以确立配偶身份关系、享有配偶身份利益和解除配偶身份关系。婚姻权利行使的结果是权利主体的配偶身份关系的发生、存续和解除,是一个人追求婚姻生活幸福、美满的法律保障,是人类社会得以发展的基本生活形态。现代科学表明,人的需要是多层次的,马斯洛认为人类的基本需要是一种相对优势的层次结构,他提出了生理需要、安全需要、爱的需要、受尊重的需要、自我实现的需要,其中爱的需要就指的是爱、情感和归宿,受尊重的需要指的是自尊、自重且需要别人高度评价和认可,自我实现的需要是促使它潜在能力得以实现的趋势。[①] 我们发现婚姻需要处在中层次,即人们有基本生存安全的时候就会有婚姻的需要及爱的需要,在法律制度产生前以自然方式得以满足,在法律制度产生后,则以社会的需要形式认可。在现代社会法律赋予人们一项基本权利,由有权利人依照内心的意愿行使权力。正是如此,在婚姻法律关系中,婚姻关系当事人得到互相理解和包容都是正当的,在一方困难时,另一方有帮助的义务,法律规定不得遗弃家庭成员。因此,夫妻之间相处多谅解、多包容、多沟通,少猜疑、少抱怨、少冷战。有人把最好的夫妻相处之道,归纳为三多、三少、三不要,我深以为然。

首先看三多:

一是多关心。有句话说:“爱不贵浓而贵长。”关爱,正是使感情绵绵不绝的最佳方式。夫妻之间,难免会为柴米油盐、琐碎小事吵闹。平凡岁月,磨尽你侬我侬的柔情,两人之间,似乎只剩下一地鸡毛。这时候,彼此间更应该有一颗相互体谅的心。你体谅我工作不易,我体谅你

① 朱智贤主编:《心理学大词典》,北京师范大学出版社 1989 年版,第 421 页。

家务操劳。你关心一点,我关心一点,婚姻自然充满爱意。天长地久,关爱永居首位。

二是多尊重。婚姻,最讲究分寸感。每个人都是独立的个体,感情再好,也应该给对方留有空间。两人相处,最忌讳极端地控制欲。事事管得死死的,等于把感情也挤得死死的。倒不如留点空间、多点尊重。对方的兴趣爱好,理解支持;家庭大事,一起商量解决;对方的隐私,不要窥探。只有尊重对方,才能获得对方的尊重。相互尊重,婚姻才可以永葆常青。婚姻权利是作为人类婚姻生活建立、存续的一种积极追求。它首先体现着人的自由意志。

三是多鼓励。好的婚姻,从来不吝啬赞美。好丈夫、好妻子,总会发现对方身上的闪光点。他们会以欣赏的目光注视对方,时不时鼓励对方、赞美对方。人,永远不会对赞美麻木。在外奔波也好、劳心家务也好,一句鼓励的话,就能让所有疲倦化为烟尘。吐之于口,是简单的赞美之词;内蕴于心,是浓厚的深情爱意。爱,要说出来,温暖对方、滋养心扉。

其次看三少:

一是少猜疑。信任,是婚姻的基石;猜疑,是感情的杀手。一旦有了猜疑,两个人就有了间隙,纵然同床,也是异梦。正所谓"世上本无事,庸人自扰之",猜疑,是最无谓的事情。试想,两人结为夫妻,走过那么多山山水水,为何还要怀疑对方?猜疑多了,就算没事,也会无端地生出事来。放下猜忌,站在对方的角度,多一分宽容。当你摆出信任的姿态,夫妻间的隔阂,自然烟消云散。

二是少抱怨。夫妻之间,难免有小磕小碰。摩擦很正常,忌讳的是,只站在自己的角度,盲目指责对方。永无休止的抱怨,会把高质量的婚姻,变成低质量的搭伙。其实,只要多一分理解,就会少一分抱怨。夫妻二人,在家庭中各司其职,各有各的辛劳,各有各的不易。当你能体会对方的难处,就会把抱怨咽在肚子里。忍一忍、让一让,婚姻就是蓝天碧水、海阔天空。

三是少迁怒。人生在世,难免有很多不如意的事。在别人那里吃了亏,很多人会把怒气发泄在伴侣身上。时间一久,两个人见到对方,只想发火,整个家充满负能量。与其让对方无辜受靶,倒不如大家坦诚地沟通。吃了生活的亏,大可以心平气和地向对方吐苦水,让对方做聆听者。这样既可以缓解压力,又能够增进感情。毕竟,夫妻相处,贵在沟通。

最后是三不要:

一是不翻旧账。天下没有任何夫妻是不吵架的。吵架最常见的伎俩,就是互揭疮疤、互翻旧账。古人说"往事不堪回首"。每个人都有一段伤心往事。每翻一次旧账,就相当于在对方伤口撒盐。再好的婚姻,都经不起往事一而再、再而三的折腾。往事已矣,不值得再为过去,伤了现在的感情。过去的事,不要再提起,要珍惜的是现在的生活。

二是不揭短处。俗话说:"金无足赤,人无完人。"爱情,是欣赏对方的优点;婚姻,是包容对方的缺点。没有人想被人揭露短处。揭对方的短处,相当于在伤口上撒盐。心伤透了,就失去爱的能力。婚姻,变得岌岌可危。爱一个人,应该连同他的缺点一起爱。尽管对方有千般不是,他始终是你最牵挂、最亲密的爱人。千万不要因为一时意气,伤了爱人的心。

三是不争对错。夫妻吵架,就是想争个是非对错。问题是,很多事情,没有绝对的对错之分。就算吵得面红耳赤,也不会有任何结果。其实,和睦,比起事情的真相更重要。赢了道理、输了感情,就是捡了芝麻、丢了西瓜。气头上,只会说多错多,倒不如大家都闭口不言。冷静下来以后,再好好沟通,没有不可以解决的事。夫妻相处,以和为贵。一团和气,就会琴瑟和鸣。①

夫妻财产制度在现实生活当中发挥了至关重要的作用。传统的法定财产制度已经难以适应现代社会夫妻关系多变的社会状况,离婚率越来越高,夫妻关系受各种因素的影响多变反复,不断地向社会证明约定财产制度必然受到越来越多的社会成员所需要。现行《民法典》延续了原《婚姻法》夫妻约定财产制的规定,它不仅规定约定财产制在适用上优先于法定财产制,而且通过列举的方式来

---

① 摘自《最好的夫妻相处之道,无外乎这几个字!》,载微信公众号"亿本郑经"2023 年 3 月 19 日,https://mp.weixin.qq.com/s/2kOmriNdvAU8NPRw5darJw。

规定夫妻对财产约定的自由，尊重民事主体的民事权利意识自由，也彰显了约定自由的原则。婚姻（婚内）财产协议的订立要注意以下几点：

1. 约定的主体：根据《民法典》第1065条之规定，约定财产制的人必须是具备完全民事行为能力的人，若夫妻一方丧失或部分丧失民事行为能力，其显然是夫妻约定财产制的，非适格主体。

2. 约定类型：一般共同财产制、分别财产制和部分共同财产制两种。婚姻财产没有约定即法定的状态就是共有的，但是通过约定共有，可以就比例进行准确具体的约定，并且对支出方式、处分方式、处分权限、补充方式等都进行进一步约定；分别财产制是约定各自的财产归各自所有，不作任何重新分配；部分共同财产制又叫限定共同制，是前两种制度的结合，将一部分财产归夫妻共同所有，一部分财产归各自所有。

3. 约定的形式：根据《民法典》的规定，财产制的约定要以书面形式作为生效要件。一方面书面形式更显得正式，另一方面书面形式在证据上更能减少今后真伪不明的争议。

离婚：协议离婚与诉讼离婚

针对合与分的争议，中国有劝和不劝分的传统，但离婚与否的考量，首先考量是否已经达到了感情破裂，其次权衡利弊，无关对错。如双方一直都吵闹不休、冲突不断、不可调和，最终还得离异，这种情况下理应坚持“长痛不如短痛”，各自寻找自身精神物质、经济生活的目标，反而更是对双方人生的一种幸福圆满的保证。《民法典》中设置婚姻冷静期颇具争议，很多人表示离婚需要冷静，那结婚更需要冷静。但讨论这些并没有多大意义，真正要考量的是衡量离婚与否的决定因素：矛盾是否属于原则性。

离婚案件主要涉及三个问题：(1)离婚与否；(2)子女抚养；(3)财产分割。现结合《民法典》及《最高人民法院关于适用〈中华人民共和国民法典〉婚姻家庭编的解释（一）》等相关法律规定，梳理如下：

一、判决是否准予离婚的标准

(一)夫妻感情尚未破裂,判决驳回诉讼请求的情形

1. 第一次起诉离婚,被告表示不同意离婚,没有原则性矛盾,夫妻感情尚未完全破裂的;

2. 正在下岗待业的职工,对方因其下岗,经济困难第一次起诉离婚的。

(二)有下列情形之一,调解无效的,可准予离婚

1. 重婚或有配偶者与他人同居的;

2. 实施家庭暴力或虐待、遗弃家庭成员的;

3. 有赌博、吸毒等恶习屡教不改的;

4. 因感情不和分居满 2 年的;

5. 一方被宣告失踪的;

6. 一方患有法定禁止结婚的疾病的,或一方有生理缺陷或其他原因不能发生性行为,且难以治愈的;

7. 婚前缺乏了解,草率结婚,婚后未建立起夫妻感情,难以共同生活的;

8. 婚前隐瞒精神病,婚后经治不愈,或者婚前知道对方患有精神病而与其结婚,或一方在夫妻共同生活期间患精神病,久治不愈的;

9. 一方欺骗对方,或者在结婚登记时弄虚作假,骗取《结婚证》的;

10. 双方办理结婚登记后,未同居生活,无和好可能的;

11. 包办、买卖婚姻,婚后一方随即提出离婚,或者虽共同生活多年,但却未建立起夫妻感情的;

12. 经人民法院判决不准离婚后分居满 1 年,互不履行夫妻义务的;

13. 一方与他人通奸、同居,经教育仍无悔改表现,无过错一方起诉离婚,或者过错方起诉离婚,对方不同意离婚,经批评教育、处分,或在人民法院判决不准离婚后,过错方又起诉离婚,确无和好可能的;

14. 一方被依法判处长期徒刑,或其违法、犯罪行为严重伤害夫妻感情的;

15. 被诉方经本院依法传唤无故不到庭,且没有提出书面答辩意见,经依法

缺席开庭审理，请求方离婚态度坚决，可以判决离婚。

（三）有关离婚案件的特别规定

1. 有关军婚的规定：

（1）现役军人的配偶要求离婚，须得军人同意，但军人一方有重大过错的除外。

（2）如果是现役军人一方向非军人一方提出离婚，或者双方都是现役军人的离婚纠纷，则应按一般规定处理。

2. 不予受理的情况：

（1）判决驳回离婚诉讼请求和调解和好以及原告撤诉或者按撤诉处理的离婚案件，没有新情况、新理由，原告在6个月内又起诉的，不予受理。

（2）女方在怀孕期间、分娩后1年内或终止妊娠后6个月内，男方不得提出离婚。

（四）无效婚姻和可撤销婚姻

1. 有下列情形之一的，婚姻无效：

（1）重婚的；

（2）有禁止结婚的亲属关系的；

（3）婚前患有医学上认为不应当结婚的疾病，婚后尚未治愈的；

（4）未到法定婚龄的。

2. 因胁迫结婚的，受胁迫的一方可以向婚姻登记机关或人民法院请求撤销该婚姻。受胁迫的一方撤销婚姻的请求，应当自结婚登记之日起1年内提出。被非法限制人身自由的当事人请求撤销婚姻的，应当自恢复人身自由之日起1年内提出。

二、子女抚养及抚养费的给付问题

（一）抚养权的归属问题

1. 离婚后，哺乳期内的子女，以随哺乳的母亲抚养为原则。

2. 2 周岁以下的子女，一般随母亲生活。母方有下列情形之一的，可随父方生活：

（1）患有久治不愈的传染性疾病或其他严重疾病，子女不宜与其共同生活的；

（2）有抚养条件不尽抚养义务的，而父方要求子女随其生活的；

（3）因其他原因，子女确无法随母方生活的。

3. 父母双方协商 2 周岁以下子女随父方生活，并对子女健康成长无不利影响的，可予准许。

4. 对 2 周岁以上未成年的子女，父方和母方均要求随其生活，一方有下列情形之一的，可予优先考虑：

（1）已做绝育手术或因其他原因丧失生育能力的。

（2）子女随其生活时间较长，改变生活环境对子女健康成长明显不利的。

（3）无其他子女，而另一方有其他子女的。

（4）子女随其生活，对子女成长有利，而另一方患有久治不愈的传染性疾病或其他严重疾病，或者有其他不利于子女身心健康的情形，不宜与子女共同生活的。

（5）父方与母方抚养子女的条件基本相同，双方均要求子女与其共同生活，但子女单独随祖父母或外祖父母共同生活多年，且祖父母或外祖父母要求并且有能力帮助子女照顾孙子女或外孙子女的，可作为子女随父或母生活的优先条件予以考虑。

（6）父母双方对 8 周岁以上的未成年子女随父或随母生活发生争执的，应考虑该子女的意见。

（7）离婚时，服刑或者患病一方愿意抚养子女，且其父母愿意代养，另一方也同意的，可以准许，但该子女为 8 周岁以上的未成年人的，应当征求该子女的意见。

（8）父母协议变更子女抚养关系的，应予准许。

（9）生父与继母或生母与继父离婚时，对曾受其抚养教育的继子女，继父或继母不同意继续抚养的，仍应由生父母抚养。

（10）1992 年《收养法》施行前，夫或妻一方收养的子女，对方未表示反对，并与该子女形成事实收养关系的，离婚后，应由双方负担子女的抚养费；夫或妻一方收养的子女,对方始终反对的,离婚后,应由收养方抚养该子女。

(二)离婚后变更子女抚养关系问题

离婚后,一方要求变更子女抚养关系的,应另行起诉;一方要求变更子女抚养关系有下列情形之一的,应予支持:

1. 与子女共同生活的一方因患严重疾病或因伤残无力继续抚养子女的;

2. 与子女共同生活的一方不尽抚养义务或有虐待子女行为,或其与子女共同生活对子女身心健康确有不利影响的;

3. 8 周岁以上未成年子女,愿随另一方生活,该方又有抚养能力的;

4. 有其他正当理由需要变更的。

(三)离婚后子女抚养费问题

1. 子女抚养费的数额,可根据子女的实际需要、父母负担能力和当地的实际水平确定。有固定收入的,抚养费一般可按其月收入的 20% ~30% 给付。负担两个以上子女抚养费的,比例可适当提高,但一般不得超过月总收入的 50% 。无固定收入的,抚养费的数额可依据当年总收入或同行业平均收入,参照上述比例确定。有特殊情况的,可适当提高或降低上述比例。

2. 抚养费应定期给付,有条件的可一次性给付。

3. 对一方无经济收入或者下落不明的,可用其财物折抵子女抚养费。

4. 父母双方可以协议子女随一方生活并由抚养方负担子女全部抚养费。但经查实,抚养方的抚养能力明显不能保障子女所需费用,影响子女健康成长的,不予准许。

5. 抚养费的给付期限,一般至子女 18 周岁为止。

6. 16 周岁以上不满 18 周岁,以其劳动收入为主要生活来源,并能维持当地一般生活水平的,父母可停止给付抚养费。

7. 尚未独立生活的成年子女有下列情形之一,父母又有给付能力,仍应负担必要的抚养费:

(1)尚在校接受高中及其以下学历教育的;

(2)丧失或未完全丧失劳动能力等非因主观原因而无法维持正常生活的。

8. 父母离婚时关于子女抚养费的协议或判决,不妨碍子女在必要时向父母任何一方提出超过协议或判决原定数额的合理要求。子女要求抚养费有下列情形之一，父或母有给付能力的，应予支持：

（1）原定抚养费数额不足以维持当地实际生活水平的；

（2）因子女患病、上学，实际需要已超过原定数额的；

（3）有其他正当理由应当增加的。

（四）离婚后对子女的探视权问题

离婚后，不直接抚养子女的父或母，有探望子女的权利，另一方有协助的义务。行使探望权的方式、时间由当事人协议，协议不成时，由人民法院判决。父或母探望子女，不利于子女身心健康的，由人民法院依法中止探望的权利；中止的事由消失后，应当恢复探望的权利。

三、共同财产的分割问题

（一）夫妻共同财产和个人财产

1. 夫妻双方婚姻关系存续期间所得的下列财产，归夫妻共同所有：

（1）工资、资金；

（2）生产、经营的收益；

（3）继承或赠与所得的财产，但遗嘱或赠与合同中确定只归夫或妻一方的财产除外；

（4）知识产权的收益；

（5）其他应当归共同所有的财产：

①一方以个人财产投资取得的收益；

②男女双方实际取得或者应当取得的住房补贴、住房公积金；

③男女双方实际取得或者应当取得的养老保险金、破产安置补偿费；

④由一方婚前承租、婚后用共同财产购买、房屋权属证书登记在一方名下的房屋；

⑤当事人结婚后，父母为双方购置房屋出资的，该出资应当认定为对夫妻双方的赠与，但父母明确表示赠与一方的除外。

2. 有下列情形之一的，为夫妻一方的财产：

(1)一方的婚前财产；

(2)一方因身体受到伤害获得的医疗费、残疾人生活补助费等费用；

(3)遗嘱或赠与合同中确定只归夫或妻一方的财产；

(4)一方专用的生活用品；

(5)其他应当归一方的财产：

①军人的伤亡保险金、伤残补助金、医药生活补助费；

②当事人结婚前，父母为双方购置房屋出资的，该出资应当认定为对自己子女的个人赠与，但父母明确表示赠与双方的除外；

③婚姻关系存续期间，一方个人财产因物质形态变化所得财产，除当事人另有约定外，为个人财产；

④复婚、再婚前的财产符合《民法典》规定的，为个人财产；

⑤房屋系一方婚前以个人财产支付首付款且房屋权属证书登记在一方名下，为个人婚前财产。婚姻关系存续期间，双方共同支付按揭贷款的，离婚时，由取得房屋所有权的一方返还对方相当于已付按揭贷款一半的款项，并计同期银行存款利息。

(二)夫妻共同财产分割的一般原则

1. 离婚时，夫妻的共同财产由双方协议处理；协议不成时，由人民法院根据财产的具体情况，照顾子女和女方权益的原则判决。夫或妻在家庭土地承包经营中享有的权益等，应当依法予以保护。

2. 夫妻以书面形式约定婚姻关系存续期间所得的财产以及婚前财产归各自所有、共同所有或部分各自所有、部分共同所有的，离婚时应按约定处理。

3. 夫妻分居两地分别管理、使用的婚后财产，应认定为夫妻共同财产。在分割财产时，各自分别管理、使用的财产归各自所有。双方所分财产相差悬殊的，差额部分，由多得财产的一方以与差额相当的财产抵偿另一方。

4. 已登记结婚，尚未共同生活，一方或双方受赠的礼金、礼物应认定为夫妻共同财产，具体处理时应考虑财产来源、数量等情况合理分割。各自出资购置、各自使用的财物，原则上归各自所有。

5. 人民法院审理离婚案件，涉及分割发放到军人名下的复员费、自主择业费等一次性费用的,以夫妻婚姻关系存续年限乘以年平均值,所得数额为夫妻共同财产。前款所称年平均值,是指将发放到军人名下的上述费用总额按具体年限均分得出的数额。其具体年限为人均寿命70岁与军人入伍时实际年龄的差额。

6. 夫妻双方分割共同财产中的股票、债券、投资基金份额等有价证券以及未上市股份有限公司股份时,协商不成或者按市价分配有困难的,人民法院可以根据数量按比例分配。

(三)分割财产时,如何处理在有限责任公司、合伙企业组织等中的出资问题

1. 人民法院审理离婚案件,涉及分割夫妻共同财产中以一方名义在有限责任公司的出资额,另一方不是该公司股东的,按以下情形分别处理:

(1)夫妻双方协商一致将出资额部分或者全部转让给该股东的配偶,过半数股东同意、其他股东明确表示放弃优先购买权的,该股东的配偶可以成为该公司股东。

(2)夫妻双方就出资额转让份额和转让价格等事项协商一致后,过半数股东不同意转让,但愿意以同等价格购买该出资额的,人民法院可以对转让出资所得财产进行分割。过半数股东不同意转让,也不愿意以同等价格购买该出资额的,视为其同意转让,该股东的配偶可以成为该公司股东。用于证明前款规定的过半数股东同意的证据,可以是股东会决议,也可以是当事人通过其他合法途径取得的股东的书面声明材料。

2. 人民法院审理离婚案件,涉及分割夫妻共同财产中以一方名义在合伙企业中的出资,另一方不是该企业合伙人的,当夫妻双方协商一致,将其合伙企业中的财产份额全部或者部分转让给对方时,按以下情形分别处理:

(1)合伙人一致同意的,该配偶依法取得合伙人地位;

(2)其他合伙人不同意转让,在同等条件下行使优先受让权的,可以对转让所得的财产进行分割;

(3)其他合伙人不同意转让,也不行使优先受让权,但同意该合伙人退伙或者退还部分财产份额的,可以对退还的财产进行分割;

(4)其他合伙人既不同意转让,也不行使优先受让权,又不同意该合伙人退伙或者退还部分财产份额的,视为全体合伙人同意转让,该配偶依法取得合伙人地位。

3. 夫妻以一方名义投资设立独资企业的，人民法院分割夫妻在该独资企业中的共同财产时，应当按照以下情形分别处理：

（1）一方主张经营该企业的，对企业资产进行评估后，由取得企业一方给予另一方相应的补偿；

（2）双方均主张经营该企业的，在双方竞价基础上，由取得企业的一方给予另一方相应的补偿；

（3）双方均不愿意经营该企业的，按照《个人独资企业法》等有关规定办理。

（四）如何处理房屋所有权归属问题

1. 双方对夫妻共同财产中的房屋价值及归属无法达成协议时，人民法院按以下情形分别处理：

（1）双方均主张房屋所有权并且同意竞价取得的，应当准许；

（2）一方主张房屋所有权的，由评估机构按市场价格对房屋作出评估，取得房屋所有权的一方应当给予另一方相应的补偿；

（3）双方均不主张房屋所有权的，根据当事人的申请拍卖房屋，就所得价款进行分割。

2. 离婚时双方对尚未取得所有权或者尚未取得完全所有权的房屋有争议且协商不成的，人民法院不宜判决房屋所有权的归属，应当根据实际情况判决由当事人使用。当事人就前款规定的房屋取得完全所有权后，有争议的，可以另行向人民法院提起诉讼。

（五）关于离婚后公房承租权的处理

1. 夫妻共同居住的公房，具有下列情形之一的，离婚后，双方均可承租：

（1）婚前由一方承租的公房，婚姻关系存续5年以上的；

（2）婚前一方承租的本单位的房屋，离婚时，双方均为本单位职工的；

（3）一方婚前借款投资建房取得的公房承租权，婚后夫妻共同偿还借款的；

（4）婚后一方或双方申请取得公房承租权的；

（5）婚前一方承租的公房，婚后因该承租房屋拆迁而取得房屋承租权的；

（6）夫妻双方单位投资联建或联合购置的共有房屋的；

（7）一方将其承租的本单位的房屋，交回本单位或交给另一方单位后，另一方单位另给调换房屋的；

(8)婚前双方均租有公房，婚后合并调换房屋的；

(9)其他应当认定为夫妻双方均可承租的情形。离婚时，夫妻双方均可承租的公房，如其面积较大能够隔开分室居住使用的，可由双方分别租住；对可以另调房屋分别租住或承租方给另一方解决住房的，可予准许。

2. 离婚时，一方对另一方婚前承租的公房无权承租问题的处理：

(1)一方对另一方婚前承租的公房无权承租的，离婚后原则上应自行解决住房问题。

(2)离婚后确实无房居住，自行解决住房确有困难的，可以调解或判决无承租权一方暂时居住，暂住期限一般不超过2年。暂住期间，暂住方应交纳与房屋租金等额的使用费及其他必要费用。

(3)离婚时，一方对另一方婚前承租的公房无权承租而另行租房经济上确有困难的，如承租公房一方有负担能力，应给予一次性经济帮助。

3. 关于调整和变更单位自管房屋租赁关系问题的处理人民法院在调整和变更单位自管房屋(包括单位委托房地产管理部门代管的房屋)的租赁关系时，应征求自管房单位的意见。经调解或判决变更房屋租赁关系的，承租人应依照有关规定办理房屋变更登记手续。

(六)离婚时债务的清偿问题

1. 下列债务为夫妻共同债务，应当以夫妻共同财产清偿：

(1)夫妻为共同生活或为履行抚养、赡养义务等所欠债务；

(2)个体工商户、农村承包经营户夫妻双方共同经营所欠的债务以及一方从事经营，其收入主要用于家庭共同生活的，所欠的债务为共同债务；

(3)在婚姻关系存续期间，一方因家庭析产所分得的债务；

(4)夫妻一方受另一方虐待，无法共同生活而离家出走，出走方为日常生活所需开支及治疗疾病、抚养子女等所欠债务。

2. 下列债务属于个人债务，应由一方以个人财产清偿：

(1)夫妻双方约定由个人负担的债务，但以逃避债务为目的的除外；

(2)一方未经对方同意，擅自资助与其没有抚养义务的亲朋所负的债务；

(3)一方未经对方同意，独自筹资从事经营活动，其收入却未用于共同生活

所负的债务;

(4)其他应由个人承担的债务。

3. 离婚时,原为夫妻共同生活所负的债务,应当共同偿还。共同财产不足清偿的,或财产归各自所有的,由双方清偿;协议不成时,由人民法院判决。

4. 夫妻一方在婚姻关系存续期间以个人名义为家庭日常生活需要所负的债务,债权人以属于夫妻共同债务为由主张权利的,人民法院应予支持。

5. 夫妻双方共同签字或者夫妻一方事后追认等共同意思表示所负的债务,应当认定为夫妻共同债务。

6. 夫妻一方在婚姻关系存续期间以个人名义超出家庭日常生活需要所负的债务,债权人以属于夫妻共同债务为由主张权利的,人民法院不予支持,但债权人能够证明该债务用于夫妻共同生活、共同生产经营或者基于夫妻双方共同意思表示的除外。

7. 当事人的离婚协议或者人民法院的判决书、裁定书、调解书已经对夫妻财产分割问题作出处理的,债权人仍有权就夫妻共同债务向男女双方主张权利。一方就共同债务承担连带清偿责任后,基于离婚协议或人民法院的法律文书向另一方主张追偿的,人民法院应当支持。

8. 夫或妻一方死亡的,生存一方应当对婚姻关系存续期间的共同债务承担连带清偿责任。

9. 夫妻一方在婚姻关系存续期间以个人名义为家庭日常生活需要所负的债务,债权人以属于夫妻共同债务为由主张权利的,人民法院应予支持。

(七)离婚时的过错赔偿问题

1. 有下列情形之一,导致离婚的,无过错方有权请求损害赔偿:

(1)重婚的;

(2)有配偶者与他人同居的;

(3)实施家庭暴力的;

(4)虐待、遗弃家庭成员的。

2. 符合《民法典》规定的无过错方作为原告基于该条规定向人民法院提起损害赔偿请求的,必须在离婚诉讼的同时提出;符合《民法典》规定的无过错方作为被告的离婚诉讼案件,如果被告不同意离婚也不基于该条规定提起损害赔偿请求的，可以在离婚后1年内就此单独提起诉讼；无过错方作为被告的离婚诉讼案件，一审时被告未基于《民法典》规定提出赔偿请求，二审期间提出的，人民法院应当进行调解，调解不成的，告知当事人在离婚后1年内另行起诉；当事人在婚姻登记机关办理离婚登记手续后，以《民法典》规定为由向人民法院提出损害赔偿请求的，人民法院应当受理。但当事人在协议离婚时已经明确表示放弃该项请求，或者在办理离婚登记手续1年后提出的，不予支持。

（八）离婚时经济赔偿问题

1. 离婚时，如一方生活困难，另一方应从其住房等个人财产中给予适当帮助。具体办法由双方协议；协议不成时，由人民法院判决。

2. 有下列情形之一的，属生活困难：

（1）依靠个人财产和离婚时分得的财产无法维持当地基本生活水平的；

（2）离婚后没有住处的。

离婚后财产纠纷

离婚后财产纠纷中财产分割的方法与离婚时财产分割的规定是一样。离婚后财产纠纷可能比较漫长，管辖和诉讼时效是大家关心的核心问题。

一、管辖

离婚后财产纠纷的管辖法院还是适用被告所在地的，只有比如公民双方都居住在国外，管辖地就看主要财产在哪里，有人可能会说，我们涉及的是财产纠纷，我们争议的是这套房子，应该适用《民事诉讼法》第33条不动产纠纷提起的诉讼，由不动产所在地管辖，但这个说法是错误的。家庭纠纷管辖的原则确定管辖就是被告所在地，不适用不动产专属管辖，这是一个主流观点。为什么说它是主流观点，主要是个别法院的适用有例外，举个亲身经历的案件：2年前，我办理了一个离婚后财产纠纷，涉及两套房子分别在两个不同的区域，我直接去了被告所在地的法院立案，但立案庭让我去房屋所在地法院，考虑到并不影响办案和结果,并且反而执行方面更加方便,所以我没有提出反对意见,结果这个案子的效果非常好,因此我们要把时间和精力用到最重要的事情上。有些高级人民法院都有家事纠纷案件审理指南,会明确规定涉及不动产的婚姻家庭纠纷案件,是否适用不动产关系管辖,一般都会明确规定离婚后财产纠纷要按照一般地域管辖的原则确定管辖,法院不适用不动产专属管辖。

二、诉讼时效

很多人包括专业律师可能搞不清楚诉讼时效,离婚后财产纠纷要准确地理解诉讼时效,首先要对离婚后财产纠纷进行分类,不同类别是适用不同时效的。

第一种是反悔情况,就是协议离婚后就财产分割问题有一方反悔,请求撤销财产分割协议的。

第二种情形是因为履行协议而引发的离婚后财产纠纷。

第三种是离婚后还尚有夫妻共同财产没有处理,提起诉讼要求分割的漏分的财产。

第四种是再次分割,就是离婚后发现对方有隐藏、转移、变卖、损毁、挥霍、夫妻或者伪造夫妻共同债务的,那么另一方有权要求再次分割夫妻共有财产。

它们分别是用不同的诉讼时效,首先第一种反悔,《民法典》实施以后,与之前的《最高人民法院关于适用〈中华人民共和国婚姻法〉若干问题的解释(二)》的规定有较大不同,之前规定协议离婚后,如果想要反悔的,一定要在离婚后 1 年之内起诉到法院。其次法院审理后发现当时订立财产分割协议的时候存在欺诈或者胁迫等情形才会撤销相应的条款,否则就是驳回当事人诉讼请求。现在适用《民法典》第 188 条诉讼时效的规定,诉讼时效期间为 3 年,法律另有规定的依照其规定。另外,能对法院的判决书或者调解书反悔吗?显然是不行的,只能对离婚协议反悔,如果法院的判决书或者调解书有问题那是申请再审的范畴了。

第二种情形就是履行,对离婚协议的履行问题,也是协议离婚对离婚协议的履行问题,是不是受 3 年诉讼时效的限制呢?经过我们研究,是要分情况的,如果离婚协议当中约定了如男方应当在 1 个月之内向女方支付 10 万元,这就属于债权请求权,那债权请求权当然要受 3 年诉讼时效的限制,但抚养费是除外的,因为未成年人的抚养费是不受诉讼时效限制的。第二种情况是离婚协议中约定房屋或车子归一方所有,另一方要协助对方办理过户手续等,这种情形就属于物权,请求权是物权请求权,不适用诉讼时效限制,也就是永久的。

第三种漏分的情况,是离婚的时候双方都明确知道的财产,不是隐藏转移,是因为各种主客观的原因没有进行分割,比如说房产还没拿到房产证,没有办理产权证,比如说股权因为涉及其他股东的,比如说夫妻共同债务,一方不认可的,都是要立案起诉的,等等。其实对于漏分的财产就是一个共有物的分割,是不受诉讼时效限制的。因为这些只要离婚的时候没有分割的夫妻共同财产,实际上是一个物权,而不是一个债权。物权不受诉讼时效的限制。《民法典》婚姻家庭编及司法解释都有规定离婚后一方以尚有夫妻共同财产未处理为由向法院诉请分割的,经审查确属离婚时未涉及的夫妻共同财产,人民法院应当依法予以分割,没有规定诉讼时效。

第四种,新发现隐匿财产的情况,就是离婚后才发现另一方隐藏转移变卖损毁挥霍夫妻共同财产或者伪造夫妻共同债务,提出企图侵占另一方财产的行为。关于诉讼时效的规定,《民法典》婚姻家庭编规定请求再次分割共同财产的诉讼时效为3年,从当事人发现之日起计算。

案例参考

案情

刘某、姜某原系夫妻关系,江山市人民法院于2020年1月10日作出(2019)浙0881民初3330号民事判决书,判决刘某、姜某离婚。刘某提起上诉,衢州市中级人民法院于2020年5月15日作出(2020)浙08民终191号民事判决书,判决驳回上诉,维持原判。刘某、姜某原有坐落于杭州市下城区××路××号××单元××室房屋一套,于2016年10月1日出售得款165万元,购房人分别于2016年10月20日、2017年1月10日汇入姜某银行账户52万元、113万元,姜某于2017年1月10日转账给案外人李某100万元。江山市人民法院(2019)浙0881民初3330号民事判决书对其中的65万元予以认定并进行了处理,但对转账给案外人李某的100万元未予认定款项性质,告知当事人可另案主张。另外,刘某、姜某于2016年6月21日到江山市住房公积金管理中心贷款55万元,款项于当日打入姜某银行账户。公积金贷款已于2020年6月11日全部还清。

判决过程和结果

一审法院判决如下：

驳回刘某的诉讼请求。

二审法院判决如下：

驳回上诉，维持原判。

判决理由

本案争议焦点主要有以下两点：

1. 刘某主张转账给案外人李某的100万元款项性质，能否作为夫妻共同财产进行分割。

首先，刘某在诉状中陈述该款项是售房款，但在庭审中又陈述该款项是姜某个人财产（房屋征收补偿费），故应先对该款项是售房款还是姜某个人财产进行认定。法院认为，姜某获得房屋征收补偿费发生在2014年10月，而转账给案外人李某100万元发生在2017年1月10日，与购房人2017年1月10日转账给姜某时间吻合，故应认定姜某转账给案外人李某100万元款项是售房款而非姜某个人财产。

其次，该款项能否作为夫妻共同财产进行分割。法院认为，因双方当事人一致认可该款项实际已转账给案外人李某，只是对是否是投资款、是否已亏损有争议，故该款项可认定为夫妻共同债权。因该债权涉及案外人利益和抗辩，故不宜在本案中直接认定，可由双方另外共同或单独向案外人主张权利，待权利实现后再依法进行分割。因该款项现不在姜某处，故刘某要求姜某支付该款项的一半于法无据，不予支持。

2. 刘某主张的公积金贷款能否作为夫妻共同财产进行分割。刘某主张该贷款未用于购房，现由姜某实际掌管、支配，应作为夫妻共同财产进行分割。姜某承认公积金贷款未实际用于购房，但主张已用于归还夫妻共同生活期间的债务。法院认为，如公积金贷款确已被用于归还夫妻共同债务或用于生活开支，则不宜再作为夫妻共同财产进行分割。姜某主张公积金贷款中25万元用于归还中国银行个人循环贷款，因其提供的中国银行股份有限公司网上银行个人循环贷款合同有刘某签字确认，故可认定该银行贷款系双方共同债务，姜某用公积金贷款中的25万元归还了该银行贷款，则该款项不应再作为夫妻共同财产进行分割。姜某主张剩余公积金贷款已转账给案外人童某水40万元（其中20万元是贷款下来前6天案外人柴某奇转账给姜某再由姜某当天转给案外人童某水,贷款下来后次日姜某又转给案外人柴某奇20万元)用于投资江山市志森板材经营部,法院认为,根据姜某提供的银行交易明细,可以反映上述款项均是从姜某领取公积金贷款账户中支出,款项往来发生在公积金贷款发放后不久,故对姜某提供的银行交易明细予以确认,对姜某将剩余公积金贷款用于投资的事实予以认定,至于该投资款系姜某归还欠其父母债务还是系双方共同共有,因刘某已另案主张,故本案不作认定。现该款项已由案外人童某水转给姜某母亲,并不在姜某处,刘某已另案起诉要求处理,故刘某可在另案判决生效后另行主张其合法权利,但不得在本案中再要求姜某支付该款项。综上,刘某要求姜某支付公积金贷款对应财产的一半亦于法无据,不予支持。

综上,法院认为,当事人对自己提出的主张,有责任提供证据加以证明。没有证据或者证据不足以证明其主张的,应承担不利后果。刘某虽主张案涉款项应作为夫妻共同财产进行分割,但未提供充分证据证明上述款项仍在姜某处,故其要求姜某支付上述款项的一半缺乏事实和法律依据,不予支持。

二审驳回上诉,维持原判理由:本院认为,当事人对自己提出的诉讼请求所依据的事实或者反驳对方诉讼请求所依据的事实,应当提供证据加以证明。未能提供证据或者证据不足以证明其事实主张的,由负有举证证明责任的当事人承担不利的后果。上诉人认为被上诉人涉嫌犯罪的,可以向有关单位举报投诉。2016年10月,上诉人与被上诉人在夫妻关系存续期间出售杭州市下城区××路××号××单元××室房产,其中100万元于2017年1月转账给案外人李某,一审法院认定该款项为共同债权,并无不当。该债权涉及案外人利益和抗辩,可以由上诉人与被上诉人另外共同或单独向案外人主张权利,待权利实现后再依法进行分割。至于55万元公积金贷款,在婚姻关系存续期间有归还共同债务或者用于生活开支的事实,上诉人不能提供证据证明该款项现在仍然在被上诉人处。

综上,上诉人刘某的上诉理由不能成立。一审法院认定事实清楚,适用法律正确,应予维持。

公司

企业用工权利:维护和谐劳资关系

现有劳动合同法律制度框架及司法实务表明,在劳资纠纷当中,无论是法律法规还是裁判结果,企业败诉的概率较大,很多企业一旦员工离职便遭到仲裁和诉讼,仲裁、诉讼后又基本以败诉为果。新的用工形势下,企业既面临招工难又面临用工难,实际上成为真正的弱势群体。以下通过劳动合同的法律适用以及案例解析重点分析劳动合同解除的法律风险防范,帮助企业做好合规管理。

劳动合同解除类型

职工离职到底会存在什么样的法律风险?很多企业在员工离职的时候,会向员工发出解除劳动关系的通知书,当这样的一个通知书发出以后,可能就会存在潜在的法律风险。比如:

“今向某某员工发出解除劳动关系,通知书内容如下:因我们公司经营缩减,你的岗位予以取消,并且经过对你的考察,认为你无法适应工作,公司先通知你,即日起与你解除劳动关系,双方的劳动关系自今日开始解除,请你及时办理工作交接手续,特此通知。”

这是一个真实的案例,某公司向员工发出《解除劳动关系的通知书》,请问公司能以员工不适应工作为由辞退吗?公司辞退员工是否需要经过员工的同意?这样的一个解除劳动关系的通知书发出去以后,对用人单位来讲一定是要根据《劳动合同法》的相关规定去做的,如果用人单位违法和员工解除或终止劳动合同,那单位可能面临支付赔偿金或继续履行劳动合同的法律风险。当然,选择权在于员工一方,员工可以选择要赔偿金,满 1 年支付 2 个月工资,满 2 年支付 4 个月工资,当然也可以选择要求继续履行劳动合同。根据《劳动合同法》第

40 条的规定，员工不适应工作时公司是可以辞退的，但是需要满足几个条件。

我们要对员工进行考核，考核的结果是不是不能胜任，考核以后也还不能直接解除，还需要培训或调岗以后再考核，还不能适应工作的，提前 30 天通知劳动者，那就可以解除劳动关系。往往在现实生活当中很多单位没有按照法律的规定，而是对员工进行考核，在没有没有培训也没有调岗的情况下就直接解除劳动关系了，这属于违法解除。还有很多单位以员工严重违反单位的规章制度来解除。我们要分析员工有没有严重违反单位规章制度的事实，有没有证据证明这个情形，有没有规章制度，规章制度中有没有具体明确规定什么样的情形属于严重违反单位制度，内容又是否合法，有没有对劳动者进行公示，有没有经过民主程序，单位有工会的先通知工会，再通知员工。不管是程序还是实体方面，在某一个环节存在问题都有可能构成违法解除，在员工离职过程当中，用人单位有可能面临赔偿金的法律风险，这是需要企业注意的。公司辞退员工是不需要员工同意的，这是公司单方面的行为，也就是说有证据证明公司辞退了员工，就具有法律效力，单位也不能再撤回，因为做出的行为已经生效。

劳动合同能够自动解除吗？在审查公司规章制度的时候，看到很多单位在规章制度里面规定：连续旷工 3 天就视为劳动关系解除。劳动关系是基于较强的人身依附性建立的，和婚姻关系不能自动解除而离婚一样，没有自动解除的说法。以前有分居满 2 年自动离婚，这是很多人对法律的误解，分居满 2 年，导致感情不和，导致感情破裂，这是离婚的法定的原因之一，而不是说满 2 年就必然导致婚姻关系解除。同样，劳动关系也不能自动解除，当公司在规章制度里面规定旷工几天视为严重违反规章制度，视为自动离职，都是没有法律依据的。夸张地说，员工离开公司 5 年、10 年以后再回到公司，要求上班，要求补缴社保，单位还存在法律风险。

根据《劳动合同法》的相关规定，劳动合同的解除共有三种方式：第一种方式为员工单方面解除，第二种方式为协商解除，第三种方式为单位单方面解除。

员工单方面解除又分为三种情况，第一种是预告解除，第二种是被迫解除，第三种是违法解除。

预告解除就是员工按照正常的法律规定在试用期是提前 3 天，转正以后提前 1 个月通知用人单位，即便单位不同意也没有关系，3 天或 30 天的时间一到那劳动关系就解除了，单位是没有决定权的。

第二种情况我们叫被迫解除:根据《劳动合同法》的规定,当公司有过错,比如合同约定提供劳动条件和劳动保护、如何调岗或变更工作地点,这都是属于劳动合同的必备条件,当公司没有按照劳动合同约定的条件提供劳动时,员工是可以此为由提出离职,并且要求单位支付经济赔偿金的。另外拖欠员工的工资,没有依法缴纳社会保险,或者违反《女职工劳动保护特别规定》,也是属于被迫解除。根据相关的规定,产假在全国范围内最低是 98 天,而各地结合地域的实际情况又增加了。比如云南省女职工产假为 98 天再增加 60 天,如单位规定只有 90 天,到了时间后员工没有到公司上班,公司以员工违反公司的规章制度辞退员工,就属于规章制度违法同时损害了员工的权益,员工可以此为由提出离职,要求单位支付经济补偿金,所以叫被迫解除。违法解除也就是没有按照法律提前 30 天通知用人单位,当给单位造成损失的时候是要承担法律责任的。

关于协商解除,不管是员工提出还是单位提出,只要双方协商一致就可以。而员工提出协商解除,单位是不需要支付经济赔偿金的,但是单位提出协商解除,法律后果是要向员工支付赔偿金。

单位单方面解除劳动合同的情形有四种:第一种叫过失性,第二种叫非过失性,第三种叫经济性裁员,第四种叫违法解除。

过失性解除主要是指员工有过错,依据《劳动合同法》第 39 条,比如员工在试用期被证明不符合录用条件,严重违反用人单位的规章制度,是指因过失给单位造成重大损失,如在其他的单位上班,建立双重的劳动关系,或经用人单位提出改正意见拒不改正,员工被依法追究刑事责任,员工欺诈公司,比如在入职的时候提供虚假的证明材料,如虚假的学历证、学位证、资质证来骗取到公司上班的目的,对于这些情形都是基于员工有过错,单位可以解除劳动合同。非过错解除就是双方都没有过错,主要依据是《劳动合同法》第 40 条第 1 款第 2 项,包括三种情况:

第一种是员工患病或非因工负伤,按照法律规定,医疗期满了以后,不能够从事原来的工作,又不能够从事用人单位另行安排的工作,这个时候可以解除劳动合同。

第二种是签订劳动合同的时候,所依据的客观情况发生重大变化致使劳动合同无法履行,经用人单位和劳动者协商,就变更劳动合同无法协商一致的情形。比如因为公司被兼并,两家公司合二为一,导致两个人力资源部门只留下一个人力资源部门，此前签订的劳动合同是基于原两家公司人力资源部门的存在，现在客观情况发生了重大变化。关于原两部门员工的处理要看劳动合同还能不能履行，有没有其他的岗位安排，双方无法协商一致的时候，同样可以解除劳动合同。这些情况都是非过失性解除，法律规定单位提前 30 天通知员工或额外支付 1 个月工资以后，可以解除劳动合同。另一种情形叫经济性裁员，比如企业破产要裁减人员 20 人以上或者裁减不足 20 人但占企业职工总数 10% 以上的，用人单位提前 30 日向工会或者全体职工说明情况，听取工会或者职工的意见后，裁减人员方案经向劳动行政部门报告，可以裁减人员。

第三种就是违法解除，单位解除劳动合同要有法律依据，不能随意地找一个理由，比如以员工严重违反单位规章制度但无法证明严重程度，工作态度不好为理由解除劳动合同，属于违法解除，面临的法律后果可能需要支付赔偿金或继续履行劳动合同，这是单位单方面解除劳动合同导致违法的情形。需要注意的是，用人单位在解除劳动合同的时候，要受到《劳动合同法》第 42 条规定的限制，劳动者有下列的情形之一的，用人单位不得依照第 40 条和第 41 条规定解除。

《劳动合同法》第 40 条规定："有下列情形之一的，用人单位提前三十日以书面形式通知劳动者本人或者额外支付劳动者一个月工资后，可以解除劳动合同：

（一）劳动者患病或者非因工负伤，在规定的医疗期满后不能从事原工作，也不能从事由用人单位另行安排的工作的；

（二）劳动者不能胜任工作，经过培训或者调整工作岗位，仍不能胜任工作的；

（三）劳动合同订立时所依据的客观情况发生重大变化，致使劳动合同无法履行，经用人单位与劳动者协商，未能就变更劳动合同内容达成协议的。"

《劳动合同法》第 41 条规定："有下列情形之一，需要裁减人员二十人以上或者裁减不足二十人但占企业职工总数百分之十以上的，用人单位提前三十日向工会或者全体职工说明情况，听取工会或者职工的意见后，裁减人员方案经向劳动行政部门报告，可以裁减人员：

（一）依照企业破产法规定进行重整的；

（二）生产经营发生严重困难的；

(三)企业转产、重大技术革新或者经营方式调整,经变更劳动合同后,仍需裁减人员的;

(四)其他因劳动合同订立时所依据的客观经济情况发生重大变化,致使劳动合同无法履行的。

裁减人员时,应当优先留用下列人员:

(一)与本单位订立较长期限的固定期限劳动合同的;

(二)与本单位订立无固定期限劳动合同的;

(三)家庭无其他就业人员,有需要扶养的老人或者未成年人的。

用人单位依照本条第一款规定裁减人员,在六个月内重新招用人员的,应当通知被裁减的人员,并在同等条件下优先招用被裁减的人员。”

《劳动合同法》第 42 条规定:“劳动者有下列情形之一的,用人单位不得依照本法第四十条、第四十一条的规定解除劳动合同:

(一)从事接触职业病危害作业的劳动者未进行离岗前职业健康检查,或者疑似职业病病人在诊断或者医学观察期间的;

(二)在本单位患职业病或者因工负伤并被确认丧失或者部分丧失劳动能力的;

(三)患病或者非因工负伤,在规定的医疗期内的;

(四)女职工在孕期、产期、哺乳期的;

(五)在本单位连续工作满十五年,且距法定退休年龄不足五年的;

(六)法律、行政法规规定的其他情形。”

劳动者不辞而别如何处理

在现实生活中很多员工突然走人了,没有提交书面的辞职申请,也没有经过公司的同意就走人,往往很多单位视而不见,这是存在法律风险的。当有一天员工生病或死亡了,或者员工要求回到单位上班,要求单位补缴社保,单位要有证据证明此前已经解除了劳动合同,最实际的证据就是《解除劳动合同通知书》。

当什么都没有的时候,如何避免这样的法律风险呢?

我们总结了两种方式:一种方式是催告,另一种方式是向员工发出解除劳动合同的通知书。比如张三不辞而别,我们要通过电子邮箱、微信、短信等,且能够证明微信、短信、电子邮箱是张三的,一般通过实名认证的账号都能证明。如果没有直接的证据来证明短信、微信、电子邮箱是张三的,我们可以通过邮寄送达给他的户口所在地地址或经常居住地发送通知,要求他限期之内回到公司上班,否则公司将根据相关的规定进行处理。该程序要证明的是公司尽了管理义务,往往催告以后,员工不可能再回单位上班,这时要向员工发出《解除劳动关系通知书》,通知书里面的理由我们要注意到底是以他旷工为理由严重违反单位规章制度还是以其他的理由,单位不能在单位没有规章制度的时候选择以员工违反单位的规章制度为理由解除劳动合同,可能会违法。这时我们可以选择违反劳动纪律,劳动法明确规定违反劳动纪律是可以解除劳动合同的,那么公司就在《解除劳动合同通知书》里面选择严重违反劳动纪律,也可以同时选择以严重违反单位的规章制度和违反劳动纪律。一旦有一天员工再回过头来找公司的麻烦,法律风险相对来讲较低。

协商解除劳动关系的风险防范

我们来看一个小案例,小周于 2005 年 2 月 1 日进入某服装公司工作,双方没有签订书面的劳动合同,在 2008 年 7 月 2 日解除劳动关系,公司一次性补偿小周经济补偿金 3 万元,就此了结双方的争议,但是小周咨询之后认为公司未签订书面劳动合同的双倍工资就已经超过 3 万元,公司给的钱太少,于是小周到仲裁委申请仲裁,那请问双方签订的协议又是否有效?仲裁委是否可以支持?在现实生活中,当员工离职以后往往单位会和员工达成口头或书面的协议,单位给员工 3 万元,一般理解是基于所有公司应当给予的,不用写明包括工资、加班费、经济赔偿金等,但是这个案件最终经过仲裁和法院处理以后,公司败诉。原因是在仲裁庭开庭的时候,仲裁员问员工;“公司已经给钱,双方已经确定解除劳动关系,为什么你还要仲裁?”员工的回复是:“我们双方仅仅是针对经济补偿金协商好了,公司给我 3 万元。但是除了经济补偿金以外的,未签订书面劳动合同的双倍工资、加班费还是存在争议的,所以我是基于要双倍工资要经济补偿金,经济补偿金已经给了我,但没有给加班费。”这个时候仲裁员就问公司的代理人,代理人只能说公司给了3万元是全部“一揽子”项目,但仲裁员看到解除劳动关系协议书里面明确约定的3万元仅是经济赔偿金,所以公司败诉。通过这样的一个案例,我们就要注意在公司和员工协商解除劳动合同的时候要根据劳动合同中双方所有的权利和义务,将最核心的内容包括以下三个方面写清楚:

1. 解除劳动合同是单位提出还是员工提出。因为这涉及是否需要支付经济赔偿金的问题,同时我们要明确离职的具体时间,即某年某月某日,并且应当具体到几点钟。我们来讲一种很极端的案例:当员工离职了,向公司递交了辞职信,双方协议约定于2023年1月1日解除劳动关系,在2023年1月1日下班的时候员工在路上非本人主要的原因发生事故。根据《民事诉讼法》的相关规定,员工与单位之间的劳动关系解除的时间,某天指的是晚上24:00,我们没有具体规定是17:00的时候,那就有可能存在工伤。

2. 我们要明确是甲方向乙方支付还是乙方向甲方支付相应的费用,通常情况下是公司向员工支付多少钱,什么时间支付,我们支付的费用,包括什么样的项目,一定要进行具体明确约定。前面的案件,就是因为单位仅仅只写领取了经济赔偿金,而经济赔偿金之外有可能承担的项目,如双倍工资、加班费。当然有可能会存在是员工向单位支付,比如员工在上班的时候侵占公司的财物,违规操作给单位造成重大损失,双方协商解除时,员工要赔偿单位。还要明确什么时间赔偿,赔偿多少数额,是一次性支付还是分期支付。

3. 要确认在劳动关系存续期间,双方没有任何其他的争议,任何一方不能再因为原来劳动合同履行和解除向对方要求其他的费用,否则要承担违约责任。通过这样的约定就明确双方的权利和义务,还有工作需要交接以及交接的内容是否涉及保密和经营性质都可以根据单位的实际情况进行约定。所以一份简单的解除劳动合同协议书的以上条款,基本上能够管控在离职过程当中过错性解除劳动合同的法律适用,主要法律依据是《劳动合同法》第39条,“劳动者有下列情形之一的,用人单位可以解除劳动合同:(一)在试用期间被证明不符合录用条件的;(二)严重违反用人单位的规章制度的;(三)严重失职,营私舞弊,给用人单位造成重大损害的;(四)劳动者同时与其他用人单位建立劳动关系,对完成本单位的工作任务造成严重影响,或者经用人单位提出,拒不改正的;

（五）因本法第二十六条第一款第一项规定的情形致使劳动合同无效的；（六）被依法追究刑事责任的。”

劳动者严重违反单位的规章制度的处理

再举几个例子说明严重违反单位规章制度内容合法性、民主程序、重大损失的问题。比如员工徇私舞弊造成单位重大损失的认定，那么5000元、1万元、10万元，到底哪一个数额属于重大损失？当我们没有通过规章制度明确规定的时候，在司法实务操作当中是存在不确定性的。这时候我们再以员工严重失职营私舞弊给单位造成重大损失为理由解除劳动合同，当然是存在法律风险。再如劳动者在公司上班的时候同时到其他单位上班的问题。比如一个司机晚上去跑滴滴做代驾而导致第二天上班的时候精神状态不佳，在开车的过程中发生交通事故，导致公司的财产遭受重大损失，那这就属于对单位的工作人员造成严重影响，对这样的情形可以直接解除合同。但往往有很多员工在其他的单位上班，不会给单位造成严重影响，单位发现以后可以提出要求限期改正，如果不改正才能够解除。再如欺诈问题的认定，比如一个员工实际她怀孕了，但是面试的时候她告诉单位他没有怀孕，实际上结婚了说没有结婚，上班以后公司发现怀孕了请产假，这个时候我们能够以员工欺诈为由解除劳动关系吗？不能，因为欺诈行为和工作没有关联性，同时法律有明确规定，用人单位在招录员工时不能因为员工的民族、种族、性别、宗教信仰、是否怀孕，是否已婚理由拒绝。另外，关于被依法追究刑事责任的问题，被依法追究刑事责任的范畴是由法律规定的，在我们国家只有人民法院才有权判定一个人有没有罪，公安机关、检察机关都没有这样的权力。当一个人犯罪的时候被拘留，那这个时候他叫犯罪嫌疑人，移送到法院起诉以后，他是被告人，直到法院判其犯罪的判决生效了，我们才说一个人被依法追究刑事责任，所以往往很多单位以员工被刑事拘留就解除劳动合同，这是违法的。

接下来以一个真实的案例来帮助大家理解员工严重违反单位规章制度被解除劳动合同的合法性问题。劳动者于1993年进入昆明的一家国有企业，于2005年7月1日与公司签订了无固定期限的劳动合同，工作岗位是吊车工。2013年

7月1日,他盗取了公司加工电检分厂的碎铜切5公斤,价值人民币250元,公司发现后根据劳动合同中内部奖惩办法第18条,于2013年7月1日解除劳动合同,解除劳动合同之前的平均工资是每月4000元,劳动者委托律师申请仲裁,要求被申请人支付赔偿金16万元,律师发现合同中奖惩办法条款第18条中规定劳动者盗窃行为是严重危害单位规章制度的行为。同时公司内部管理规定第20条又规定劳动者盗窃盗取公司财产价值达到500元以上的,视为严重违反单位的规章制度。那请问张某要求公司支付违法解除劳动合同的赔偿金16万元是否会得到支持?员工的工资4000元,在公司工作的时间从1993年到2013年共20年,一旦单位违法解除,需要支付40个月工资,40个月工资就是16万元,最终仲裁委和法院支持了员工的诉求,因为公司的规章制度里面同时规定了视为严重违反单位规章制度的两种情形。第一种情形就是只要有盗窃的行为,第二种情形就是有盗窃行为,同时还要造成财产价值500元以上的损失,他的金额要达到500元,而本案当中实际只有250元,作为仲裁员或者法官,在公司的规章制度和集体合同冲突的时候,会将选择权交给员工。这就提醒用人单位在制定规章制度的时候,处罚的程序要层次分明,层层规定,而不能相互矛盾。另外,公司还需要拿出证据证明规章制度告知了员工,还要证明规章制度经过了民主程序,如果没有职工代表大会,那要和全体员工来进行讨论,如果有职工代表大会也可以和职工代表来讨论,总之要有证据证明经过了民主程序。另外还需要注意的是,如果公司建立了工会,在解除劳动合同前还要通知工会,否则程序违法同样可能会败诉。最后要送达解除劳动合同的通知书给员工,进而办理相关的离职手续。这就是一个完整的用人单位以严重违反公司规章制度为理由辞退员工的一个操作流程。

双方无过错解除劳动合同

非过错性解除劳动合同是结构性解除劳动合同的法律适用问题,主要法律依据是《劳动合同法》第40条,总共有三种情形。

第一种情形就是员工患病或非因工负伤在规定医疗期满后不能从事原工作,也不能从事用人单位另行安排的工作。首先员工患病有一个医疗期,医疗期是一个法律术语,就是在医疗期之内公司不能和员工解除劳动,而医疗期的规定一般是 3 ~ 24 个月,具体根据员工的工作年限确定,那医疗期满以后不能从事原工作,我们还要有证据证明,如他不能从事原工作,但我们通知他回岗位,员工表示还需要住院,或者其他的原因,这时还要对员工进行调岗,在他不能从事新的工作的时候才能解除,同时要提前 30 天或额外支付 1 个月工资才能解除。

第二种情形是员工不能适应工作,这时可以培训或调岗二选一。

第三种情形是相比劳动合同订立时所依据的客观情况发生了重大变化,致使劳动合同无法履行,经用人单位与劳动者协商未能就变更劳动合同达成一致的。在具体操作的时候一定要注意,除了证明客观情况,还要证明劳动合同无法履行,同时还要进行协商,协商一致才能解除,否则属于违法。

举一个真实的案例:张某,2013 年 6 月 1 日进入一家包装公司,工作岗位是保安,因为心脏病、高血压、糖尿病等多种疾病,于 2015 年 4 月 27 日开始请假到 8 月 1 日,期满以后还不能工作遂继续请假,到 9 月 16 日之后继续住院治疗无法工作,他不同意与公司解除劳动关系,要求除非公司给他治好病,请问公司要想合法解除劳动关系应当如何操作?这是一个典型的员工生病如何解除劳动合同的案例。张某在公司工作的时间是 2 年多,在本单位工作年限 5 年以内,医疗期是 3 个月,如果在本单位工作年限 5 年以上 10 年以内,医疗期是 6 个月,本案当中医疗期的时间是 3 个月,也就是说在 3 个月以内,单位是不能以员工患病为由解除劳动合同的。其次要证明的就是医疗期满以后还不能从事原来的工作,我们就要指导企业告知企业如何收集证据证明员工不能从事原工作,因为张某是在公司里面做保安,到 7 月 27 日的时候医疗期就满了,7 月 27 日以后公司应当通知他来上班,给他一个复工通知书,要求他于某年某月某日到公司的原岗位保安部后勤部来上班,要当面给他一个通知,最好让他签字,让他表达是否能上班的意见,如果有这样的证据,那就能够证明他不能从事原工作。当然,医疗期满以后如果他还需要住院,我们要让他提供继续住院相关的病历资料。第二是不能够从事由用人单位另行安排的工作。也就是说针对案例当中的保安,我们还需要证明他不能从事其他的岗位工作。这个时候我们可以要求公司再给到员工一个调岗通知书,说明调整他到其他的岗位,当然调整的时候要考虑一个合理性,以前的工作是保安,公司不能让他去做比保安更重的活,如果员工明确表示不复工,是住院还是不想复工,这需要留有证据。如果公司有工会,在解除劳动关系以前通知工会。最后要制作解除劳动合同的通知书,明确解除的原因,让员工签收,如果员工不同意,员工认为公司违法解除,我们只需要证明已经告知员工,可以通过公证送达,邮寄送达,当面送达加其他的同事作为证人,一边给员工的时候一边拍照,提前 30 天通知或额外再支付 1 个月工资与此前同理。

如何打造用人标准化管理

根据我们的经验,在员工离职过程中往往容易引发劳动争议,因为员工在职的时候,哪怕单位有诸如没有买社会保险、拖欠工资都问题不大,那时候基于他要继续在公司上班,他不可能向公司提出什么要求,往往都是在离职的时候,要么是公司辞退他,要么是他主动地提出走人,这时候就很容易产生争议,那又如何避免?

我们说第一个原则始终以协商为主,不管是员工有过错还是没有过错,双方协商对双方好。协商解除的时候,最重要的就是要签订协商协议分别明确双方的权利和义务。如果无法协商,只能够单位单方面的解除,单位应当收集相关的证据,证明达到了可以单方面解除劳动合同的情形。

另外,当员工主动以个人的原因向公司辞职的时候,一定要注明是什么原因,如果是员工个人的原因不需要支付经济补偿金,但是如果写了是单位的原因,比如以单位没有购买社会保险,拖欠工资等为理由。要明确离职的时间,前面我们分析过解除劳动合同,协议书里面谁提出离职,以及离职的时间是非常重要的,离职的时间就决定了加班费支付到什么时候,工资支付到什么时候,经济赔偿金计算到什么时候,最好明确到某年某月某日几点,另外要有效送达。

标准化管理讲究的是书面化、程序化、人性化,也就是要有证据意识,要保留相关的证据,不管是员工提出离职还是单位单方面解除劳动关系,要有证据来证明。

针对不同的情形,我们有相应的一个离职管理制度,按照相关的制度来操作,人性化要求尽量协商化解矛盾。文档方面如资金流水、离职审批表、交接单解除劳动合同的协议书、解除劳动合同有关材料还应该主动取证到检讨书、谈话笔录、违纪处罚通知单,这都是可以证明员工有过错的证据,还有解除劳动合同的通知书通知到工会的函，以及离职声明、离职面谈表，我们就通过文件制度、表单来树立证据意识，在员工离职的时候，严格按照我们的操作规程、离职管理制度和法律相关的规定来操作，这样能够极大避免单位存在的法律风险。

案例参考

案情

2016年7月1日，孙某（乙方）与西区公司（甲方）签订劳动合同，约定：劳动合同期限自2016年7月1日起至2019年6月30日止；乙方工作地点为连云港，乙方从事收派员与司机岗位工作；乙方正常工作时间的工资为1600元/月，甲方每月支付给乙方的工资包括正常工作时间工资、加班工资和绩效奖金三部分；乙方严重违反甲方的劳动纪律、规章制度的，甲方可以立即解除本合同且不承担任何经济补偿；甲方违约解除或者终止劳动合同的，应当按照法律规定和本合同约定向乙方支付经济补偿金或赔偿金；甲方依法制定并通过公示的各项规章制度，如《员工手册》《奖励与处罚管理规定》《员工考勤管理规定》等文件作为本合同的附件，与本合同具有同等效力。《奖励与处罚管理规定》规定：对员工的处罚扣分，以公历年为一个计分周期；公司对员工的负面行为给予处罚，处罚种类分为五类，第一类责任为警告扣1～2分，第二类责任为严重警告扣3～4分，第三类责任为记过扣5～6分，第四类责任为记大过扣7～10分，第五类责任为解除合同、永不录用；迟到、早退的，或工作时间不按要求佩戴工牌的，或有配发制服、袖标等标识物但上班时间未按要求穿戴的，均为第一类责任；对同事恶意谩骂、恐吓、陷害、挑起事端，以武力威胁同事或与同事发生轻微肢体冲突等破坏员工队伍团结的，或委托让人或代他人打（刷）出勤卡及签到的，均为第四类责任；连续旷工3天（含）以上或一年内累计旷工达6天（含）以上的，或利用工作之便挪用或侵占公司公款的，均为五类责任；在一个计分周期内，因直接责任处罚累计扣分达20分（含）的，视为严重违纪，给予解除劳动合同处理。

之后，孙某根据西区公司安排，负责灌南县堆沟港镇区域的顺丰快递收派邮件工作。西区公司自2016年8月25日起每月向孙某银行账户结算工资，截至2017年9月25日，孙某前12个月的平均工资为6329.82元。2017年9月12日、10月3日、10月16日，孙某先后存在工作时间未穿工作服、代他人刷考勤卡、在单位公共平台留言辱骂公司主管等违纪行为。事后，西区公司根据《奖励与处罚管理规定》的规定，对孙某上述违纪行为分别给予扣2分、扣10分、扣10分处罚，但具体扣分处罚时间难以认定。

2017年10月17日，孙某被所在单位用人部门以未及时上交履职期间的营业款项为由安排停工。次日，孙某至所在单位刷卡考勤，显示刷卡信息无法录入。10月25日，西区公司出具离职证明，载明：孙某自2013年3月1日至2017年10月20日在我司任职收派员，自2017年10月21日从本公司正式离职，已办理完毕手续，即日起与本公司无任何劳动关系。10月30日，西区公司又出具解除劳动合同通知书，载明：孙某于2013年3月1日进入本单位，在未履行请假手续也未经任何领导批准情况下，自2017年10月20日起无故旷工3天以上，依据国家的相关法律法规及单位规章制度，经单位研究决定自2017年10月20日起与孙某解除劳动关系，限你于2017年11月15日前办理相关手续，逾期未办理，后果自负。之后，孙某向灌南县劳动人事争议仲裁委员会申请仲裁，该委员会于2018年4月26日作出灌劳人仲案字（2018）第103号决定书，认定该案已超过审理期限，终止审理。

另查明：2016年3月1日，孙某与元睿公司签订劳动合同，约定劳动合同期限为2016年3月1日至2019年2月28日，工作地点为连云港，从事收派员与司机岗位工作。2016年6月30日，孙某因个人原因与元睿公司终止劳动合同。

判决过程和结果

1. 被告西区公司于本判决发生法律效力之日起10日内支付原告孙某经济赔偿金18,989.46元。

2. 驳回原告孙某的其他诉讼请求。

判决理由

本院认为，用人单位单方解除劳动合同的行为是用人单位根据作出时的事实、证据和法律作出的，对其合法性的评价也应以该决定作出时的事实、证据和法律为标准。用人单位向劳动者送达的解除劳动合同通知书，是用人单位向劳动者作出解除劳动合同的意思表示，对用人单位具有法律约束力。解除劳动合同通知书明确载明解除劳动合同的依据及事由，其被诉请人民法院审查的，人民法院应以该决定作出时的事实、证据和法律为标准进行审查，不宜超出解除劳动合同通知书所载明的内容和范围。否则，将偏离劳资双方所争议的解除劳动合同行为的合法性审查内容，导致法院裁判与当事人诉讼请求以及争议焦点不一致；同时，也违背民事主体从事民事活动所应当秉持的诚实信用这一基本原则，造成劳资双方权益保障的失衡。

本案中，孙某与西区公司签订的劳动合同系双方真实意思表示，合法有效。劳动合同附件《奖励与处罚管理规定》作为用人单位的管理规章制度，不违反法律、行政法规的强制性规定，合法有效，对双方当事人均具有约束力。根据《奖励与处罚管理规定》的规定，员工连续旷工 3 天(含)以上的，公司有权对其处以第五类处罚责任，即解除合同、永不录用。本案中，西区公司向孙某送达的解除劳动关系通知书明确载明解除劳动合同的事由为孙某无故旷工达 3 天以上，孙某诉请法院审查的内容也是西区公司以其无故旷工达 3 天以上而解除劳动合同行为的合法性，故本院对西区公司解除劳动合同的合法性审查也应以解除劳动关系通知书载明的内容为限，而不能超越该诉争范围；虽然西区公司在庭审中另提出孙某在履职期间尚存在其他违纪行为，累计扣分已达 20 分以上，视为严重违反用人单位规章制度，亦足以即时解除劳动合同，但相关扣分处罚时间何时作出不能确定，且上述行为并未载入其向孙某送达的解除劳动合同通知书的内容之中，故不能以此来判断西区公司以其无故旷工达 3 天以上而解除劳动合同行为的合法性，故本院对西区公司的该项辩称意见不予采信。

西区公司以孙某无故旷工达 3 天以上为由即时解除劳动合同，其应对孙某无故旷工达 3 天以上的事实主张承担举证证明责任。关于西区公司的该项辩称内容，西区公司仅提供了本单位出具的员工考勤表为证，该考勤表未经孙某签字确认，孙某对此不予认可，认为是单位领导安排停工并提供刷卡失败视频为证，经审查，该份证据材料为孤证，相关旷工日期记载与本院依法向丁某、马某伟的核实内容有较大出入；同时，无故旷工与所在单位安排停工并非同一概念，两者所指向的概念实质及行为表象均有明显差别，且西区公司亦未举证证实孙某存在未按规定上交公司营业款的事实。综上，鉴于西区公司未提供充分证据证实孙某无故旷工达 3 天以上，且与本案查明的相关单位领导安排停工及孙某刷卡考勤失败情况均有明显出入，故本院对西区公司的该项事实抗辩主张不予采信。基于上述理由，本院认为西区公司所举证据不足以证实其解除劳动合同的行为符合《劳动合同法》第 39 条的规定，故本院依法认定其于 2017 年 10 月 30 日作出的解除劳动合同的行为系违法解除劳动合同的行为。

根据《劳动合同法》规定，用人单位违法解除或者终止劳动合同的，应当依照经济补偿标准的二倍向劳动者支付经济赔偿金。经审查，孙某自2016年7月1日起在西区公司工作，截至2017年10月30日，其已在西区公司工作1年5个月，前12个月的平均工资为6329.82元，故被告西区公司应支付的经济赔偿金为18,989.46元(6329.82元/月×1.5个月×2)。孙某所诉自2013年3月1日起计算经济赔偿金，与本院查明事实不符，故本院依法对2016年7月1日前的相应诉讼请求不予支持。

合同中的权利:无畏契约

契约即合同,是民事主体之间设立、变更、终止民事法律关系的协议。合同是当事方之间的“基本法”,是“法锁”,将当事方“锁”在了一起。合同对企业重要性不言而喻。合同的存在就是为了规范和固定民事主体之间交易过程中对于具体交易事项的处理方式。书面合同有效地约定了合同双方的权利和义务,对合同的履行有积极的作用,能够较为有效地约束违约行为,能够最大限度地保障自己的合法权利,也为解决将来有可能发生的争端提供可靠的解决依据。掌握一些关于合同内容把控和合同履行风险的知识,可以避免不必要的损失,并在危机发生时赢得先机。

不是律师能否审合同

合同审查是生意人的基本功,很多企业都配有法务,法务的最重要工作之一就是合同审核。有很多单位因为业务比较单一,因此有自己的合同模板,这能在很大程度上节约法务审核的时间。但标准合同模板只是辅助合同审查的工具,一不留神就会陷入“机械套用和执行标准模板”的困境。因此,真正有能力的老板或其下面的法务都应该掌握一套超越标准模板形式的实质合同审查方法,以使合同文本最大限度地接近业务实质,使得自己不吃亏,又恰当平衡保护好当事各方利益,实现双赢。如何掌握合同审核“套路”,精准把握合同“风险”,实现又好又快地审核合同呢?

一、看业务模式:什么交易

在合同审核之前,对业务模式的了解至关重要。对业务模式了解的目的是摸清项目最大风险、业务最关注的内容。了解的内容包括业务来源、业务模式、合同相对方情况等。这些内容主要通过与合同经办人的沟通来获取。通过对业务模式的了解,从宏观上把握整个交易的框架和结构。这里举几个例子。

在进出口贸易中,要了解业务的来源、商品种类、进出口类型、进出口国家等。这个过程主要是从宏观上把握业务,是否存在比较大的风险和问题。具体来讲:

1. 进口业务中,如果要进口的是危险化学品,而公司又没有危化品经营许可证,那么这种业务在第一步就应该被否决。

2. 出口业务中,目的国是伊朗等比较敏感的国家,在这个阶段,要揭示业务模式存在的重大风险等。

在国有企业中,"空转""走单"这类融资性贸易是被国资委明令禁止的,如果在业务模式设计之初就有这方面的问题,那么也要及时揭露风险。在前期了解中,发现合作相对方已经是一家失信企业,或者在信用上存在严重瑕疵,这时也要明确否决这一业务。所以,在业务模式的了解过程中,合同审核人员应该尽量全面和谨慎。毕竟,合同虽然很重要,但是业务模式的固有风险,是无论如何都无法通过合同文本设计来化解和排除的。

同时,对业务模式的了解对合同审核人员提出了比较高的要求。合同审核人员必须非常熟悉企业环境、人员,可以通过各种途径收集到业务模式相关的有用信息。很多合同审核人员很难有效推进这一步。

比较律师和法务,在了解商业模式方面,法务相较于律师有优势,当然也有劣势。如果一个法务不懂商业模式是不合格的,这与企业法务的定位等因素密切相关。由于法务只服务于企业这一个客户,日积月累中,法务对企业内部的业务模式、交易结构更加熟悉,一些常见业务能精准把握风险,和业务人员也更加熟悉,更容易形成有效沟通。但是在企业中,法务除了服务于业务,往往还兼具管理等职能,尤其在一些国企中,一些法务甚至兼职纪检工作,这让法务与业务天然对立,再加上法务经常说"不",导致部分企业中法务经常从业务口中"套不出什么真话和有价值的信息"。彼此不仅没有建立良性的信任与合作关系,反而形成恶性循环,让工作无法推进。如果存在一个对某个行业有过深入了解的律师,担任长期顾问,应该能够弥补上述不足,在具体案件中也会更得心应手。下面一个案例是作者代理担保人在一起银行票据追索案件中取得胜诉,担保人不承担担保责任的金融案件,也是得益于作者曾经在银行担任多年法务的经历。

案情简介

2012年,自然人Z成立两家公司:Y贸易公司、H贸易公司,其中前者法定代表人并非Z本人,但两家公司实际控制人均为Z,符合“一套人马,两块牌子”的特征,该信息后来在银行调查报告中均有表述。该案中,2015年年初,Z采取虚构Y公司向H公司购买货物,提供不完整的贸易资料(仅购货合同),向W银行衢州分行申请开立银行承兑汇票,H公司取得汇票后贴现资金进入Z个人账户,Z将资金汇入其他个人账户而并未用于公司经营,Z随即失联逃逸,公司随即停止运营解散。票据到期后,银行兑付票据金额,不久银行起诉开票申请人,胜诉后进入拍卖债务人抵押物的程序。随后起诉抵押担保人,要求承担担保责任。抵押担保人带着试试看的心理找到本人商议是否有对策,经初步审查,本人正式接受委托。

代理过程

代理本案后,首先,本人确认了银行诉讼请求对应的证据,发现有个别票据兑付时间在2015年10月1日前,就当时证据看已经超过诉讼时效2年(能延伸到2017年10月1日之后的可以作为3年计算)。但从表面看银行提供的书面证据是很充分的:授信合同、担保合同、抵押权证、质押合同、票据申请书、银行承兑票等。

其次,本人听取了当事人意见,当事人认为融资人和银行工作人员合谋虚假开具银承,整个授信过程存在违规问题,要他承担责任有失公平。对此,本人迅速研究方案,上策是通过审查授信资料、向监管部门举报要求业务检查而获得违法确认,如当事人所述属实,可主张票据申请和开票的不当行为符合合同无效情形,授信主合同无效导致从合同无效,根据原《担保法》及相关司法解释规定,担保人无过错则无责任;下策是如票据申请及开具合法合规,则积极针对银行诉请,对超过诉讼时效,融资人自身财产处置未完成进行抗辩,并在资产处置中寻找和解突破口(经审查,抵押物有一定瑕疵,需要担保人配合)。接下来,本人申请法院调取了银行贷款审批的全套资料,果然收获满满:

银行调查报告显示银行对两家公司关联情况明知,两家公司经营范围一致,日常业务相同,注册地址毗邻,同一个实际控制人,从主营业务看没有必要成立重合的两家公司。

两家公司中申请人公司全年销售与全年开票申请数额基本一致(占比90%),涉嫌虚假贸易。

财务报表说明中,两家公司并非对方的交易对手,与上述第二点矛盾,特别是Y公司供应商前五已经占90%,而该前五进货金额已经是H公司开票给Y公司的75%金额;更离奇的是财务报表中2014年销售总额5501万元,而H公司开过来的发票用于Y公司申请开票是4040万元,与上述数据矛盾。

反过来测算,Y公司供应商前五(无H公司)已经占90%,假设另外10%是H公司,根据上述票据数据,4040万元占比10%,则2014年Y公司总业务量必须在4.04亿元以上,而调查报告显示,2014年销售收入为5501万元。说明公司申请贷款的财务作假,而银行作为专业机构对此视而不见,反而在调查报告中照抄。

在审批意见中对保证金来源一栏,银行意见是不涉及民间借贷,而实际上保证金来源打款凭证及审查件显示为与公司无关的外来人员打入,后了解该人是做过桥的民间放贷人,经查实银行流水及公司内部账本,本人发现每笔开票保证金均来自非股东自然人汇款。

调取两家公司在各家银行的流水及实际控制人多家银行的流水,发现:(1)Y公司账户信息均为票据业务扣款、还款以及个人款项汇入作为保证金(与公司日记账相同),没有发生贸易业务的收付情况;(2)H公司账户信息显示交易方中转出对象局限于Z本人、H公司、Y公司、前述保证金个人借款账户、部分交易对象,经统计大部分资金汇至Z及其控制的公司,且取得融资款项不能与支付货款相匹配;(3)Z个人账户信息显示基本是转至其他个人名下,几乎没有相关化工产品交易对手。

银行授信资料能够表面票据申请人开票过程可能构成骗得金融票证犯罪,如其主观上具有非法占有的目的,则涉嫌诈骗犯罪,相关银行工作人员对此加以配合的,很可能涉嫌违法开具金融票证的犯罪。本人相继向法院申请移送公安、先后向银行所在地(案件发生地)分局举报均未果,后向银监局举报并要求审查移送虽未获准但在当地银监局检查后获得了一定的线索——公司近2年全年开票量,同时银行的部分审查过失被确认。经研究,为减少移送难度,本人最后调整被举报人仅为公司实际控制人,获得法院和被举报人所在分局支持,最终移送公安并驳回银行诉讼请求,W银行不服上诉,二审维持原判。

二、看合同类型:什么文本

在对业务模式进行深入、全面了解,确定业务模式是可以操作的情况下,第二步是选择最贴近业务实质,而且能最大限度地保护企业利益的合同类型。一个企业如果主营业务比较明确,针对主要业务一般都会有一些常用业务类型对应的合同模板,选择最贴切的模板,在此基础上进行修订,是比较快捷的选择。如果是新的项目,那就要根据业务情况起草了,可以在威科先行、北大法宝或者其他互联网平台上找一些较为接近的文本,在此基础上做修改。

起草或选择合同文本的过程中,需要同时考虑“商业”和“法律”,甚至要更多地向“商业”倾斜,因为经过第一步对交易模式的判断,已经筛选掉了必须说“不”的业务,第二步应该考虑最大限度地促成交易。此时,不妨稍微灵活一点,这是刚从事合同审核工作的人比较容易忽略的。举个简单的例子,一个新的业务,是代理关系、买卖关系还是定作关系,是使用代理合同、买卖合同还是定作合同?这三种法律关系在理论上很好区分,但是实际业务往往不按照理论发生,业务人员可能会提出很多五花八门的想法,让你一时间找不出合适的理论来回应。在买卖合同中也会有条款体现“代理关系”。在你咨询的时候你可能获知这是一个什么关系,但是在本人接受咨询的过程中,一般都会尽量建议:将商业模式中各个环节拆开,每个环节设置为对自己对有利的关系,从而按照综合性合同的具体条款而非统一的某一个关系在处理事项。在发生违约事件的时候往往也不是全面违约,而是某一个环节产生分歧,如此找到对应的某个环节的具体约定即可。

三、看合同文字:什么条款

第三步是对合同条款中具体的文字进行修订。一般合同会包含商业条款和法律条款。商业条款如产品情况、价格条款、质量条款、交付方式等,需要贴近业务实际,表述严谨。法律条款如违约条款、争议解决条款、不可抗力条款等,需要既严谨又能起到规避风险的作用。

“严谨”是审核具体条款时应当遵循的最重要法则。用语不符合业务实质、用语模糊、未能囊括关键情况引发纠纷的情况比比皆是。例如,合同中约定,"A公司将通过销售佣金的方式向B公司支付1150万元转让费,每年转让费支付比例原则上不超过L公司每年盈利总额的40%"。关于转让费支付只有这一条约定,结果L公司连续几年不盈利,导致转让费无法支付。这就要求审核合同时要考虑得全面细致一些,尤其是与付款条件相关的条款。

条款是要呼应业务需要的。在对条款进行修订后,最后再回头看看,确认条款是否回应了业务需要,起初评估的最大风险是否得到了有效规避。比如,在和业务沟通的过程中,发现收款时间对我方特别重要,需要尽快回款,这时除了提醒业务通过商务谈判确定更优惠的付款条件外,还可以在违约条款中增加逾期付款的违约金比例等。

一份好的合同,是促成商业主体交易的基石。合同审核人员的作用是让这块基石更加稳固。眼神不断在商业和法律之间穿梭,最终找到平衡,是每个合同审核人员的必修课。

先看一个实例:2019年6月6日某医院EPC项目实施过程中,项目基坑北侧红线处市政水管渗水,该处区域为膨胀土,给项目建设带来重大不利影响。事件发生后,承包人第一时间组织人力、物力全力抢险,并及时报告参建各方,于6月7日举行基坑变形专项会议,6月8日、6月10日、6月12日举行了基坑变形处理方案的专家论证会,6月6日起开始采取反压、加固、防水、观测等相关措施,直至险情得到完全排除。承包人认为,应根据合同通用条款第4.11条不可预见物质条件(A)主张费用和工期,申请费用补偿721万元、工期补偿95天。至于合同专用条款第1.1.5.9条(15)所指"因特大暴雨或市政管网导致基坑或地下室所有材料、设备被淹的损失",承包人认为本次争议并不是基坑被淹,而是基坑变形。发包人认为,根据合同专用条款第4.1.9条"工程的维护和照管",移交项目业主前,承包人应负责照管和维护工程,如果在承包人负责照管期间,由于不可抗力以外的原因,致使工程、货物或承包人文件发生任何损失或损害,承包人应自行承担风险和费用,修正该项损失或损害,使工程、货物和承包人文件符合合同要求。同时,根据合同专用条款第1.1.5.9条(15)规定,风险金包干计取,包括了项目在实施过程中可能发生的潜在风险和因此产生的费用,该项损失包含在承包人风险内。风险金包含范围内的工作,全部由承包人实施,承包人不得再另行计取费用。双方对此次事件产生争议,一方主张赔偿损失,另一方主张风险金已经包含,不予赔偿。可见,在实践过程中 EPC 项目的风险问题各式各样。在合同中不能忽略风险问题的约定,《房屋建筑和市政基础设施项目工程总承包管理办法》强调,“工程总承包活动应当遵循合法、公平、诚实守信的原则,合理分担风险,保证工程质量和安全,节约能源,保护生态环境,不得损害社会公共利益和他人的合法权益”。“合理分担”约束了发包方不能利用其优势地位,而总承包方也需要根据项目的情况和自身的管理能力,合理组织实施方式,平衡发承包双方的利益,在合同中应当对风险进行明确的界定,根据《房屋建筑和市政基础设施项目工程总承包管理办法》中的风险分担条款在合同中加以描述。

当然,工程总承包合同中类似的条款约定有很多要点需要把握,比如合同计价方式确定中,发包人应充分了解目前项目的前期资料情况,如初步设计及技术标准完善度,从而判断项目是否具备编制模拟工程量清单的条件,以此来判定是采用总价、单价还是费率下浮的方式进行发包。若基础资料完善,可以编制模拟清单,即采用总价或单价合同;若资料支撑不足,则只能采用费率下浮的方式。对于价格的准确性和下浮方式应在合同专用条款中准确约定,以免造成实施过程中的索赔或扯皮。除此之外,还要注意变更的专用条款中应当约定变更的范围、变更的程序、变更估价的方式,以及价格调整约定、竣工结算约定等。

如何修补合同漏洞

合同内容一般包括当事人的姓名或者名称和住所、标的、数量、质量、价款或者报酬、履行期限、履行地点和方式等。一般来说,合同主要条款缺失,即合同漏洞。基于合同全面、诚信履行原则,需要对合同漏洞加以填补。《民法典》合同漏洞填补规则主要规定在第 510 条、[①]第 511 条[②],《民法典》另有 26 个条文引用

① 《民法典》第 510 条规定:合同生效后,当事人就质量、价款或者报酬、履行地点等内容没有约定或者约定不明确的,可以协议补充;不能达成补充协议的,按照合同相关条款或者交易习惯确定。

② 《民法典》第 511 条规定:当事人就有关合同内容约定不明确,依据前条规定仍不能确定的,适用下列规定:

(一)质量要求不明确的,按照强制性国家标准履行;没有强制性国家标准的,按照推荐性国家标准履行;没有推荐性国家标准的,按照行业标准履行;没有国家标准、行业标准的,按照通常标准或者符合合同

了第510条,这些条文亦属合同漏洞填补规则之列。此外,最高人民法院的相关司法解释也规定有合同漏洞填补规则,比如《最高人民法院关于审理民间借贷案件适用法律若干问题的规定》第3条。[①]

合同标的、数量是合同的必备条款,需由当事人明确约定。当事人没有约定或者约定不明确的,合同内容无法确定,合同不成立。对此,从《民法典》第510条规定的表述中可见一斑。该条规定对于合同中的质量、价款或者报酬、履行地点等内容,当事人没有约定或者约定不明确的,可以根据该条予以补充确定,而对于合同标的、数量,并未如此规定。由此可见,标的、数量是合同的必备条款,需由当事人明确约定,当事人没有约定或者约定不明确,不允许当事人予以补充,而应当认定合同不成立。该精神在《全国法院贯彻实施民法典工作会议纪要》第6条[②]中亦有体现。《民法典》第510条和第511条的适用具有先后顺序。只有合同生效后,当事人就质量、价款或者报酬、履行地点等内容没有约定或者约定不明确的,不能达成补充协议,按照合同相关条款或者交易习惯仍无法确定的,才能适用第511条所规定的倡导性做法。《民法典》第466条对如何确定当事人有争议条款的真实意思作了规定。当事人对合同条款的理解有争议的,人民法院应当按照所使用的词句、结合相关条款、行为的性质和目的、习惯以及诚

目的的特定标准履行。

(二)价款或者报酬不明确的,按照订立合同时履行地的市场价格履行;依法应当执行政府定价或者政府指导价的,依照规定履行。

(三)履行地点不明确,给付货币的,在接受货币一方所在地履行;交付不动产的,在不动产所在地履行;其他标的,在履行义务一方所在地履行。

(四)履行期限不明确的,债务人可以随时履行,债权人也可以随时请求履行,但是应当给对方必要的准备时间。

(五)履行方式不明确的,按照有利于实现合同目的的方式履行。

(六)履行费用的负担不明确的,由履行义务一方负担;因债权人原因增加的履行费用,由债权人负担。

① 《最高人民法院关于审理民间借贷案件适用法律若干问题的规定》第3条规定:借贷双方就合同履行地未约定或者约定不明确,事后未达成补充协议,按照合同相关条款或者交易习惯仍不能确定的,以接受货币一方所在地为合同履行地。

② 《全国法院贯彻实施民法典工作会议纪要》第6条规定:当事人对于合同是否成立发生争议,人民法院应当本着尊重合同自由,鼓励和促进交易的精神依法处理。能够确定当事人名称或者姓名、标的和数量的,人民法院一般应当认定合同成立,但法律另有规定或者当事人另有约定的除外。

对合同欠缺的当事人名称或者姓名、标的和数量以外的其他内容,当事人达不成协议的,人民法院依照民法典第四百六十六条、第五百一十条、第五百一十一条等规定予以确定。

信原则,确定意思表示的含义,进而实现对合同有关条款的补充。《民法典》第510条、第511条是专门为合同漏洞填补而设立的,《民法典》第466条是关于合同解释的规定,不仅可以适用于合同漏洞的填补,而且可以适用于合同是否成立、合同是否生效等问题的判断。因此,在填补合同漏洞时,《民法典》第510条、第511条所规定的填补漏洞的规则应当优先于第466条所规定的合同解释的方法。

根据合同自由原则,当事人有决定合同内容的自由。对于欠缺的合同内容,首先应考虑当事人共同真意,由当事人协议补充,这是贯彻意思自治原则的必然要求。实践中,在法官对合同是否具备必备条款以及合同是否成立作出判断后,对于合同当事人没有约定或者约定不明确的非必备条款,首先应当由当事人协议补充;不能达成补充协议时,才能按照合同相关条款或者交易习惯补充确定其他内容。所谓交易习惯,一般是指下列情形,不违反法律、行政法规强制性规定的,人民法院可以认定为《民法典》所称的"交易习惯":

1. 在交易行为当地或者某一领域、某一行业通常采用并为交易对方订立合同时所知道或者应当知道的做法;

2. 当事人双方经常使用的习惯做法。

在不一致的情况下,依据民事主体意志优先原则,只能适用后者来主张该交易习惯。当然,此处的习惯做法一般情况下指的是某种"以前"反复发生的做法,如果仅仅在当事人先前的交易中出现过一次,一般不宜认定为交易习惯。同样,根据上述原则确定的交易习惯不同于学说上通常所说的习惯法,因为这里的交易习惯的效力基础在于当事人的意思。从这个角度出发可以推知,如果在合同中有明确的条款同某种习惯做法相冲突,则这种习惯做法就不能被认定为《民法典》所称交易习惯据以填补合同漏洞。《民法典》所称交易习惯的认定强调该种习惯做法主观上为交易对方订立合同时所知道或者应当知道,即习惯做法不能约束不知道该做法的对方当事人。当事人"知道或者应当知道"对于将某种做法认定为交易习惯非常重要,是将一种普通意义上的习惯认定为交易习惯的基本依据。现行立法对认定交易习惯的主观要件要求必须是当事人"知道或者应当知道",而不是"同意、认可"。交易对方不承担了解和掌握特殊交易习惯的注意义务。这种对于"知道或者应当知道"的界定,意味着即使某种习惯做法已经在某地区或某领域、某行业无例外地得到遵守,交易对方仍然只有在"知道或者应当知道”的情况下才能受这种习惯做法的约束。

通常标准指一般标准或平常标准,可以理解为不低于合同履行地的平均水平,也就是在没有国家标准或者行业标准的情况下,当事人提供的产品或者服务的质量是合理的而且最低质量要求达到平均水平。该规定与国际通行的做法一致。《国际商事合同通则》第5.1.6条规定,如果合同中未规定履行质量,而且根据合同也无法确定履行质量,则一方当事人有义务使其履行质量达到合理的标准,并且不得低于所涉情况的平均水准。《民法典》第511条规定的质量标准之间是递进关系,依次是强制性国家标准、推荐性国家标准、行业标准、通常标准或者符合合同目的的特定标准,排列在前的标准优先适用。因为强制性国家标准是兜底的,不能突破的,不符合强制性标准的产品、服务,不得生产、销售、进口或者提供。推荐性国家标准、行业标准、通常标准或者符合合同目的的特定标准的技术要求不得低于强制性国家标准的相关技术要求。

关于价款或者报酬,《民法典》第511条第2项规定:“价款或者报酬不明确的,按照订立合同时履行地的市场价格履行;依法应当执行政府定价或者政府指导价的,依照规定履行。”此处所指的价款或者报酬,应当是产品或者服务的对价,一般情况下把此处的履行地理解为产品或者服务的提供地,即履行产品或服务交付义务的一方所在地更加合适,也更加符合公平交易和诚信原则。

关于履行地,《民法典》第603条第2款规定:“当事人没有约定交付地点或者约定不明确,依据本法第五百一十条的规定仍不能确定的,适用下列规定:(一)标的物需要运输的,出卖人应当将标的物交付给第一承运人以运交给买受人;(二)标的物不需要运输,出卖人和买受人订立合同时知道标的物在某一地点的,出卖人应当在该地点交付标的物;不知道标的物在某一地点的,应当在出卖人订立合同时的营业地交付标的物。”从该条规定来看,其使用的是“当事人没有约定交付地点或者约定不明确,依据本法第五百一十条的规定仍不能确定的,适用下列规定”的表述方法,并未援引《民法典》第511条。

因此,从体系解释的角度,应当认为,在买卖合同领域,确定交付地点的法条依据为《民法典》第510条和第603条。在当事人没有约定交付地点或者约定不明确,依据《民法典》第510条的规定仍不能确定的,应适用《民法典》第603条第2款对买卖合同交付地点的相关规定。

参考大陆法系的通行法理,对于合同约定出卖人送货和买受人自提这两种固定地点买卖而言，合同的履行地点可以作如下界定：当事人在合同中没有约定交货地点的，采用送货方式，即出卖人自备运输工具或自行委托承运人将货物运至买受人所在地或合同约定地点的，不论运费由谁承担，货物送达地为标的物交付地；采用自提方式，即买受人自备运输工具或自行委托承运人到出卖人所在地或合同约定地点提取货物的，不管运费由谁承担，提货地为合同履行地；在合同履行中，买受人请求出卖人将标的物运送至合同约定的交付地点以外的地点的，交付地点为变更后的地点。在双务合同中，当事人就履行地点没有约定或者约定不明确，按一般法定规则得出的合同履行地可能存在复数。

例如，在动产买卖场合，两个债务履行地可能为同一地点：出卖人交付标的物的地点与买受人支付价款的地点都是出卖人所在地。当然，也有两个债务的履行地不在同一地点的情形，例如，出卖人交付标的物地点为 A 地，而买受人给付货币或其他用于清偿的货物地点为 B 地。此时，如果合同对履行地点没有约定，按一般法定规则，会得出两个履行地点。由于民事实体法中的合同履行地一般是指合同双方当事人各自合同义务履行及其相对方接受履行的具体地点，除非合同双方当事人对合同履行地另有约定。因此，在上述情形下，原则上应当以发生纠纷的债务的履行地为合同履行地。

关于和接收货币有关的履行地，一般合同纠纷中，双方当事人对待给付义务的基本模式为一方当事人给付的是实物、劳务等非货币财产；另一方当事人则给付货币。因此，在该类合同中，“接收货币一方所在地”作为合同履行地时是特定的，即均为给付实物、劳务等非货币财产一方当事人所在地。但在民间借贷纠纷中则有所不同。由于民间借贷纠纷中双方当事人承担的给付义务所指向对象均为货币，导致民间借贷纠纷中所谓“接受货币一方所在地”存在两种可能：出借人所在地和借款人所在地。即当双方当事人在案涉借款是否出借事项上产生争议时，以借款人所在地为合同履行地；当双方当事人在案涉借款及其利息是否归还事项上产生争议时，以出借人所在地为合同履行地。民间借贷纠纷中存在大量的指示交付情形。也即双方当事人经常约定由合同外的第三人接受货币。进而，双方当事人在履行各自义务时，应按约定在实际接受货币的第三人所在地履行。比如张三欠李四的钱，李四和张三约定将款项直接支付给王五，作为还款的依据。如果未在第三人所在地履行，则构成违约。因此，在民事实体法框架下判断接受货币一方所在地时，应从实体法角度出发，接受货币一方所在地应以实际接受货币一方所在地为准，如果给付货币一方未按约定在指定的实际接受货币人所在地履行，则构成违约。这个问题比较复杂，这是在实体方面的说法，一旦进入纠纷解决，涉及法院管辖时，应该按照以下思路理解：《最高人民法院关于适用〈中华人民共和国民事诉讼法〉的解释》第 18 条第 2 款规定，合同对履行地点没有约定或者约定不明确，争议标的为给付货币的，接收货币一方所在地为合同履行地。在民间借贷场合，该条中“接收货币一方所在地”被用于确定法院管辖时，应以合同相对方所在地为准，即以出借人或借款人所在地为准，而非现实中的实际收款人。理由：一方面，民间借贷纠纷中，与案件处理结果有利害关系的人应为出借人或借款人，而不是其指示交付的对象；另一方面，以合同相对方所在地为合同履行地，方便当事人诉讼。前者是判断实体上是否违约，后者是诉讼时的管辖地，运用的场合不同。

关于没有约定履行的准备期限，往往需要给予对方一定的准备时间，这个时限应该作何理解？《民法典》第 511 条第 4 项规定，当事人就合同履行期限约定不明确，依照《民法典》第 510 条的规定仍不能确定的，债务人可以随时履行，债权人也可以随时要求履行，但应当给对方必要的准备时间。债权人与债务人之间未约定债权债务的履行期限，债务人持续性地部分履行债务，债权人接受，且双方未就剩余债务的履行期限另行约定的，应当认为债务人可随时向债权人履行剩余债务，债权人亦可随时要求债务人履行剩余债务，但应给予必要的履行宽限期。可见，在不能确定合同履行期限的情形下，债权人要求债务人履行债务的，应当给债务人必要的准备时间。“必要的准备时间”可由当事人约定，约定不成的，应当由法官依据法律规定进行自由裁量。至于如何认定“必要的准备时间”中“必要”的构成要件，在实际交易中应根据债务金额的大小、实际消费水平的高低和履行方式的难易程度等因素确定。人民法院在审理具体案件时，如果涉及此类问题，亦应当针对具体案情，按照通常的交易准则、习惯及惯例，进行具体分析论证后确定。

合同违约损失的计算

《民法典》第 584 条固定了违约损害赔偿的范围：当事人一方不履行合同义

务或者履行合同义务不符合约定,造成对方损失的,损失赔偿额应当相当于因违约所造成的损失,包括合同履行后可以获得的利益;但是,不得超过违约一方订立合同时预见到或者应当预见到的因违约可能造成的损失。同时双方还可以约定违约金,当一方违约时,守约方只能选择违约金和损害赔偿金一种,如果认为约定的违约金不足以弥补实际损失的,可以要求调整。从法条可以看出,"违约一方订立合同时预见到或者应当预见到的因违约可能造成的损失"是衡量违约金是否合理的限度。据此,我们有必要重点讨论预期利益损失问题。

预期利益损失也叫可得利益损失。可得利益是与现存利益相对的概念,它是指在合同履行前并不为当事人所拥有,而为当事人所期望在合同履行以后可以实现和取得的财产权利。可得利益损失是指违约行为的发生导致受害人所丧失的可得利益。对于预期利益损失的范围,《最高人民法院关于当前形势下审理民商事合同纠纷案件若干问题的指导意见》第 9 条规定:"在当前市场主体违约情形比较突出的情况下,违约行为通常导致可得利益损失。根据交易的性质、合同的目的等因素,可得利益损失主要分为生产利润损失、经营利润损失和转售利润损失等类型。生产设备和原材料等买卖合同违约中,因出卖人违约而造成买受人的可得利益损失通常属于生产利润损失。承包经营、租赁经营合同以及提供服务或劳务的合同中,因一方违约造成的可得利益损失通常属于经营利润损失。先后系列买卖合同中,因原合同出卖方违约而造成其后的转售合同出售方的可得利益损失通常属于转售利润损失。"因此,这个极其重要的指导意见明确了预期利益损失是一种纯利润损失。实践中主张损失的几个项目:

项目一:利润损失。

利润是经营者通过一定的生产经营活动所得的财产收益,它一般以货币计算和衡量。在我国,利润产生于生产和流通领域。企业或其他各种经营者从事生产经营活动,是赚取利润的条件,无论是违约还是侵害行为,都会在一定程度或一定范围内造成经营者生产经营活动的中断或从事该活动的基础(财产)和条件的丧失,从而导致利润损失。利润损失是预期利益损失中最典型、最常见、数量也最多的一种形式。利润的性质决定了遭受利润损失的受害者只能是从事一定生产经营活动的企业法人、其他经济组织以及个体经营者和承包经营者等。

项目二:孳息损失。

孳息是由原物所产生的收益。违法行为对正常情况下能够产生孳息的财产造成损害时，同时也会导致孳息的损失。从民法上看，孳息有自然孳息和法定孳息。由于自然孳息往往具有周而复始，甚至不断递增的特点，如母畜产仔、母鸡生蛋等，因此，对这种损失的范围应有必要的合理的限制。一般来说，自然孳息损失应限定为与财产本体直接相联或者处于同一生产周期的损失，也即只计算在违法损害行为发生时财产本体（原物）所带的孳息，如母畜死亡时所怀的仔畜，果树被损坏时所结的幼果等。至于受害人可能获得的以后循环周期中的孳息，由于在损害行为发生时尚没有具有足够的取得条件，而且其范围也无法估量，所以一般不宜赔偿。法定孳息是随着时间进程以原物为基础按一定比率或一定数量增生的，如利息、租金等。这种损失范围（损失量）较容易确定和计算，而且一般来说争议也较少。

项目三：其他收益损失。

主要指侵害工业产权，包括专利权和商标权而给权利人造成的预期利益损失。它的特点是侵权人并没有给权利人的财产造成直接损害，而是表现为未经权利人许可，非法制造、销售他人专利产品或使用他人注册商标，使权利人依据该专利权和商标权可以获得的收益没有获得。

项目四：为消除潜在的损害后果而支出的有关费用。

在预期利益损失的赔偿中，还应当包括受害人在未来过程中为消除违法行为所造成的潜在危害后果而支出的有关费用。以环境污染为例，造成农田污染，不仅使现有农作物减产、死亡，还会造成农田肥力减退、丧失。要把污染农田恢复到原有的土质和肥力，必须经过一定时期的改良和追加肥料，而在恢复地力的过程中，受害人不仅应当取得的收益减少，而且还需要增加大量的人力和物力。这种受害人为消除潜在的污染危害后果而必须耗费的人力和物力，也应视为预期利益损失，让加害方赔偿。

实践中主张损失的困境：

困境一：守约方举证责任大、难度大。

守约方应当证明：(1)合同成立并生效；(2)对方存在违约行为（如拒绝履行、迟延履行、瑕疵履行以及履行不能）；(3)损害后果；(4)违约行为与损害后果之间存在因果关系。

但是上述(2)中，证明“已经履行”相对容易，而证明“履行不当”的消极法律事实相对难，因合同中无法穷尽履行瑕疵情形，而诉讼中让法官平衡交易本身的市场价值难。上述(4)中,因果关系的往往需要强关联,证据充分性要求高。

困境二:损失确定性难证明。

可得利益损失属于违约损失中的间接损失,而经济利益受市场变动、政策、经营管理等情况影响,因此“预期利润”即便在合同顺利履行时也存在不确定性。

如果经营本身都不能确定的利润,但能通过诉讼将其固定,那么就成了“因诉获益”,这并不符合我国的法治价值观。

因此法院会要求守约方对可得利益损失的确定性进行证明。如果合同未履行或者部分未履行,则守约方需要对预期收益的证明要达到“确定会发生”的程度。

困境三:法院的自主裁量难把握。

法院在裁判可得利益诉求时,会综合考量公平原则、诚实信用原则、市场情况、过往经营情况,双方过错,根据“是否达到较高可能性”来自由裁量,酌定可得利益损失。

如(2016)最高法民终802号中,违约方未按照约定转让股权,并以高于合同价格0.5元/股转让给了案外人。守约方以股权转让之间的溢价主张可得利益损失,但一审法院以合同约定5年内不得转让股权,守约方对5年后的股权价格及交易纯利润损失无法确定为由,不予支持守约方可得利益损失。在二审中,法院作出了驳回,认为违约方未将涉案合同报送批准,对合同未生效存在缔约过失,守约方主张的可得利益损失应当给予适当赔偿。“虽然交易机会本身存在的不确定性对相应损害赔偿数额的认定存在影响,应当根据具体案情予以确定,但不应因此而一概免除缔约过失责任人的间接损失赔偿责任。”最终以股权溢价的10%,认定可得利益损失。

在诉讼实践中,应当如何主张?

1. 证明损失的“可预见性”与“确定性”:须证明诉求的可得利益,在合同签订时就可预见,或应当预见。“确定性”,即守约方对“利润”的证明计算要有合理依据,依据包括合同约定依据、行业惯例、财务技术等。在证明程度上,计算标准达到“高度可能性”即可。“可预见性”,违约方承担可得利益“不可预见”的举证责任,证明自己在合同订立时很大可能上无法预见,否则承担不利后果。

2. 可得利益损失赔偿的诉求:应当符合的基本原则。

结合《民法典》合同编关于违约责任的通则规定,可得利益损失还应当遵循:“减损规则”,一方违约后,另一方应当采取合理措施防止损失扩大,否则损失扩大部分不得赔偿。“损益相抵规则”,一方如因对方违约行为获益,则获益部分可以从违约赔偿中扣除。“过失相抵规则”,一方违约给对方造成损失,另一方对损失的发生具有过错的,则过错部分可以从违约赔偿中扣除。违约方应当从这几个规则主张抗辩,守约方则可以在主张损害赔偿时,提前陈述上述几个抗辩事由不成立。

3. 提出恰当的赔偿诉求:应当在充分考量证据和可行性的情况下,合理主张损失,一方面避免承担不必要的诉讼费,另一方面避免“狮子大开口”给审判员造成恶劣的印象,毕竟诉讼中法官的自由心证会受到印象分和情绪的影响。

4. 合理的利润计算方式:预期利益损失的确定既是受害人举证的难点所在,也是受害人获赔与否及获赔大小的风险所在。实践中主要确定方法有:

(1)对比法。即确定参照对象进行对比,参照对象既可以是与受害人相同或相似的其他同类单位,也可以是受害人自身,如以受害人在损失发生前一段时间内的平均收益(如利润率)为参照标准。此种方法赋予受害人举证责任过大。

(2)估算法。在预期利益损失确实存在又难以确定的情形下,可以根据案情的具体情况,提供“过往同类收入证明”“行业协会公布的利润率”等辅助证明可得利益损失,大致估算赔偿数额。此种方法法官自由裁量权发挥的空间较大,也是受害方风险所在。

(3)约定法。当事人约定赔偿损失赔偿额的计算方法。此种方法可以免去受害人因举证困难导致败诉的风险,对于受害人最为有利。

最后,我们总结一下法院明确可以支持的可得利益损失三种情形:在最高人民法院2009年颁布的《关于当前形势下审理民商事合同纠纷案件若干问题的指导意见》(以下简称《指导意见》)中,最高人民法院便归纳了这三种主要的可得利润损失。

情形一:生产利润损失。

常出现在生产设备和原材料买卖的买卖合同纠纷,指一方违约,另一方无法获得设备或原材料时导致生产线停滞造成的损失。

行业利润率可以作为计算的参考标准。在(2013)民二终字第76号中最高人民法院认为:因柘中公司是上市公司,各家公司利润情况并不等同,故不能以柘中公司的利润率来确定浙东公司的利润率。法院综合考虑本案合同金额、履行情况以及当时同类行业利润等,根据公平原则,酌定浙东公司的可得利益损失为 500 万元,世方公司应就浙东公司的此部分损失予以赔偿。

损失鉴定,由审计机构得出利润率。在(2021)苏 05 民终 9957 号中江苏省苏州市中级人民法院认为:……根据案涉审价机构出具建设工程 5% 净利润的意见,根据合同金额 96,993,543.10 元,合同内已完工工程造价 39,642,485.15 元 + 4,988,627.23 元 = 44,631,112.38 元,酌定未完成工程的净利润为 2,600,000 元。

情形二:经营利润损失。

常出现在承包经营、租赁经营合同以及提供服务或劳务的合同纠纷,指当一方违约,另一方因无法经营造成的期待利益损失。

合同约定了利润计算标准,按照约定进行计算。在(2021)最高法民再 341 号中最高人民法院认为:……原一审兼顾本案合同解除双方过错程度、合同约定服务期限与实际履行时间,参照双方关于可得利润损失的明确约定,酌情支持由乐府大酒店承担可得利润损失 2,028,000 元(1,690,000 元 ×20% ×6 年),符合公平原则。

情形三:转售利润损失。

常出现在上下游合同、背靠背买卖合同纠纷,指一方违约,另一方无法将货物转售给下一环节买家造成的损失。一般来说,转售合同与原合同之间的差价再扣除必要的转售成本为可期待利益损失。

以下游合同与上游合同之间的差价计算利润,计算合理,利润正常的,应当为对方当事人可以预见的收益。

在(2021)鲁 02 民终 3472 号中山东省青岛市中级人民法院认为:……通过对比上述两份合同金额,其差额为 42 万元,如果两份合同顺利履行,该金额为中科友信公司可以取得的收益,故以上述两份《销售合同》金额的差作为可得利益损失,计算方法合理;根据上述分析得出的可得利益金额,可得利益毛利占比为 9.72% (42 万元/432 万元),该毛利率比例正常,应为可以预见的收益。综合上述分析,如相关合同顺利履行,中科友信公司的可得利益应为 42 万元。

在(2022)辽 1011 民初 342 号、(2022)辽 10 民终 382 号中辽阳市太子河区人民法院、辽宁省辽阳市中级人民法院认为:……另天成公司如按约定向中铁集团履行合同,天成公司46.629吨的耐磨板每吨可获得的差价利益为700元,即天成公司可得利益为32,640.30元,该数额亦为天成公司的损失额。以上两项损失金额共计50,126.175元,应由旌堃公司承担另寻货源损失,由于原合同违约导致货物涨价,溢价部分为可得利益损失。

在(2020)冀01民终7916号中河北省石家庄市中级人民法院认为:……赤峰华卫公司应当赔偿其因未如期履行合同给槐南橡胶公司造成的损失,即产品涨价后另寻货源造成的损失,故赤峰华卫公司应赔偿槐南橡胶公司4000箱×4元=16,000元损失。

企业合同权利保障：科学的合同管理模式

在企业内部管理控制体系中，合同管理是极为重要的组成部分，在企业的运营发展中占据着举足轻重的地位。合同是商业活动中最重要的凭据之一，如何管理合同，并通过合同去追踪对应项目的现金流、信息流和数据流，是企业管理中的重要课题。我们经常会听到"合同全生命周期管理"的说法，它备受企业关注。通常来说，合同全生命周期管理，是指从合同的草拟与谈判、签约、签章、归档、履行、终止或续约的全周期对合同过程、输出结果的管理与监控。合同全生命周期管理具有时间跨度长、涉及部门多、信息数据来源广等特点。区别于传统法务对合同的管理止步于合同签署，随着企业对风险把控意识的不断提升，合同生效后的履约管理也成为企业法律风险管理的一大难点。很多企业在经营中不重视合同管理，重视了又不专业。因此，企业在内部管控中，需要重视合同管理工作的有效、规范开展，全面地掌握企业合同管理中所隐藏的合同管理风险，并依据风险问题实际，采取针对性的合同管理优化措施，以降低企业合同管理的风险性，促进企业经济利益的最大化实现，保障企业的持续、稳定发展。基于此，本书针对企业内部控制体系下如何做好企业合同管理工作展开详细探究，以期为企业合同管理提供有价值的借鉴。

合同管理中存在的主要风险

一、合同条款约定不明晰

在进行企业合同的签订中，部分企业常出现拟定的合同条款存在约定不明晰的情况，主要包含：付款方式不明晰，产品质量具体型号、质量要求不明晰等合同内容,从而促使企业合同在履行过程中常常因为约定不明晰的原因而造成的法律纠纷事件频发。如合同中没有进行开具发票的约定,造成生产方可能不能对付费方提供增值税发票。

通常情况下,在企业合同约定中未清晰标明向付费方开具发票主要有以下几点因素:

1. 付费方在合同外口头向卖家承诺不需要发票,在商品价格上给予一定的优惠;

2. 部分业务人员素质低下,通过和采购方串通不开具发票的不入账方式,进行私自赚取差额;

3. 部分企业所经营的项目和出售的商品内容不符合经营范围,不能进行发票的规范化开具。

由于在企业合同中对于开具发票规定内容的不明晰,在后期合作中,造成企业增值税进项税抵扣无法实现,在一定程度上增加了企业采购成本,从而引发后期双方的合同纠纷。

如果在企业合同价款项目中,明确约定并明晰地标明含税价或者不含税价内容,在合同合作的后续执行中,合同企业双方就可以完全避免因由哪一方负责承担税费而产生的合同纠纷,实现企业与企业之间的良好合作关系的形成,促进企业的良好发展。

二、合同跟踪监督不到位

合同签订完成后,企业必须做好合同执行情况的持续追踪和监督,针对在合同执行监控过程中发现的异常情况,如对方没有按时交货,所交付货品的型号、质量不合规,货品运输中受损等违约行为或者存在合同违约的可能性情况,需要及时汇报给相关部门负责人,然后由相关负责人严格依照合同约定,及时采取针对性措施并加以纠正。

如果企业在进行合同执行过程中,未认真履行合同的跟踪、监督责任,那么一旦出现合同风险,将会导致合同履行受到限制,不利于企业双方合作的良好开展,甚至引发法律纠纷。

三、合同归档部门不明

针对企业所签订的合同,应该由企业设置专门的部门和合同管理人员进行归档管理。然而,部分企业的合同管理中并没有设置专门的合同归档管理部门,对签订完成的合同未进行登记、归档,且没有限制合同等级,任何一个企业员工都可以接触到企业合同,很容易发生企业合同商业机密泄漏问题,增大了企业合同风险,不利于企业的经营发展。

此外,企业如果没有做好对合同资料的及时登记和有效管理,尤其是针对签订合同数量多的企业而言,会很容易出现合同被遗漏或者丢失等情况。而合同作为解决法律诉讼的重要证据,合同的丢失或遗漏会对企业造成直接性的经济损失。

企业合同管理的目标和基本流程

当前我国经济市场发展正步入一个全新的发展阶段,这既给我国企业的经营发展带来了发展机遇,也给企业带来了巨大的经营发展挑战,这就需要企业重视自身内部经营管控,提高自身的管理水平,提升企业竞争力,为企业立足经济市场持续发展提供保障基础。

而企业合同管理是企业内部管控中重要的组成部分,在企业的经营运行中,合同贯穿整个经营活动的始末,通过合同的法律约束,促使企业经济行为更加规范,还能够预防经济纠纷,是促进企业经营活动有序开展的保障基础,因此,需要企业重视合同风险内控管理工作的有效开展,提高企业的内部控制水平,增强企业经济行为的稳定性,减少合同管理不当带来的风险,使企业管理科学化、规范化。企业合同管理的主要目标:

1. 运营目标。在企业的运营管理过程中,通过采取签订合同的形式,为企业业务的开展以及企业整体发展经营目标的顺利实现提供保障基础。其中,在合同内容的拟定上,必须与企业经营业务要求相符,合同中约定的各项事项必须建立在不违反技术要求、时间规定的基础上,从而保障所拟定合同内容的科学性、合理性、可靠性。合同的签订具备了法律效应,有着较高的执行力度,是促进企业运营经营目标实现的有效利器。

2. 财务目标。通过签订合同的形式,以合同约定条款作为保障,可以在预算范围内实现对企业经营成本的合理化控制,为企业的资金合理、安全应用提供了保障基础,起到了降低财务运营风险的目的。

3. 合规目标。企业在进行合同的制定和签订过程中,需严格遵循国家相关法律法规以及企业的规章制度,标准、规范地进行合同的制定和签订,严格依照合同签订的相关审批流程开展合同的审批工作,以确保合同签订的合规性,实现合同法律效益的有效发挥。

企业合同管理主要从两个方面开展:

1. 合同签订流程。

在企业合同的签订流程管理工作中涉及多个管理环节,主要包含:合同拟定前的谈判准备环节,该环节主要是企业与合作方需要围绕合作项目展开有效的洽谈,确定双方合作的利益关系,洽谈好项目合作期间所涉及利益、责任等相关的细节问题,并给予明确的执行方案。

合同文本拟定环节,在该环节中,需要对先前双方洽谈好的内容细节,以文字表达的形式一一对应地书写在合同中,确保合同文本制定的全面性、规定内容的细致性,合同内容规范的合理、合法性。

合同的最终审核,合同文本内容拟定完成后,待企业与合作方双方确认无误后,对合同内容进行最终的审核环节,确保所拟定合同合规、合规、合理,完全符合法律法规保护规定,保障合同具备有效的法律效力。

此外,在合同签订环节中,需要由专门的责任部门对该环节实时跟踪,做好有效控制,由合同经办部门对签订合同的各环节步骤开展进行全面负责,由相关审核部门全权负责对合同财务技术要求、法律风险控制、相关主体资格等方面内容进行审查、审核,把好合同审核关。

2. 合同履行流程。

合作双方完成合同签订的流程环节后就到了合同的履行流程。该流程环节主要是需要企业相关负责部门对合同的执行情况进行实时跟踪和全面了解,确保合同的执行情况与合同的约定时间相符,保障所签订的合同处于正常履行状态,直至合同项目履行完成为止。

合同管理的操作具体建议

合同管理包括但不限于合同签署前涉及资信审查、立项、谈判;合同签署中涉及合同审核、审核意见的反馈、合同的审批和用印;合同签署后涉及履约的跟进、存档及证据搜集。

一、合同签订前的资信审查与风险防范工作

腾讯公司与老干妈公司之争,前期腾讯公司状告老干妈公司,请求冻结其千万资产,其间事件几经反转,最终贵阳市公安局双龙分局发布警情通报指出,该纠纷系不法人员冒充老干妈公司市场经营部经理,与深圳腾讯公司签订合作协议,出现腾讯公司起诉的乌龙事件,但这件事从侧面给我们在企业合同合规管理中以充分的警醒。

从这个案例我们可以看出,合同成形之前,对合同的管理就已经开始了。合同签署前,资信审查环节尤为关键,关系到在一份合同里,是否选取了合适的交易对象、采取了合适的交易方式。

因此,合同如何签订,合同是否可以正常履行,关键在于能否真实了解相对方的诚实信用及履约能力,而资信审查与尽职调查就是在发生公司行为或经济活动时,对相对方信息及市场行情进行客观地分析履约能力。企业在签订合同前应当进行充分的审查工作,很多企业在这方面就为我们提供了很好的例子,例如,西门子公司就非常重视合同签订前的资信管理,有一个完善和独立的信用管理团队,资信审查管理分为三个模块:客户资信调查评估、客户资信档案的建立和管理、客户资信信息的定期更新。

资信审查重点关注内容主要包括以下几点。首先,应了解该标的物所在领域的市场行情,判断合同标的物的价值;其次,需要调查相对方主体的历史沿革,营业执照原件、经营发展现状,资产状况,有无重大诉讼、强制执行记录,有无不良信息等,授权代理人的代理范围及代理的真实性。

此外,企业业务人员对外签约时需要授权。建议企业在有关介绍信、授权委

托书、合同等文件上尽可能明确详细地列举授权范围,以避免不必要的争议。业务完成后建议公司尽快收回尚未使用的介绍信、授权委托书、合同等文件。

(一)资信审查及部门分工

资信审查发起部门(一般是业务部门):负责向合同对方收集相关的基础资信材料,提交或者补充给资信审核部门。

资信审查管理部门具体是指本单位的信用部门或承担运营管理职能的部门,负责进行资信审查从而确定合同对方的签约资质和履约能力,根据审查结果对合同对方进行合理的授信,并将结果反馈给各相关部门。

资信审查协助部门,包括法务部门(或律师事务所,下同)和财务部门等,在此过程中提供和本部门职能相关的协助,法务部门重点协助审查合同对方主体是否合法、有效等,财务部门主要协助审查对方财务数据相关的内容。

在资信审查环节的部门设置中,最核心的是资信审查管理部门,该部门应当是专职的,需有足够的能力和配备足够的人员来承担资信审查工作。实践中,有的公司有大量的资信审查事项,但仅在某部门中设置一两名资信审查人员,无法满足实际需求;有的公司资信审查发起部门和管理部门是一体的,即由业务部门自行进行资信审查,易使业务部门出于业绩的考虑对判断缺乏中立性和客观性,前述情形应当予以避免。

(二)资信审查方式及要求指引

根据合同对方是新合作方或是长期合作方,资信审查方式及要求应区别对待。详细审查内容建议参考表1设置:

表1 资信审查内容

	合同管理记录的事项	合同履行过程中需搜集的证据等资料
合同签订	1. 合同编号、项目名称、签约时间; 2. 交易对方营业执照、法定代表人身份证复印件、税务登记证等; 3. 交易对方法定代表人名称、注册地址、经营地址、联系方式	合同文本、合同附件、担保函、补充协议、变更协议、交易信息确认表、招标文件、投标文件、中标通知书、订货单等

续表

	合同管理记录的事项	合同履行过程中需搜集的证据等资料
交付	1. 约定的交易标的明细、约定的交付时间、地点、签收人、交付方式； 2. 实际履行中的交付货物明细、交付时间、交付方式、签收人； 3. 是否正常交付，是否存在违约情形	发货单、物流单、签收单、提单等
验收	1. 约定的验收时间、验收人员、验收条件、验收方式； 2. 实际履行中的验收时间、验收人员、验收条件、验收方式； 3. 是否正常验收或存在验收未通过等情形、最终验收结果、是否存在违约等情形	已通过验收的文件证明（如验收申请、验收合格证明、书面异议、异议处理文件）

二、合同签订前的审查与反馈

合同签署中，每个公司基本都会制定合同审核、审批及用印相应的制度和流程，但对于合同审核意见的反馈，做法千差万别，是实践中的难点。

大量企业合同在签署前由法务或者律师进行确认，若未接受法务或者律师意见或上述审核人员认为合同存在较大风险，则无法对合同予以用印。也有部分企业的高风险合同由公司 CEO 直接作为审批人。

但也有很多企业未建立起明确、规范的合同审核反馈流程；或者存在虽有反馈，但反馈内容粗糙、流于形式的情形。

（一）合同审核发起部门提起合同审核流程

合同审核发起部门（通常为业务部门）率先提起合同审核流程。在该步骤，发起部门原则上应当提交 WORD 版本的合同，不应提供 PDF 版本或对方已经盖完章的纸质版，以防止合同审核流于形式，同时应当一并提供合同相关的文件（如担保合同提供主合同，补充协议提供原合同等）。

(二)法务或律师对合同进行修订及风险评估

法务或律师出具审核意见过程中,除需对协议进行修订及批注外,对于总体性风险、重大风险或重要待确认事项,应进行电话沟通确认予以特别提示并出具法律分析意见,且审核的法务或律师一般情形下应由前期跟进谈判的人员担任进行合同审核,方便进行衔接及在协议中落实谈判要点。

针对审核意见,合同审核发起部门的反馈和说明尤为重要,应重视并尽量采纳法务或律师的意见,对于法律意见的采纳情况、不能采纳的原因及风险防范措施,应该进行准确并具有针对性地反馈;除关注协议修订版外,需高度重视有关总体性风险、重大风险的提示及法律意见书。

此外,建议各企业设置提升决策领导层级的机制,在业务部门反馈相关重大风险无法避免,而法务部门或律师建议不予签署时,由上一级领导进行决策。此外,实践中,在领导审批环节,若领导仅批复原则性的"同意",未针对各部门会签意见一一批复,则存在难以确定最终版本的问题,故领导签批意见需尽量明确。

(三)完善公章保管、使用制度,避免"真印章、假合同"等任何危及企业利益的情况

司法实践中存在大量案例:公司没有建立妥善的公章保管制度以及用章流程,导致伪造合同后加盖公司公章被认定为合同真实有效。根据检索的 169 例"真印章、假合同"案例,其中有 162 例案件法院均以无证据证明或无足够证据证明为由,否定当事人对涉案合同虚假的主张,并以公司印章真实为由,认定合同内容真实有效。

在此,我们建议公司完善有关公章保管、使用的制度,杜绝盗盖偷盖等可能严重危及企业利益的行为。在签署多页合同时加盖骑缝章并紧邻合同书最末一行文字签字盖章,同时也防止少数缺乏商业道德的客户采取换页、添加等方法改变合同内容侵害公司权益。

此外,在用印步骤,用印部门除核对相关合同是否经审批外,还应对法律审核意见是否采纳、是否已进行反馈及说明进行把关,否则不予用印。用印后做好签署版本的留存备案工作。

三、合同签署后的履行管理

（一）按照合同约定严格履行权利义务，树立诚信意识

企业和客户之间订立的合同如果不存在违反法律、行政法规的强制性规定、损害社会公共利益等情形，即受法律保护的有效合同，双方有义务严格遵循约定，全面履行合同。无论是单位改变名称、企业股权易手，还是法定代表人、负责人、经办人变更，都不能成为不履行合同的理由，这也是维系企业商业信誉的重要保证。

（二）任何变更均需采用书面形式

受经济形势变化影响，在合同履行过程中双方变更合同内容，包括数量、价款、交货、付款期限等现象较多，任何已签署的合同条款发生变化双方均应采用书面形式，修改条款应采用下列表述：本合同签订后，经双方协商一致可对本合同进行修改。本合同的任何修改均应采用书面形式，并经双方法定代表人或授权代表签署并（注：如果委托人提供的合同文本没有将代表签字作为生效条件之一的，则删除“法定代表人或授权代表签署并”）加盖公章后方为有效。修改形成的附件或补充协议是本合同的组成部分，与本合同具有同等法律效力。

同时，为避免纷争，建议公司妥善保管对于证明双方之间合同具体内容具有证明力的下述资料：与合同签订和履行相关的发票、送货凭证、汇款凭证、验收记录、在磋商和履行过程中形成的电子邮件、传真、信函等资料。

（三）加强证据留存，慎用合同撤销权

如果认为对方在签署合同过程中存在欺诈、胁迫行为的，或者事后发现签署合同时对合同内容有重大误解，或者公司认为合同权利义务安排显失公平，可以请求法院撤销合同。但是务必自知道或者应当知道撤销事由之日起 1 年内行使撤销权，否则将失去请求法院撤销合同的权利。当然，单位需要留存好相应证据，在撤销权行使期限内提出的请求是否能得到法院支持还将取决于公司所举证据是否充分。

以买卖合同为例,梳理了一些证据要点,供参考:

表2 买卖合同证据要点

	合同管理记录的事项	合同履行过程中需搜集的证据等资料
合同签订	1. 合同编号、项目名称、签约时间; 2. 交易对方营业执照、法定代表人身份证复印件、税务登记证等; 3. 交易对方法定代表人名称、注册地址、经营地址、联系方式	合同文本、合同附件、担保函、补充协议、变更协议、交易信息确认表、招标文件、投标文件、中标通知书、订货单等
交付	1. 约定的交易标的明细、约定的交付时间、地点、签收人、交付方式; 2. 实际履行中的交付货物明细、交付时间、交付方式、签收人; 3. 是否正常交付,是否存在违约情形	发货单、物流单、签收单、提单等
验收	1. 约定的验收时间、验收人员、验收条件、验收方式; 2. 实际履行中的验收时间、验收人员、验收条件、验收方式; 3. 是否正常验收或存在验收未通过等情形、最终验收结果、是否存在违约等情形	已通过验收的文件证明(如验收申请、验收合格证明、书面异议、异议处理文件)
收款、付款	1. 约定的合同金额、收付款时间方式、周期、比例; 2. 实际履行中的合同金额、收付款时间、方式、周期、比例; 3. 是否逾期及逾期天数,逾期未予收款的相关原因	收据和发票、银行记录、逾期说明、担保函、催款函、还款协议等
售后	1. 约定的售后服务和质保年限、标准和相关内容; 2. 实际履行中的质保服务和相关标准、内容、是否进行维修及维修的次数、培训时间、培训内容、培训人员和培训费用的承担; 3. 是否存在违约情形	售后服务、维修记录、培训记录、培训总结、考核记录等
异常履行及纠纷处理	1. 暂未解决的原因; 2. 协商谈判的过程及结果; 3. 已采取的措施及将要采取的措施	根据实际情况补充的相应证据

《合同管理制度》模板参考

合同管理制度

第一章 总 则

第一条 为规范公司合同管理工作，确保公司签订的合同合法、有效，降低或避免因合同风险带来的经济损失，根据财政部等五部委颁布的《企业内部控制基本规范》《企业内部控制应用指引第16号——合同管理》的要求，结合公司实际情况，特制定本制度。

第二条 本制度适用于公司总部及下属控股子公司。

第三条 公司对外与法人、其他经济组织和自然人签订的合同，除应当遵守国家有关法律法规外，还应遵照本制度。

第四条 公司与下属单位之间签订的合同也应遵照本制度。

第五条 本制度所称的“合同”是指以明确当事人之间民事权利义务关系为内容的法律文件，包括协议、合约、契约、订单、确认书等。

第六条 本制度所称“合同文件”指与合同的签订、履行、变更和解除、纠纷处理相关的法律性文件。

第七条 本制度所称“重大合同”是指：

1. 法律关系复杂的合同；

2. 其签订和履行将对公司的生产经营活动产生重要影响的合同；

3. 合同年度标的金额超过人民币300万元（含）或单笔标的金额超过人民币50万元（含）的合同。

第八条 本制度所称“一般合同”是指除本制度规定的重大合同以外的合同。

第九条 本制度所称“标准合同”是指公司长期使用的、合同的格式及双方当事人的权利义务固定化，且合同的样式、内容条款等具体规定标准化，只要双方当事人同意并签字盖章即可成立的合同。包括政府部门、社会公共服务部门及经过公司评审的格式化合同。其中经过公司评审的标准合同版本必须由业务主管部门提出,且分别经财务部、公司聘请律师、公司管理层评审通过方可生效。变更标准合同程序亦同。

第十条 本制度所称“非标准合同”是指除本制度规定的“标准合同”以外的合同。

第十一条 公司各职能部门不得以自己的名义对外签订合同。

第十二条 合同除即时结清者外,应当采用书面形式确认。利用数据电文和电子邮件订立合同的,应当采用书面形式确认。

第十三条 凡国家或本公司有标准文本或示范文本的,应当优先适用,并应按照标准文本或示范文本的要求填写。

第十四条 如无国家或本公司标准示范合同文本,合同的起草工作应争取由己方或以己方为主承担,语言应严谨、简练、准确,条款齐全,权利义务清楚。

第十五条 合同正式文本应当打印或印刷制成。合同文本原则上应使用中文,涉外合同诸如技术转让、服务、销售代理、年度长期合同等应优先考虑适用中国法律,但涉及对外贸易时可按国际通行规则订立英文合同。合同存在两个或两个以上版本的,应在合同中约定以其中一个版本为准。

第二章 合同管理机构

第十六条 公司董事会办公室和财务部门为公司合同的管理机构。对外投资和项目合资等投资类合同由董事会办公室负责;日常生产经营中的合同由财务部负责。

第十七条 子公司签订的合同应由子公司负责保管原件,合同内容涉及母公司的,子公司应向母公司提交合同副本,以便母公司存档。

第十八条 由财务部负责合同的分类与专项管理。合同原件由财务部保管,合同履约部门留复印件存档。

第十九条 公司的业务、财务、法务人员有权依据各自的职责对合同进行审核、监督,相关部门应当给予支持和配合。

第三章 合同的订立

第二十条 签订合同前,合同承办部门须确定一位具体负责的承办人。重大的或涉外的合同谈判,应由法务人员会同经济、技术等专业人员组成谈判小组参加,必要时外聘法律顾问参与合同谈判。

第二十一条 合同签订前，合同承办部门承办人应对合同另一方当事人的主体资格、资信状况、履行能力、经营状况、市场需求、产品、服务质量、价格等背景资料进行了解和调查。

第二十二条 一般标准合同的审批程序：承办人将标准合同草案及与合同有关资料（如需要）提请合同承办部门负责人以上或授权代表审批。审批人或授权人对审核意见负责。

第二十三条 一般非标准合同的审批程序：

1. 合同承办部门承办人应首先将合同草案及与合同有关资料（如需要）提请合同承办部门负责人审核；合同承办部门负责人应出具审核意见。

2. 合同承办部门主管审核后，合同承办部门承办人应将合同草案、与合同有关资料、合同承办部门主管审核意见表提交法务人员审核。法务人员应就合同条款进行审核，并根据审核结果出具无保留法律意见书或合同修改建议。法律意见书应为无保留意见书。法务人员对合同条款持有保留意见的，合同承办部门应重新制定合同。

3. 合同承办部门承办人应将合同草案、与合同有关的建议书、合同承办部门主管审核意见表及无保留法律意见书一起送分管副总经理审批。审批人对审核意见负责。

第二十四条 重大合同的审批程序：

1. 合同承办部门承办人应首先将合同草案及与合同有关资料（如需要）提请合同承办部门负责人审核；合同承办部门负责人应出具审核意见。

2. 合同承办部门负责人应出具审核意见后，财务部门应对合同出具审核意见。

3. 财务部门审核后，合同承办部门承办人应将合同草案、与合同有关资料、合同承办部门负责人审核意见表提交法务人员审核。法务人员应就合同条款进行审核，并根据审核结果出具法律意见书或合同修改建议。

4. 合同承办部门承办人应将合同草案、与合同有关的建议书、合同承办部门主管审核意见表及无保留法律意见书一起送分管副总审核。

5. 分管副总审核后，公司总经理审批。对于销售总合同下的订单总经理可委托授权人签署。审批人对审核意见负责，当总经理认为有必要时，可以提交总经理办公会讨论决定。

6. 若涉及公司对外投资、项目合资合作、对外担保以及关联交易方面的合同达到公司相关制度要求的,按相关制度执行。

第二十五条 合同的审批授权与签具授权:为提高合同审批效率、控制合同风险,合同的审批权和签具权可授权相关人员代为行使。

1. 合同的审批授权总经理为授权人,授权的相关人员为授权代表。授权委托书应载明授权人姓名、授权代表姓名、授权权限、授权期限,并由授权人签字方可生效。如在无明确的书面授权,任何人不得超越审批权限或在无审批权限的情况下,行使合同审批权。授权人须对授权代表的审批行为负责。

2. 合同的签具授权代表代为行使由相关人员代为行使,并经法定代表人同意后,相关人员方可行使签具权。授权委托书应载明授权代表姓名、授权权限、授权期限,并由公司法定代表人签字方可生效。在无明确书面授权的情况下,任何人不得擅自对外签署合同。法定代表人须对授权代表的签具行为负责。

第二十六条 涉及财务规范运作的合同,合同承办部门承办人应将合同草案、与合同有关的建议书、审核意见表及无保留法律意见书提交财务部门审核;财务部门应对合同出具审核意见,并对该意见负责。

第二十七条 对于合同标的金额达到上市公司信息披露标准的重大合同应按照上市规则有关规定及时披露,并在下次董事会上向全体董事通报。

第二十八条 审核意见应明确、具体,禁止使用"原则同意""基本可行"等模糊性语言,一旦使用,视为未对合同审核。

第二十九条 合同承办部门主管、财务人员、法务人员在审核合同草案时,可根据需要要求承办人提供与合同有关的补充证明材料,承办人应予以配合。

第三十条 对各审核部门审核意见表不齐备的合同草案,公司授权人应拒绝签署。

第三十一条 合同审核工作原则上实行专人负责制。

第三十二条 合同承办部门主管对合同审核的内容包括:

1. 合同的经济性;

2. 合同的技术性;

3. 合同的可行性;

4. 合同的安全性。

第三十三条 财务部门对合同审核的内容包括:

1. 合同涉及资金的使用符合公司统一的资金调度计划；

2. 资金、资产的合法性；

3. 价款、酬金和结算的合理、合法性；

4. 财务部门认为需审核的其他如发票开具条款等内容。

第三十四条 法务人员对合同的审核内容包括：

1. 合同的合法性：及公司经营策略与计划，无规避法律行为，无显失公平内容；无明显属于采取欺诈、胁迫、乘人之危等手段订立合同的情况。

2. 合同的严密性。

3. 合同承办形式审核。

4. 合同管理部门认为需审核的其他内容。

第三十五条 合同审批完成后，由法定代表人或授权代表签署。

第三十六条 合同承办部门承办人向有关部门提交合同草案时，应预留1~2个工作日供其审核，同时审批人必须在接到合同草案后2个工作日内回复意见。各审核部门遇特殊情况需延长审核时间时，向合同承办部门承办人说明情况后可以适当延长，但延长后累计审核时间最长不得超过10个工作日。涉外、重大合同的审核时限累计最长不应超过20个工作日。

第三十七条 各审核部门在审核合同草案时，发现重大错误、遗漏、不妥时，应在审核意见中予以明确并提出修改意见，连同全部文件资料退还承办人。

第三十八条 承办人修改之后应重新提请审核，审核期限重新计算。各审核部门须及时地提出审核意见，不得拖延。审核部门负责人无正当理由拖延审批，因此造成公司经济损失或对公司生产、经营活动造成重大影响的，须承担相应责任。

第三十九条 合同对方当事人履约能力或资信状况有瑕疵的，不应与其签订合同；必须签订合同时，应要求其提供有效的担保。其中，以保证形式做出的担保，其担保人必须是具有代偿能力的独立经济实体或个人，并应由财务部门、法务部门及其他相关部门对担保人进行必要的审查。

第四十条 公司对外签订合同，应由公司授权人签署。公司授权人是指公司法定代表人、公司董事会或法定代表人书面授权的代理人以及本制度特别规定的人员。未经授权、超越代理权限或超过代理期限，承办人不得签订合同，否则由承办人承担全部责任。

第四十一条 公司授权人授权代理人签订合同时,应当签署书面授权委托书。

第四十二条 授权委托书由公司法务人员负责办理。授权委托书必须明确委托范围、权限和期限,禁止使用“全权代理”一类的文字。

第四十三条 公司授权人根据各审核部门的审核意见,决定是否签约。决定签约时,应在全部文本上以同一形式签字;决定不予签约时,应以书面形式明示意见。由公司授权人委托代理人签约的,代理人应根据各审核部门的审核意见,决定是否签约。对审核意见有异议的,可将整个事件报告给公司授权人,提请处理和决策。

第四十四条 公司授权人或其委托的代理人签字后,将合同文本加盖公章或合同专用章,并在法务部门留存一份备案。

第四十五条 合同必须呈报上级主管部门登记、批准或报工商管理部门鉴证、公证处公证的,应办理有关手续。

第四章 合同的履行

第四十六条 合同依法成立,即具有法律约束力。履行合同的部门必须严格履行合同所规定的义务,积极行使合同赋予的权利。

第四十七条 合同履行涉及公司多个部门或其他附属单位的,合同承办部门承办人应当及时、准确地向有关部门或公司发出合同履行协助通知,告知合同履行时需要协助的内容,有关部门或单位应予以积极配合。

第四十八条 合同依法签订生效后,合同承办部门承办人员应及时检查、了解履行情况。发生问题及时处理,并向合同承办部门负责人汇报。合同双方就合同标的的质量、价款、履行地点等内容没有约定或约定不明确的,合同承办部门承办人可以与对方拟订补充协议,并将补充协议及与补充协议有关的资料(如需要)送合同承办部门负责人或授权代表审批。审批人或授权人对审核意见负责。不能达成补充协议的,按照国家相关法律法规、合同有关条款或交易习惯。

第四十九条 公司员工发现对方不履行或不完全履行合同时,应立即通知承办人。承办人应在法定、约定或合理期限内以法定、约定或没有此种规定时以书面方式向对方提出异议。收到对方履行异议时,合同承办部门承办人亦应在法定、约定或合理期限内以法定、约定或以书面方式予以答复。

第五十条 向对方提出异议的文件和对方提出异议的答复文件须经法务人员审核,并报合同管理部门备案。

第五十一条 签订合同后,应当积极、全面履行。如遇合同不能履行或不能完全履行,承办人应当将有关情况及时向所在部门、法务人员和公司主管领导报告,采取补救措施,减少损失,并由合同承办部门承办人于3个工作日内通知对方。

第五十二条 遇有不可抗力等影响经济合同履行的因素时,应当及时将有关情况向所在部门、合同管理员或法务人员及主管领导报告,并由承办人于不可抗力事件发生当日或3日内以书面形式通知对方,并收集有关证据。

第五十三条 合同订立后,不得因合同承办部门承办人或法定代表人的变动而影响合同履行。在合同履行过程中,合同承办部门承办人变更时,应办理交接手续。

第五章 合同的变更和解除

第五十四条 合同在履行过程中,需要进行变更或解除时,应与对方协商一致进行变更或解除。法律有特别规定或合同有特别约定的,依据法律规定或合同约定。

第五十五条 变更、解除合同的审批权限和程序,与合同订立的审批权限和程序相同。

第五十六条 变更、解除合同时,应在法律规定、合同约定或合理期限内与对方当事人进行协商,书面函告并限期答复。

第五十七条 合同承办部门承办人在收到对方要求变更或解除合同的通知后,应及时提请所在部门、法务人员处理。变更、解除合同应当采用书面形式。

第五十八条 合同的变更、解除应注意以下事项:

1. 主体变更、解除,应征得合同各方同意。

2. 有担保条款的合同变更,应征求原担保单位或个人的同意并在变更协议上加盖担保单位的印章或签字。

3. 经登记、批准、鉴证、见证、公证的合同,变更协议应重新登记、批准、鉴证、见证、公证。

4. 合同中订有保密条款或附有保密协议的,合同解除后,其效力并不受影响。合同变更时,如果涉及双方当事人的变更或合同内容的变更,应变更保密条款或保密协议。

5. 联营、承包经营、涉外等合同的变更或解除,法律有特别规定的,应依特别规定办理。

第五十九条 变更、解除合同的协议在达成之前,根据实际情况,应采取继续履行、补救或中止履行等措施。

第六章 合同纠纷的处理

第六十条 合同在履行过程中发生纠纷的,应按《民法典》《民事诉讼法》等有关法律、法规和本制度处理。

第六十一条 处理合同纠纷的原则:

1. 及时处理的原则;

2. 双方协商解决的原则;

3. 维护公司合法权益的原则。

第六十二条 纠纷发生后,承办人应及时向所在部门、合同管理员和法务人员递交合同纠纷说明,同时应迅速收集下列有关证据(原件或复印件):

1. 合同文件(包括变更、解除合同的协议、电报、电传、传真、信函、图表、视听资料、广告、授权委托书,介绍信及其他有关资料等);

2. 送货、提货、收货、托运、验收、发票等有关票证票据;

3. 货款的承付、托收凭证、信用证、完税凭证、有关财务账目;

4. 作为质量标准的法定或约定文本、封样、样品及鉴定报告、检测结果等;

5. 证人证言;

6. 其他证据材料。

第六十三条 法务人员根据情况,在5个工作日内提出处理意见,提交公司分管领导审批。

第六十四条 合同纠纷经双方协商达成一致处理意见的,应订立书面协议,由双方代表签字并加盖法人公章。

第六十五条 对经协商无法解决的纠纷,如属对方过错或违约,经公司领导同意,法务人员可向仲裁委员会申请仲裁或向人民法院起诉;若对方已经向仲裁委员会申请仲裁或向人民法院起诉,法务人员应积极参加仲裁或应诉,并应当在5个工作日内提出参加仲裁或应诉意见,提交公司分管领导审批。

第六十六条 纠纷处理完毕后,由法务人员负责向公司分管领导报告;重大合同的纠纷处理，应随时向公司领导及董事会报告进展情况。

第六十七条 处理合同纠纷，应特别注意下列问题：

1. 证据可能丢失或以后难以取得的情况下，及时向法院申请采取证据保全措施；

2. 发现对方当事人或利害关系人有可能隐匿、转移财产将使我方权利难以实现时，及时向法院申请采取财产保全措施；

3. 做好每起合同纠纷实况记录，存档备查；

4. 凡属我方责任的合同纠纷，应逐笔查明原因，分清责任，要求责任人员承担责任，并责令其提出补救措施。

第六十八条 双方已签署的解决合同纠纷协议书、仲裁机关的调解书，仲裁裁决书及法院的调解书、判决书，在正式生效后，应复印若干份，交法务人员、合同承办部门收执，督促该文书的履行。

第六十九条 对方当事人在规定期限届满后没有履行上述文书规定义务的，合同承办部门承办人应及时通知法务人员。

第七十条 对方当事人逾期不履行已发生法律效力的调解书、仲裁裁决书或判决书，公司应依法向人民法院申请强制执行。

第七章 合同归档

第七十一条 合同签订后，合同承办部门会同承办人应按规定对其经办的合同进行收集、整理、预立卷。

第七十二条 合同履行过程中形成的各种单据、凭证和其他相关材料都须附于预立卷内。预立卷须按公司保密制度有关规定确定合同的密级并采取保密措施，密级标注于合同正本的封面。

第七十三条 合同承办部门承办人应在合同文件形成后3个工作日内，将对外投资和项目合资等投资类合同交由董事会办公室；日常生产经营中的合同由本部门合同管理员集中保管，建立清单，不得据为己有。财务部应按季度对合同进行清理，并在每年12月底前完成本年度的合同整理归档工作。档案室对其定期监督检查，每季度一次。

第七十四条 重大合同应将副本提交公司财务部备案。

第七十五条 合同管理员应对合同以组织、部门、合同种类及文件序号为索引进行编号、整理，统一保存于带锁的固定文件柜中。

第七十六条 合同管理员按照公司档案管理有关规定管理合同的外借。

第七十七条 合同管理员应在合同签订一年以后按照档案管理有关规定整理合同文本,并移交公司档案管理部门统一保管。

第八章 附 则

第七十八条 本制度由公司董事会负责解释和修订。

第七十九条 本制度经公司董事会审议通过后生效实施。

纳税人权利:税务合规助利润增长

税务合规,即在企业经营管理的各个环节进行税务风险管控,并且需要在风险可控的前提下兼顾税筹规划,或在税务风险合规与税筹规划之间进行选择和兼顾。企业可通过运用各类税收优惠政策、税筹规划等方式,实现生产成本减低、营业利润提高、企业风险可控的最终目的。近年来,我国税收征管呈现"宽严相济"的发展形势。一方面,各项减税降费政策、便民办税举措的出台为企业提供了更加优渥、便捷的税收营商环境;另一方面,税收监管数字化、税收违法行为打击常态化等监管措施的升级使得企业的涉税风险日益突出,对企业的纳税遵从提出了更高的要求。"严"体现在税收征管手段的升级以及打击税收违法行为的持续高压态势,具体如:

1. 税收监管数字化。在已经启动的"金税四期"建设中,数字技术与税收监管不断深度融合,实现了发票电子化改革,形成了以税收大数据为驱动力的智慧税务。税务机关从"以票治税"转换到"以数治税",利用税收大数据实现精确执法和精准监管,税收监管手段持续升级、监管能力不断提高,企业以往经营过程中隐蔽的税务风险在税务机关的智能监测下暴露显现。

2. 税收违法行为打击常态化。近年来,税务部门接连曝光一系列税收违法行为,对各类税收违法行为保持"零容忍"的高压态势,对"三假"特别是团伙式、暴力虚开发票等严重违法犯罪行为坚决依法打击,绝不手软。同时,隐瞒收入、虚列成本、转移利润以及利用"税收洼地""阴阳合同"和关联交易等逃避税行为也成为税务机关依法防控和检查监督的重点对象。2022 年,随着大规模留抵退税政策的逐步实行,打击骗取留抵退税违法犯罪行为成为 2022 年常态化打击虚开骗税工作的重点。统计显示,截至 8 月,全国税务稽查部门已挽回留抵退税及其他税款损失超百亿元,已移送公安立案及联合侦办涉嫌虚开骗取留抵退税企业逾千户,联合打击虚开骗取留抵退税团伙200个。[①]

在"宽严相济"的税收征管形式下,企业应当转换以往应对税收管理的被动思维,积极甄别经营过程中潜在的涉税风险,主动进行税务风险自查与管理。对可以享受的税收优惠政策进行深入挖掘、保持高度的敏感,在正确适用的前提下为企业节约经营成本。同时,提高企业税务管理人员专业素养,建立企业税务合规体系,这样才能在新的征管背景下,科学合理地开展企业税务合规工作,提升企业的税务风险防御能力,促进企业长远发展。

商法财税的逻辑关系

商务、法务、财务、税务四位一体在企业的任何一项交易活动都离不开。第一,商务是指我们企业日常的经营活动,包括了企业的商业模式,商务的目的是通过企业经营来实现企业的利润。第二,法务是指企业在经营过程中应当遵从的规则,目的是实现企业经营的合法性和合规性。第三,财务是指企业财务内控制度与核算,财务的目的是提高企业的盈利能力。第四,税务指企业在经营过程中运用的税务筹划方法,以及依法进行的申报纳税,税务的目的是在税务合规的基础上来降低企业的税负。我们通过一个具体的案例理解这几个概念并分析问题和对策。

案情

张总目前有闲置资金是2000万元,一直在寻找一个合适的项目进行投资,通过一个朋友介绍结识了四川省达州市地区的一些人脉,由于这个达州地区生产煤矿,所以张总出资1000万元在达州市成立了甲矿业公司,并且很快取得了一处煤矿的采矿权,经过实地勘测,发现这座煤矿的储量达到了几亿吨,开采费用预计需要人民币10亿元,这个时候张总缺钱,于是张总就决定在当地找一个资金方进行合作,张总出矿资金方出钱,双方共同来开发。达州当地的康总得知了这个消息,非常愿意和张总合作,两个人于是约定张总将甲矿业公司50%的

---

① 《1月至8月,释放减退税费红利超3.3万亿元——组合式税费支持政策落地见效》,载国家税务总局网2022年9月27日,http://www.chinatax.gov.cn/chinatax/n810219/n810780/c5181741/content.html。

股权转让给康总,双方商定的转让价款是5亿元。转让后甲公司相当于张总50%的股权,康总50%的股权,但张总取得了5亿元并不是能装到张总的口袋里,张总把这5亿元对甲公司进行增资,增资完成之后,原来甲公司的注册资本是1000万元,那么在增值5亿元之后就变成了5.1亿元,同时康总作为乙方,由于已经持有了甲公司50%的股权,也应该增资5亿元到甲公司,甲公司有10.1亿元注册资本并且实缴,开采费是10亿元,也就足够矿业公司进行煤炭开采。于是根据双方协商签订了股权转让协议和增资扩股协议两份合同文本,以及召开了股东会会议,章程的修正案进行了对应修改。当张总拿着这些相关的法律文件去办理甲矿业公司的股权转让手续的时候,被当地的税务机关通知缴纳0.99亿元的个人所得税后再去工商机关进行股权的变更登记手续。税务机关的理由非常简单:张总转让了甲矿业公司50%股权,其持有50%股权价值500万元,500万元的股权原值现在卖了5亿元,减去500万元就是张总转让股权的利润4.95亿元,股权转让适用的税率是20%,4.95亿元×20%,应当先缴纳0.99亿元的个人所得税。张总一听很郁闷,交完税之后就只有9亿元,还拿什么去对甲公司进行增资?最后双方的合作被迫终止,这么一个项目最后因为股权转让的税收问题被迫终止。

案情分析

首先我们看案情中商务就是张总和康总二人合作开发这个煤矿资源,先通过股权转让,再进行增资;法务就是双方在整个交易过程形成的关系和文本签署;财务是康总先打5亿元股权转让款给张总,然后张总、康总向甲公司增资,就是财务的流水;税务是张总转让股权50%应当缴纳的个人所得税0.99亿元。就案例而言是非常可惜的,双方就是因为个人所得税的问题合作被迫终止。

解决方案

假设他们当初找到专业的律师,是绝对有办法让他们的合作顺利进行下去的。方法非常简单:让张总和康总只签订一份的增资扩股10亿元的协议书,假设其中1000万元作为注册资本,剩下的9.9亿元作为资本公积金,这时候甲矿业公司的注册资本是2000万元,即张总1000万元,康总1000万元,各持股50%跟过去一样对不对?康总那9.9亿元到了资本公积金,然后我们会让张总和康总开一个股东会,股东会就一个议题,将甲矿业公司这9.9亿元的资本基金资本公积金转增股本,根据《国家税务总局关于股份制企业转增股本和派发红股免征个人所得税的通知》(国税发〔1997〕198 号)第 1 条的规定,股份制企业用资本公积金转增股本不属于股息红利性质的分配,对个人取得的转增股本数额不作为个人所得征收。还有一个文件《国家税务总局关于原城市信用社在转制为城市合作银行过程中个人股增值所得应纳个人所得税的批复》(国税函〔1998〕289 号),第 2 条中明确规定了国家税务总局关于股份制企业转增股份和派发红股征免个人所得税,其表述资本公积金是指股份制企业股票溢价发行收入所形成的资本,应税所得征收个人所得税,与此不相符的其他资本公积如果分配个人所得的部分,应当依法征收个人所得税。因为张总没有取得个人所得,无须缴纳个人所得税。所以说在日常生产经营过程中,尤其是作出重大的决策前,建议让专业律师为我们保驾护航。

通过张总和康总这个案例,我们就会发现由于商业模式不同,一个是先股权转让再增资,另一个是直接进行增资,两种商业模式背后的法务财务和税务是有区别的。企业无论是重大交易还是普通交易都应该从商务、法务、财务、税务四个方面进行审核,达到综合的平衡方案,在节省成本、降低税负、规避风险的同时,为企业开展业务创造条件和赋能,这就是我提倡的这四务同审。

企业常见的税务风险

国家税务总局的金税系统目前已经罗列了 1000 多个税务风险点,任何一个税务风险点都可能被税务机关列为税务稽查的重点对象,如果查实企业的确存在问题的,可能就面临补税滞纳金、罚款,甚至是刑事责任。有的人可能说企业已经经营很多年,从来没有被税务机关进行过稽查,是不是我的企业就没有问题了呢?就算你的企业没有被稽查过,也不代表你的企业就没有税务风险。目前国家税务总局罗列 1000 多个税务风险点,只要被触发其中任何一个税务机关就要上门进行稽查,估计现在的税务机关编制数量已扩大 N 多倍,这是现有问题。比如天津一个税务稽查局一个年度内处理的稽查案件的数量不少于 2000 家,这 2000 多件相较于计税系统风险预警的案件数量而言可谓是九牛一毛,税务机关因为人员和精力是有限的,但我们千万不要抱有任何的幻想,没准哪天你可能就中了彩蛋,被税务机关列为了稽查对象,最终的结果可能要补缴多年来欠缴的税款，年息 18.25% 的滞纳金，还可能面临最高 5 倍的罚款。薇娅事件就是一个非常典型的反面教材。其实只有一条路可走，就是合法经营，依法履行纳税义务。

一、股份转让与代持税务风险

实践中，股份转让违规行为主要表现：签署股权转让阴阳合同、平价或低价转让股权、虚开发票将股权转让收入再转入税收洼地等情况；而股份代持变更中通常会面临纳税主体及刑事责任承担主体不明晰，税负增加以及双重纳税等税务风险，此种情况下企业将会面临税款补缴或被处以罚款等财产责任，严重时将会招致刑事风险。

二、公司费用列支税务风险

目前，常见的公司费用列支税务风险主要包括以下五种情形，需要企业提高合规意识，避免发生税务风险：

1. 虚开增值税专用发票和普通发票列支费用；

2. 部分行业列支主播等以核定征收方式所开具的发票

3. 取得大量灵活用工平台开具的发票、编造人员虚列费用；

4. 费用票据不合规、列支家庭费用；

5. 列支涉嫌贿赂等违规费用。

三、虚开发票税务风险

虚开增值税发票场景具体包括以下三种：

1. 没有货物购销或者没有提供或接受应税劳务而为他人、为自己、让他人为自己、介绍他人开具增值税专用发票；

2. 有货物购销或者提供或接受了应税劳务但为他人、为自己、让他人为自己、介绍他人开具数额或者金额不实的增值税专用发票；

3. 进行了实际经营活动，但让他人为自己代开增值税专用发票。

企业虚开增值税发票将会面临需要补缴税款、缴纳罚款，甚至承担刑事责任的风险。

除上述重要典型税务风险外,企业在日常经营过程中仍会面临如发票开具与接受合规与否、间接股权转让纳税、境外税收抵免等常规风险,建议企业聘请专业外部机构辅助开展风险评估及健康检查工作,评估风险重要度,进而根据风险重要性程度高低采取行动计划,如容忍、补税、关停业务等。

下面我们通过一个案例理解税务风险问题。

案例一:三流不合一导致被认定虚开增值税专用发票

这个案件是企业现金购物后缺乏证据为了发票款项回流引发的。甲公司的主营业务是阀门管件的批发、零售以及制造加工,由于甲公司经营规模比较小,它就没有雇用专职会计人员,从社会上聘请记账公司代理。公司法定代表人王总在2017年和2018年到当地的钢材市场去购买原材料,最终确定了乙公司作为甲公司的这个供应商为甲公司提供阀门管件的原材料,甲公司和乙公司签订了一份购销合同,内容非常非常简单。合同签订以后,王总就向乙公司的销售人员支付了现金(支付现金的时候不含税款的)。乙公司第二天就将甲公司购买的这些原材料运输到了甲公司指定的地点。甲公司通过代理记账在第二个月月初的时候就把买卖合同、发货单、入库单等这些相关资料就发给了记账公司,财务人员就告知王总说光发这些材料还是不行的,没有发票。在财务公司的告知下王总就开始落实补发票。对于乙公司此前收现金不开票可以,如果要开票就要有入账的凭据,这是普遍做法。乙公司财务人员要求甲公司补交税款,还需要对公账户把全部的货款加税款乙公司账上,乙公司把过去王总现金交易的部分退还给王总。形式上是符合"三流统一"了。双方在2017~2018年多次这样操作。在2020年乙公司由于涉嫌虚开增值税专用发票罪,被公安机关立案侦查。公安机关经过侦查发现,乙公司向王总支付的这些款项已经转过7个人。乙公司过去把这个款项打给王总不是从乙公司直接打的,是乙公司经理张三打李四,李四又打给王五,然后又打其他人,最后到了王总的账上。公安机关既然查实这个问题,税务机关就根据公安机关提供的线索,对甲公司进行稽查,通过分析最终认定甲公司已取得的乙公司的这些增值税专用发票属虚开增值专项发票。甲公司过去取得的发票做了进项税额抵扣现在要求进项税额转出并且支付滞纳金,合计是180多万元。

税务机关的理由非常简单,甲公司取得乙公司开具的这个增值专用发票以后，有资金回流的情况，并且甲公司不能提供有效的证据证明现金付款的事实。税务机关认定虚开主要依据之一就是三流是不一致——物流、资金流、发票流。我们不考虑付款单位，我们只需要确保销售单位、开票的单位和收款单位是同一个单位就属于三流一致，也就是说企业在实际经营过程中，在保证交易真实的基础上，做到三流一致，税务机关就不会认定企业涉嫌虚开增值专业发票。这个案例告诉我们，商品买卖合同要写明资金支付方式(途径)。即使过程中有资金回流，也和虚开发票没有关系，而是多收了款项退回的意思。

案例二：内部核算一套账，对外报税另一套账

达某、李某与黄某共同出资1000万元，成立了一家公司，经营范围是商品混凝土的生产和销售，达某担任甲公司的执行董事兼总经理，负责甲公司的经营管理，聘请专职的张某为甲公司的这个财务总监兼、主办会计，负责甲公司的财务纳税申报工作。甲公司的税收身份是一般纳税人。在2010年9月到2013年12月甲公司达某指使张某将甲公司的全部业务设置了两套账户进行核算，大家非常熟悉的套路，将企业的经营收入数据进行纳税申报，也就是我们俗称的外账给税务机关看，这里的收入非常少，另外真实的收入单独记账。税务机关对甲公司的纳税情况进行检查的时候，查阅了甲公司2009年到2012年这个纳税申报的查询单、财务资料、纳税申报资料、股东会会议，以及对证人李某、黄某等人做询问笔录，对内账外账的核算，最终认定甲公司从2010年9月1日起到2013年12月31日4年累计逃税金额达到了3175万元，逃避缴纳税款占到了应纳税额84.12%，要求甲公司在15日内补缴税款3175万元，同时加收滞纳金和罚款。甲公司没有在税务机关规定的时间内履行，税务机关按照法定程序将案件移送到公安机关进行处理。公安机关处理完之后检察院起诉，检察院认为甲公司作为一般纳税人多次采取欺骗隐瞒手段进行虚假申报，逃避缴纳税款的数额达到了3175万元，数额巨大，且占应纳税税额30%以上，构成逃税罪。法院经过审理认为甲公司作为一般纳税人采取隐瞒手段，不如实申报纳税，逃避缴纳税款，数额巨大，罪名成立，被判处罚金200万元。达某授意负责申报纳税的张某进行逃避税款缴纳的，也应当以逃税罪追究刑事责任，判处有期徒刑3年6个月，并处罚金30万元，张某也是逃税罪获有期徒刑2年，罚金10万元，甲公司补缴税款3175万元。

随着大数据分析的日益完善，税务机关分分钟就能识别出企业的两套账，甚至是N套账,比如说有些企业在申请认定高新技术企业的时候,为了符合条件,人为做一些数据,有些企业为了获取国家补贴、贷款也是人为创造一些数据来符合。外账给税务机关营业数额肯定非常少,利润非常低,但是企业向银行申请贷款的时候,就把数据写得非常大,方便贷款。针对这些多套账税务机关的识别原理其实非常简单,就是以企业向税务机关申报的数据跟同行业其他单位,尤其是企业所在地的同行业其他单位申报的平均数据进行对比,如果相差比较大就会列入稽查对象。第二种方法也非常简单,企业申报的数据和实际使用的电费、水费、油费这些开销是不是成正比。第三是我们企业向各个机关或者部门申报数据之间自相矛盾。

税务合规落地实施方案

从风险防范和处置的角度看,税收是贯穿企业生命周期始终的,对企业成立、日常管理、资本运作有着重要的意义。在新的税收征管环境下,机遇与风险并存,企业的生存和发展必然会遇到很多风险。为了能够实现企业的健康发展,企业管理者及相关人员应当进一步重视企业涉税风险管理,建立合适的企业税务风险管控体系,保障事前防范、事中应对、事后救济三环节紧密衔接,才能最大限度降低税务风险可能的影响,防患于未然。因此,企业税务风险管理可以从事前、事中、事后三个环节来考虑。

一、事前防范——合规管理与风险防控

(一)树立税务风险意识

对于税务风险,不少企业存在一些认知上的错误,认为只要不被税务检查补税,不涉及税收刑事犯罪就不存在税务风险。因此,这些企业常常只关注是否存在少缴税的情况,而不重视多交税给企业带来的实质性经营损失,也未曾关注企业日常经营中潜在的税务风险。然而,企业应深刻理解税收风险管理的关键在于防控,而非补救。税收风险对企业而言不仅是补税罚款,更影响企业的实际收

益、信用指标、资质评定、上市融资等方方面面,关乎企业能否健康持续发展。

树立税务风险意识,首先,企业应当加强税法培训,提高专业素质。税收政策数目繁多,更新速度快,对企业税务管理人员提出更高的水平要求。企业可以定期组织专业培训,聘请税务专业人士进行纳税辅导。其次,企业应当将税务风险意识融入企业发展、商业模式设计的战略性布局之中,在投融资和经营活动决策之前,准确识别和评估税负高低与税务风险,将税务风险作为重要的考量因素,实现税负最小化,价值最大化,从而作出最佳的商业模式和交易结构安排。

(二)建立税务合规管理体系

税务风险潜藏于企业开展经营的过程中,为了有效防控企业税务风险,必须建立一个完善的税务合规管理体系,健全各项税务管理制度、业务标准和业务规范。首先,应当明确企业内部税务管理组织架构,划分各业务部门涉税职责。其次,针对企业的日常经营活动,制定切实可行的税务风险内部控制规定,将防范和控制税务风险作为企业经营的一项重要内容;同时,针对企业重大对外投资、重大并购和重组、经营模式的改变及重要合同或协议的签订等制定有针对性的税务管理措施。最后,针对税务会计、税务申报和税款缴纳、税务档案等税务行政事项进行必要的流程细化、职责划分等。

除此之外,企业还可建立定期自查制度,针对企业税务登记、纳税申报、税款缴纳、发票使用情况以及其他税务检查与稽查中常见的税务问题进行自我检查,对企业内部的税务合规、税负成本进行审核,及时发现和解决税务漏洞,避免补税、滞纳金与罚款。

二、事中应对——有效应对与突出重点

税务风险形成对企业产生不利影响的最常见和最主要的方式是税务管理,而其中又以税务检查最为典型,面临税务检查事有效应对也是化解税务风险、避免损失扩大的重要工作。

税务检查是税收征收征管的一个重要环节,是税务机关以国家税收法律、行政法规为依据,对纳税人、扣缴义务人履行纳税义务和扣缴义务的情况进行的检查监督,其中包括税务稽查。税务检查的常见原因有发票管理不规范、被检举、

取得异常扣除凭证、财务指标异常、税务协查、税收政策适用错误等。

在发生税务检查时,首先,企业应当及时提供材料、积极配合询问,主动了解检查程序,以最大限度保障自身利益。不要妄图隐匿、毁损账簿资料、业务材料等涉税材料,更不可拒绝检查人员对涉税材料的调查取证。其次,企业应当加强与税务检查部门的沟通,对上一阶段已经查明的问题反馈意见,对本阶段新发现的问题进行解释说明,了解税务检查部门下一步检查计划,有的放矢地做好准备和配合工作,在仍有协商机会时避免税局作出不利的书面结论。另外,企业应当在检查过程中及时备份文书资料,保存证据资料,方便自身或第三方日后完整还原检查过程,并对检查结论的合法性、合理性作出判断。

三、事后救济——比较选择与合理预估

正确、有效地行使救济权利,可以在税务执法存在一定问题时,最大限度保障企业合法权益,将税务风险的影响降至最低,救济途径通常为行政复议、行政诉讼。

行政复议适用于作出决定性文书的案件及检查过程中的具体行政行为,纳税人认为税务局的行政行为侵犯其合法权益,即可提起行政复议。行政复议是以法律形式建立的行政机关内部的监督和纠错机制,且在与征税行为有关的案件是行政诉讼的前提,应该成为群众解决行政争议的首选途径。而行政诉讼适用于已经过复议程序的"复议前置"案件及能够直接提起诉讼的行政处罚、采取强制执行措施或者税收保全措施等案件,是解决涉税争议、保护纳税人合法权益的"终极武器"。

有条件的企业,特别是大型企业,从系统建设方面可以考虑以下方案。

(一)建立基本制度

制定企业《税务合规风险管理办法》,明确管理要求、职责定位、工作机制。

进一步明确税务合规管理目标、机构职责、管理重点、运行机制,规范企业税务管理工作,提高企业纳税遵从度,有效防范和控制税务风险,在依法履行纳税义务的前提下,充分享受税收优惠政策,从制度上保障税务管理合规工作有效开展。

（二）制定具体指引

分税种、分业务制定税务合规操作指南，制定重大涉税事项管理指南。如《全税种税务操作指南》《全业务税务操作指南》《重大涉税事项管理指南》等。

结合生产经营情况，分税种、分业务制定税务合规管理操作指南，编制税务合规事项清单和操作指南，指导所属单位开展税务合规管理工作。针对涉税情况复杂，涉税金额较大的事项，优化重大涉税事项管理，税务合规人员全程参与，开展税务合规风险节点控制，及时发现、应对重大涉税事项的税务合规风险。

（三）建设信息化平台

通过信息化手段，实现税务合规风险过程管控。如《企业税务合规风险案例库》《税务合规风险管理信息化需求报告》，建立税务合规风险管理信息系统。结合企业实际业务，全面、系统、持续收集内外部典型税务合规风险案例，梳理风险清单，编制有针对性的《企业税务合规风险案例库》，设计风险识别、评估、预警规则，并建立税务合规风险管理信息系统，利用智能化手段，加强对重点领域、关键节点的巡查预警机制，构建事前预警、事中管控、事后治理的税务合规防控战线，实现全过程税务合规风险闭环管理。

《税务合规专项指南》参考

一、税务合规管理目标

税务合规的整体目标：通过开展包括制度制定、风险评估、风险应对、责任追究、合规培训等有组织、有计划的管理活动，使企业及其员工的经营管理行为符合税务方面的法律法规、监管规定、行业准则和企业规章，以及国际条约、规则等要求，防止因税务不合规，引发法律制裁、财务损失或声誉损害。

税务合规的细分目标：

1. 纳税申报和税款缴纳符合税法规定；

2. 经营决策、经营活动考虑税收因素的影响，符合税法规定；

3. 税务事项处理符合相关会计准则以及相关税法规定;

4. 税务规划具有合理的商业目的,并符合税法规定;

5. 税务登记、账簿凭证管理、税务档案管理以及税务资料的准备、报备等涉税事项符合税法规定。

二、税务合规管理六大事项

(一)基础性税务合规管理

1. 涉税流程管理——制定各项涉税财会事务的处理流程,明确职责、权限和分工。

2. 纳税申报管理——完善纳税申报表编制、复核、审批、报送及税款缴纳的程序,明确相关的职责和权限。

3. 涉税资料管理——制定涉税资料准备、报备和存档的规范,使企业涉税业务资料能按税法要求真实、完整、准确地准备和保存。

4. 纳税信用等级管理——预警日常信用扣分项并及时修复,评估提级空间,辅导等级提升。

(二)业务流程税务合规管理

1. 商务谈判——核查税务问题是否充分纳入谈判考量,防止在项目启动阶段就埋下税务风险。例如,是否已将税负纳入成本测算、是否将税负承担等重要条款纳入谈判条件。

2. 合同书立——核查合同是否设立了涉税条款,是否充分考量了税务风险。例如,是否对税负承担、票据类型、开票时间、税率、税率变动条款等进行必要约定。

3. 项目执行——督查合同涉税条款是否严格执行到位,并总结经验,为企业常见合同类型制定“税务问题处理流程指引”和“税务条款范本”。

(三)发票专项合规管理

1. 报销凭证审查——制定完善的企业报销标准和凭证审查制度,严格进行凭证的合理性和合法性审查;实质和形式审查。

2. 增值税发票审查——制定增值税进项、销项发票审查标准。例如，真伪查验，发票印章、发票备注栏规范性审查等。特别注意增值税发票虚开风险预防及应急、补救措施的制定。

3. 异常发票、失控发票风险应对——制定相关应对办法，实现业务资料完备齐全、与进销发票相匹配，报销凭证与报销内容要素相符等，应能证明业务往来合法性并能追溯到责任人。

4. 历史大额发票巡查——制定对历史发票定期巡查的制度，特别是对大额成本发票，避免不合理、不合法支出，对“历史风险”进行有效切割。

（四）上下游关联企业税务合规管理

1. 日常管理——供应商、服务商、客户等上下游关联企业如出现税务、司法等风险（如走逃、失联、经营异常、吊销营业执照、涉嫌税务违法行为等），很可能导致企业的税款损失和经营风险。因此，应建立对上下游关联企业的合规尽职调查和定期评价制度。定期查访往来密切的关联企业的资质及经营情况，如发现异常，应及时通知业务部门，并采取相应措施，最小限度减少企业风险与损失。

2. 长期目标——将企业合规的要求，向上下游关联企业渗透，尽量寻找合规要求一致的企业合作，淘汰合规工作不达标的商业伙伴。

（五）重大经营事项税务合规管理

针对企业设立、股权转让、股权激励计划、IPO、并购重组、房地交易、重大分红、重大投资、重大合同、破产清算等企业重大经营事项，应制定专项税务风险管理机制。

企业合规专员应参与企业战略规划和重大经营决策的制定，并跟踪和监控相关税务风险，将经营决策、税负测算、方案确定、与税务局沟通、纳税申报与缴纳、手续办理等重要节点的税务风险纳入合规管理。

（六）特殊税务风险合规管理

1. 税务举报风险——针对诉讼对方、竞争对手、关联企业、内部员工、股东及家庭成员等提出的涉税举报，以预防和化解风险为首要目标，制定应急预案。

2. 税务检查风险——针对税务主管部门的纳税评估、稽查局的税务稽查，制定相应接洽、沟通、应对、处理的预案。设专班负责与税务局的对接、回应、反馈、自查等工作。

3. 司法案件涉税风险——针对企业民事案件等司法案件中可能存在的税费承担、发票开具纠纷等税务风险，制定应急预案，并应设立律所库，为必要时接洽专业人士提供备选。

4. 行业性税务风险——针对经济形势、产业政策、市场竞争及行业惯例等税务风险进行识别，针对本企业已发、多发的税收风险，进行预防性管理，定期开展自查。

三、税务合规三大机制

（一）分工与内控机制

在企业内部建立科学有效的职责分工和制衡机制，确保税务风险管理的不相容岗位相互分离、制约和监督。

决策部门——董事会——决策、督导

财会部门——设立“合规专岗”——统管、负责

“合规专岗”的税务合规职责：

1. 组织起草合规管理基本制度、具体制度、年度计划和工作报告等。

2. 参与企业战略规划和重大经营决策的税务影响分析，提供税务风险管理建议；负责规章制度、经济合同、重大决策的合规审查。

3. 编制风险清单和应对预案，组织实施企业税务风险的识别、评估和应对处置，根据董事会授权开展合规管理体系有效性评价。

4. 指导和监督有关职能部门、各业务单位以及全资、控股企业开展税务风险管理工作。

5. 承担或协助报税人员开展纳税申报、税款缴纳、账簿凭证和其他涉税资料的准备和保管工作。

6. 建立和完善税法的收集和更新系统，及时汇编企业适用的税法并定期更新。

7. 组织或者协助业务及职能部门开展合规培训，受理合规咨询。

8. 推动信息技术应用于税务风险管理，推进合规管理信息化建设。

9. 其他税务风险管理职责。

生产、销售、研发等部门——设立“合规联络员”——执行、配合

“合规联络员”的税务合规职责：

1. 负责本部门经营管理行为的税务合规审查。

2. 进行税务合规风险信息收集和报送。

3. 配合合规部门就相关问题调查并及应对处置。

（二）税务风险评估机制

在企业内部建立以企业税务合规专岗为主，以外聘专业机构人员为辅的定期税务风险评估机制。针对企业六大事项税务风险的合规情况，通过全面、系统、持续地收集内部和外部相关信息，通过风险识别、风险分析、风险分级评价等步骤，查找企业经营活动及其业务流程中的税务风险，分析和描述风险发生的可能性和条件，评价风险对企业实现税务管理目标的影响程度，从而确定风险管理的优先顺序和策略。建立起一套评估、纠正、提升的良性循环回路。

1. 检查、评估；

2. 反馈、纠正；

3. 总结、提升。

（三）培训机制

制订针对企业内部不同主体、不同事项的税收法律合规培训计划，将风险警示教育与风险应对能力培训相结合；将日常风险化解和专项突发风险应对培训相结合；将定期培训和不定期培训方式相结合。

1. 针对法定代表人、董事会成员、总经理、财务主管等公司管理层、公司主要股东等。

2. 针对财务人员、办税人员、合规专班人员。

3. 针对全体员工。

程序

预防刑事诉讼：生意人的底线

企业及其工作人员在经营过程中，存在各类法律风险，我们把它分为三类：一是民商事法律风险，如企业在签订、履行商事合同中经常发生的经济纠纷及由此带来的经济损失；二是行政法律风险，即因企业违反行政法律、法规而受到行政机关行政处罚的行为风险；三是刑事法律风险。企业刑事法律风险，是指企业及其工作人员在执行职务过程中存在的触犯刑事法律规范，应受刑事处罚行为的风险。对企业危害最甚，有可能对企业造成毁灭性打击的风险就是刑事法律风险。

在当前处理的各类刑事犯罪案件中，涉及非公企业、企业主及其员工犯罪或非公企业财产权利被刑事犯罪侵害的案件数量有不断增长的趋势，反映了当下非公企业在刑事法律风险防控方面存在一定的问题。所以，揭示非公企业刑事法律风险的现状，找准导致非公企业出现刑事法律风险的原因，并积极制定相应的防控方案，提出防控要点，降低非公企业刑事法律风险十分必要。

涉企刑事诉讼发生的原因

随着经济社会的发展，中小企业也进入蓬勃发展的新时代。近年来，在企业中发生的刑事案件也频频出现。民营企业刑事案件频发固然与企业家的不良经营理念和不规范的管理活动息息相关。很多民营企业家法律风险意识不足，不重视引进专门法律人士协助企业法律风险防范，导致企业家在作公司重大决策或从事其他重大事项时，不能很全面地把握法律风险及后果，从而陷入刑事犯罪，不但自身身陷囹圄，也给企业带来巨大损失。鉴于刑事风险可以引发“灭顶之灾”的特殊严厉性，对刑事风险只能立足于事前有针对性的防范，不能寄希望于如风险爆发后“舍财免灾”式的救济,更不能心存事后可以逃避处罚的侥幸。

任何事物发生的原因都有内部原因和外部原因,是多种因素的结合。总体上归为以下原因,各位生意人可以自我体检。

一、企业家自身原因

1. 法律意识淡薄,犯罪界限认识不清。我们看到很多刑事案件中,许多企业家往往在法庭上做最后陈述时说自己的犯罪原因时总会把“不懂法”作为一项理由,请求法庭给予从轻处罚,在法律上是属于悔罪的表现,但实践当中这种理由一般不会作为从轻处罚的理由,法官也司空见惯了。实质上,即使不懂法,也应该懂得贪污、受贿在道德上是可耻的,因此究其犯罪的根源是法律意识的淡薄,藐视法律。不是不知道,而是不重视预防和警觉。

2. 不正常的社会交往活动。无论是中国还是外国,自古就有官商勾结牟取不正当暴利,在做生意的时候寻求官员权力的庇护。同时也有结交社会不正当势力,非法经营企业,用黑社会来保护商业活动的。所谓“黑白两道”都有“照应”,都“通吃”,讲的就是这个意思。电视剧《狂飙》中高启强“发展”到巅峰时期,生意做得很大,主要就是通过这两个捷径实现的。法网恢恢疏而不漏,“出来混最终是要还的”。

3. 人性弱点:首先是亲情原因,尤其是国企企业家犯罪的案例中,其中涉及妻子、子女或者其他亲属参与犯罪或者共同犯罪的现象十分普遍。国有企业负责人如果不能正确对待亲情,没有一个廉洁的家庭环境,也很可能陷入腐败的泥沼,不仅害了自己还毁了家庭。其次是情感生活,很多企业家生活作风腐化,没有树立正确的人生观、价值观,不仅自己挥霍大量金钱,而且还满足另一方异性对金钱、财物的巨大需求。这种情况下,他们很难用自己的合法收入来满足这些非分的要求,难免会将黑手伸向公款或收受贿赂。再次是养成了陋习,比如赌博、吸毒等陋习,有时还形成一定的团队化消费,并逐渐过渡到产业化经营赌博等场所。最后是爱慕虚荣,对金钱的渴望,对物质追求的无度,使其极力希望自身经济能力有提升,爱攀比,重虚名。

二、企业经营管理原因

1. 企业管理制度不科学。一些企业在做大做强的同时，没有适时的调整企业经营管理制度；有些企业领导走向独裁、集中地管理模式，脱离了现代企业制度，决策、执行透明度不高。

2. 企业各项规章制度不完善。企业在安全生产、劳动用工、财物制度方面不规范、不健全的情况下，企业及其直接负责领导责任的企业家们将面临很多法律风险，轻则构成一般违法，重则构成刑事犯罪。

三、外部原因

1. 一定范围的社会风气不正。企业竞争日益激烈，难免有些人采取不正当的竞争手段，官商勾结，拉拢官员。这些所谓有背景关系的竞争对手得到特别的关照，生意兴隆。在这样的社会风气之下，一些原本想合法经营的企业，也可能为了企业发展的需要，不得不采取同样的手段。

2. 政策及体制不健全，使得部分企业家"有可乘之机"。目前我国仍处在社会转型期，许多制度不完善和不合理，尤其国有资产管理体制和薪酬分配机制不合理，致使一些企业家怀着侥幸心理想捞回一点。

由此可见，我们可以从犯罪构成的角度对企业及其工作人员刑事犯罪进行分析。通常谈到犯罪构成，就以犯罪四要件作为标准说明。

一是犯罪主体：指实施犯罪行为的人。每一种犯罪，都必须有犯罪主体，有的犯罪是一个人实施的，犯罪主体就是一人，有的犯罪是数人实施的，犯罪主体就是数人。根据《刑法》规定，公司、企业、事业单位、机关、团体实施犯罪的，构成单位犯罪，因此，单位也可以成为犯罪主体。

二是犯罪的主观方面：指犯罪主体对其实施的犯罪行为及其结果所具有的心理状态。犯罪主观方面的心理状态有两种，即故意和过失。比如犯盗窃罪，犯罪人希望将他人财物窃为己有；犯故意伤害罪，犯罪人希望造成他人身体受到损伤的结果。有的犯罪是过失性质的，如失火罪，犯罪人就具有疏忽大意的心理状态。在单位构成犯罪的情况下，该单位对犯罪行为负有责任的人员也同样具有主观心理状态。

三是犯罪的客观方面：指犯罪行为的具体表现。比如犯诈骗罪，犯罪人具有虚构事实、欺骗他人的行为，贩毒罪具有贩卖毒品的行为等。

四是犯罪客体：指刑法所保护而被犯罪行为所侵害的社会关系。犯罪客体和犯罪对象是不同的，犯罪对象是犯罪行为所直接针对的对象，如杀人罪、伤害罪，犯罪对象是具体的被害人，而犯罪客体是指刑法所保护的公民人身权利不受非法侵害的这种社会关系。

因此，企业及其工作人员刑事犯罪就呈现出以下主要特点：

1. 犯罪主体是特定的，即都是公司、企业或者公司、企业的工作人员。这为我们预防此类犯罪指明了特定的对象。

2. 从主观上看，除重大责任事故罪和重大劳动安全事故罪等少数犯罪外，绝大部分犯罪是故意犯罪，多数是以非法占有或者以营利为目的。这就为本文的目的——加强主观世界的改造、预防犯罪提供了可能。

3. 侵犯的客体，有些犯罪是社会的公共安全；有的是市场经济秩序；有的是国家的税收征管；有的是集体财产。其社会危害性都是很大的。

4. 客观行为方面，都是实施了危害社会、触犯刑事法律规范，有的是造成一定后果的行为。

那些生意人容易犯的错

一、管理秩序类

1. 为亲友非法牟利罪，是指国有公司、企业、事业单位的工作人员，利用职务便利，将本单位的盈利业务交由自己的亲友进行经营，或者以明显高于市场的价格向自己的亲友经营管理的单位采购商品或者以明显低于市场的价格向自己的亲友经营管理的单位销售商品，或者向自己的亲友经营管理的单位采购不合格商品，使国家利益遭受重大损失的行为。

2. 签订、履行合同失职被骗罪，是指国有公司、企业、事业单位直接负责的主管人员，在签订、履行合同过程中，因严重不负责任而被诈骗，致使国家利益遭受重大损失的行为。

3. 妨害清算罪，是指公司、企业进行清算时，隐匿财产，对资产负债表或者财产清单作虚假记载，或者在未清偿债务前擅自分配公司、企业财产，严重损害债权人或者其他人利益的行为。

4. 隐匿、故意销毁会计凭证、会计账簿、财务会计报告罪，是指故意隐匿、故意销毁有法定保存义务的会计凭证和账簿、财务报告，情节严重的行为。

5. 非法经营同类营业罪，是指国有公司、企业的董事、经理利用职务便利，自己经营或者为他人经营与其所任职公司、企业同类的营业，谋取非法利益、数额巨大的行为。

6. 徇私舞弊低价折股、出售国有资产罪，是指国有公司、企业或者其上级主管部门直接负责的主管人员，徇私舞弊，将国有资产低价折股或者低价出售，致使国家利益遭受重大损失的行为。

二、知识产权类

1. 假冒注册商标罪，是指违反国家商标管理法规，未经注册商标所有人许可，在同一种商品、服务上使用与其注册商标相同的商标，情节严重的行为。

2. 销售假冒注册商标的商品罪，是指销售明知是假冒注册商标的商品，违法所得数额较大或者有其他严重情节、违法所得数额巨大或者有其他特别严重情节的行为。

3. 非法制造、销售非法制造的注册商标标识罪，是指伪造、擅自制造他人注册商标标识或者销售伪造、擅自制造的注册商标标识的行为。

4. 假冒专利罪，是指违反国家专利法规，假冒他人专利，情节严重的行为。

5. 侵犯著作权罪，是指以营利为目的，未经著作权人许可复制发行其文字、音像、计算机软件等作品，出版他人享有独占出版权的图书，未经制作者许可复制发行其制作的音像制品，制作、展览假冒他人署名的美术作品，违法所得数额较大或者有其他严重情节的行为。

6. 销售侵权复制品罪，是指以营利为目的，销售明知是侵犯他人著作权、专有出版权的文字作品、音乐、电影、电视、录像、计算机软件、图书及其他作品以及假冒他人署名的美术作品，违法所得数额巨大的行为。

7. 侵犯商业秘密罪,是指以盗窃、利诱、胁迫、披露、擅自使用等不正当手段,侵犯商业秘密,给商业秘密的权利人造成重大损失的行为。

三、税收缴纳类

1. 逃税罪,是指纳税人采取欺骗、隐瞒手段进行虚假纳税申报或者不申报,逃避缴纳税款数额较大并且占应纳税额10%以上,或者缴纳税款后,以假报出口或者其他欺骗手段,骗取所缴纳的税款的行为,以及扣缴义务人采取欺骗、隐瞒等手段,不缴或者少缴已扣、已收税款,数额较大的行为。

2. 骗取出口退税罪,是指以假报出口或者其他欺骗手段,骗取国家出口退税款,数额较大的行为。

3. 虚开增值税专用发票罪,是指为了牟取非法经济利益,故意违反国家发票管理规定,虚开增值税专用发票,给国家造成损失的行为。

四、金融秩序类

1. 非法吸收公众存款罪,非法吸收公众存款罪,是指违反国家金融管理法规实施非法吸收公众存款或变相吸收公众存款,扰乱金融秩序,从而构成犯罪。

2. 逃汇罪,是指公司、企业或者其他单位,违反国家规定,擅自将外汇存放境外,或者将境内的外汇非法转移到境外,情节严重的行为。

3. 操纵证券、期货市场罪,是指以获取不正当利益或者转嫁风险为目的,集中资金优势、持股或者持仓优势或者利用信息优势联合或者连续买卖,与他人串通相互进行证券、期货交易,自买自卖期货合约,操纵证券、期货市场交易量、交易价格,制造证券、期货市场假象,诱导或者致使投资者在不了解事实真相的情况下作出证券投资决定,扰乱证券、期货市场秩序的行为。

4. 内幕交易、泄露内幕信息罪,是指证券、期货交易内幕信息的知情人员或者非法获取证券、期货交易内幕信息的人员,在涉及证券的发行,证券、期货交易或者其他对证券、期货交易价格有重大影响的信息尚未公开前,买入或者卖出该证券,或者从事与该内幕信息有关的期货交易,或者泄露该信息,或者明示、暗示他人从事上述交易活动,情节严重的行为。

5. 擅自发行股票、公司、企业债券罪，是指未经国家有关主管部门批准，擅自发行股票或者公司、企业债券，数额巨大、后果严重或者有其他严重情节的行为。

五、走私类

走私普通货物、物品罪，是指违反海关法规，逃避海关监管，走私枪弹等违禁品以外的其他货物、物品进出境，情节严重的行为。

六、市场秩序类

1. 虚假广告罪，是指广告主、广告经营者、广告发布者违反国家规定，利用广告对商品或服务进行虚假宣传，情节严重的行为。

2. 串通投标罪，是指投标人相互串通投标报价，损害招标人或者其他投标人利益，情节严重的，处3年以下有期徒刑或者拘役，并处或者单处罚金。

3. 合同诈骗罪，是指以非法占有为目的，在签订、履行合同过程中，实施虚构事实或者隐瞒真相等欺骗手段，骗取对方当事人的财物，数额较大，从而构成的犯罪。

4. 非法经营罪，是指未经许可经营专营、专卖物品或者其他限制买卖的物品、买卖进出口许可证、进出口原产地证明以及其他法律、行政法规规定的经营许可证或者批准文件，以及从事其他非法经营活动，扰乱市场秩序，情节严重的行为。

5. 强迫交易罪，是指自然人或者单位，以暴力、胁迫手段强买强卖商品，强迫他人提供或者接受服务，强迫他人参与或者退出特定的经营活动，情节严重的行为。

6. 非法转让、倒卖土地使用权罪，是指以牟利为目的，违反土地管理法规，非法转让、倒卖土地使用权，情节严重的行为。

7. 提供虚假证明文件罪，是指承担资产评估、验资、验证、会计、审计、法律服务等职责的中介组织及其人员故意提供虚假证明文件、情节严重的行为。

七、财产管理类

1. 职务侵占罪，是指公司、企业或者其他单位的人员，利用职务上的便利，将本单位财物非法占为己有，数额较大的行为。

2. 挪用资金罪，是指公司、企业或者其他单位的工作人员，利用职务上的便利，挪用本单位资金归个人使用或者借贷给他人使用，数额较大、超过 3 个月未还的，或者虽未超过 3 个月，但数额较大、进行营利活动的，或者进行非法活动的行为。

3. 故意毁坏财物罪，是指故意实施毁灭或者损坏公私财物，数额较大或者有其他严重情节，从而构成的犯罪。

4. 破坏生产经营罪，是指由于泄愤报复或者其他个人目的，毁坏机器设备、残害耕畜或者以其他方法破坏生产经营的行为。

八、贪污贿赂类

1. 贪污罪，是指国家工作人员利用职务上的便利，侵吞、窃取、骗取或者以其他手段非法占有公共财物的行为。

2. 受贿罪，是指国家工作人员利用职务上的便利，实施索取他人财物，或者非法收受他人财物，为他人谋取利益，从而构成的犯罪。

3. 私分国有资产罪，是指国家机关、国有公司、企业、事业单位、人民团体，违反国家规定，以单位名义将国有资产集体私分给个人，数额较大的行为。

4. 非国家工作人员受贿罪，是指公司、企业或者其他单位的工作人员利用职务上的便利，索取他人财物或者非法收受他人财物，为他人谋取利益，数额较大的行为。

5. 对非国家工作人员行贿罪，是指为谋取不正当利益，给予公司、企业或者其他单位的工作人员以财物，数额较大的行为。

6. 单位行贿罪在客观方面表现为公司、企业、事业单位、机关、团体，为了谋取不正当利益，给予国家工作人员以财物，数额较大的，或者违反国家规定，给予上述人员以“回扣”“手续费”，情节严重的行为。

九、生产销售伪劣产品类

1. 生产、销售伪劣产品罪,是指生产者、销售者在产品中掺杂、掺假,以假充真,以次充好或者以不合格产品冒充合格产品,销售金额较大的行为。

2. 生产、销售、提供假药罪,是指生产、销售、提供假药,足以严重危害人体健康的行为。

3. 生产、销售、提供劣药罪,是指生产、销售劣药,对人体健康造成严重危害的行为。

4. 生产、销售不符合安全标准的食品罪,是指生产、销售不符合卫生标准的食品或足以造成严重食物中毒事故或者其他严重食物性疾患的行为。

5. 生产、销售有毒、有害食品罪,是指在生产、销售的食品中掺入有毒、有害的非食品原料,或者销售明知掺有有毒、有害的非食品原料的食品的行为。

6. 生产、销售不符合标准的医用器材罪,是指违反国家产品质量管理法规,生产不符合保障人体健康的国家标准、行业标准的医疗器械、医用卫生材料,或者销售明知是不符合国家标准、行业标准的医疗器械、医用卫生材料,足以严重危害人体健康的行为。

十、企业生产安全类

1. 重大责任事故罪,是指在生产、作业中违反有关安全管理的规定,因而发生重大伤亡事故或者造成其他严重后果的行为。

2. 污染环境罪,是指自然人或者单位违反国家规定,排放、倾倒或者处置有放射性的废物、含传染病病原体的废物、有毒物质或者其他有害物质,严重污染环境的行为。

3. 重大劳动安全事故罪,是刑法修改后新增设的罪名,是指安全生产设施或者安全生产条件不符合国家规定,因而发生重大伤亡事故或者造成其他严重后果的行为。

4. 危险物品肇事罪危险物品肇事罪,是指违反爆炸性、易燃性、放射性、毒害性、腐蚀性物品的管理规定,在生产、储存、运输、使用中,发生重大事故,造成严重后果的行为。

5. 不报、谎报安全事故罪,是指在安全事故发生后,负有报告职责的人员不报或者谎报事故情况,贻误事故抢救,情节严重的行为。

十一、破坏环境资源类

1. 非法占用农用地罪,是指自然人或者单位违反土地管理法规,非法占用耕地、林地等农用地,改变被占用土地用途,数量较大,造成耕地、林地等农用地大量毁坏的行为。

2. 非法采矿罪,是指自然人或者单位违反《矿产资源法》的规定,未取得采矿许可证擅自采矿,擅自进入国家规划矿区、对国民经济具有重要价值的矿区和他人矿区范围采矿,或者擅自开采国家规定实行保护性开采的特定矿种,情节严重的行为。

3. 非法捕捞水产品罪,是指违反保护水产资源法规,在禁渔区、禁渔期或者使用禁用的工具、方法捕捞水产品,情节严重的行为。

十二、妨害公共秩序类

1. 非法侵入计算机信息系统罪,是指自然人或者单位违反国家规定,侵入国家事务国防建设、尖端科学技术领域的计算机信息系统的行为。

2. 伪造、变造、买卖国家机关公文、证件、印章罪,是指非法制造、变造、买卖国家机关公文、证件、印章的行为。

3. 伪造公司、企业、事业单位、人民团体印章罪,是指伪造公司、企业、事业单位、人民团体印章的行为。

4. 伪造、变造、买卖身份证件罪,是指伪造、变造、买卖居民身份证、护照、社会保障卡、驾驶证等依法可以用于证明身份的证件的行为。

5. 开设赌场罪,是指客观上实施聚众赌博、开设赌场、以赌博为业的行为,从而构成的犯罪。

十三、企业非法用工类

1. 强迫劳动罪，是指自然人或者单位以暴力、威胁或者限制人身自由的方法强迫他人劳动，或者明知他人以暴力、威胁或者限制人身自由的方法强迫他人劳动，而为其招募、运送人员或者以其他方式协助强迫他人劳动的行为。

2. 雇用童工从事危重劳动罪，是指违反劳动管理法规，雇用未满16周岁的未成年人从事超强度体力劳动的，或者从事高空、井下作业的，或者在爆炸性、易燃性、放射性、毒害性等危险环境下从事劳动，情节严重的行为。

典型案例

案例一：

梁某是娄底某汽贸公司的销售经理，公司的主要业务是某品牌汽车的零售。因公司资金链断裂需要向银行贷款，公司和银行签订的贷款协议约定需要以汽车作为抵押，并将车辆合格证出质给银行。但公司用于出售的汽车购进时是没有付清全款的，汽车的合格证还留在厂家，需要等买车的客户付完车款才能将合格证拿回来，合格证拿回后也是直接拿给购车客户，因此公司根本就没有这么多汽车可供抵押贷款。公司老板就要梁某去做些假合格证来出质给银行，梁某就按照要求通过技术处理做了些假合格证提交给银行，公司因此获得了银行的贷款。案发后，梁某被以骗取贷款罪判处了有期徒刑1年并处罚金10万元。

另外，梁某是通过软件修改真实合格证上的编号等关键信息后再打印出来的，而合格证上都盖有各汽车厂商的印章，这就属于伪造公司印章，也是构成犯罪的。因为伪造公司印章的行为与骗取贷款行为具有牵连关系，只定一个罪，所以就没有另外起诉伪造公司印章罪。也就是说，即使梁某没有使用假的合格证获取银行贷款，只有制作假合格证这一个行为，因为假合格证上的印章并非依法获得，梁某也会被以伪造公司印章罪定罪处罚。

案例二：

2010年至2020年，被告人沈某作为某拓公司法定代表人，为使某拓公司能顺利承揽某采购项目等项目工程，请托时任某经济信息中心电子政务部副主任、主任、某信息中心大数据技术开发处负责人、处长李某1(已判刑)帮助某拓公司承揽项目工程,并许诺事成给予好处费。李某1答应请托后,利用职务便利,为某拓公司在承揽广西金宏基础工程视频会议系统某采购项目等多个工程项目提供帮助。2011年上半年至2020年上半年,为感谢李某1的帮助,沈某代表某拓公司先后八次送给李某1现金共计183万元。

2015年至2020年,某拓公司法定代表人、被告人沈某,请托时任某人民检察院行政财务装备处处长、某市人民检察院党组书记、检察长林某1(已判刑)帮助某拓公司承揽项目工程。林某1利用职务上的便利,为某拓公司承揽多个工程项目提供帮助。为感谢林某1的帮助,沈某和副总经理廖某1(另案处理)商量后,或单独或通过特定关系人送给林某1现金共计233万元及价值17万元的大众CC轿车一辆。

2018年至2020年,某拓公司法定代表人、被告人沈某为了获得承揽广某信息化建设项目,找到时任某管理局党组书记、局长李某5(已判刑)并提出请托,请求帮助某拓公司承揽项目工程。李某5答应请托并与沈某约定通过抬高租金的方式送给李某5好处费。后李某5利用职务便利,为某拓公司承揽某信息化建设等7个项目提供帮助。某拓公司则通过抬高房屋租金及代交物业费、水电费的方式送给李某5244.6331万元(其中既遂89.6331万元,未遂155万元)。

案发后,某拓公司已将李某5受贿未遂155万元和退回的24.5万元、林某1退回的70万元上缴至某纪律检查委员会。2022年2月22日,某拓公司主动退出行贿违法所得100万元,暂扣于某监察委员会账户。2022年12月27日,某拓公司主动退出违法所得30.556314万元暂存于某人民检察院暂扣押款账户。

法院认为,被告单位某拓公司为谋取不正当利益,向国家工作人员行贿,情节严重,其行为已构成单位行贿罪。被告人沈某作为某拓公司直接负责的主管人员,也应承担相应的刑事责任。故公诉机关指控被告单位某拓公司及被告人沈某犯单位行贿罪成立。

案例三:

某鑫公司属于某市2021年重点排污单位,被告人王某某系该公司某厂副厂长。2021年8月10日17时许,王某某在某鑫公司化产车间脱硫工段巡查时,发现化验室取样瓶内液体颜色发白,其判断煤气中硫化氢含量超标。因担心单位被环保部门处罚而影响到其个人绩效奖金,王某某来到某鑫公司大烟囱采样平台,将在线监测设备的采样管拔开、反吹管对折缠绕,导致自动监测设备无法正常使用,逃避环保部门的监管。随后王某某又将一号焦炉的烟道闸板升起,将部分未经环保处理的二氧化硫、氮氧化物等污染物通过大烟囱排放到空气中。2021年9月23日,王某某干扰监测设备的行为被环保部门查获。经某科技司法鉴定所鉴定,因被告人王某某的违法行为,造成某鑫公司违法排放大气污染物:二氧化硫排放总量为5.19吨、氮氧化物排放总量为8.91吨、颗粒物排放总量为0.31吨,生态环境修复费用为349,044元。

法院认为,被告人王某某作为某鑫公司某厂副厂长,明知某鑫公司系某市2021年重点排污单位,仍故意干扰自动监测设施,致使排放二氧化硫、氮氧化物等污染物,严重污染环境,其行为已构成污染环境罪。公诉机关指控王某某犯污染环境罪的事实清楚,证据确实、充分,指控的罪名成立。

案例四:

被告人王某曾让被告人骆某帮忙找智力残疾的人去砖厂干活。2017年7月13日11时许,被告人骆某在某市场附近看到智力残疾的李某1,以给李某1找活的名义将李某1强行拉到车上,带到海阳市某砖厂内,以脚踢的方式逼迫李某1跟着被告人王某在砖厂干活,被告人王某接手后以威胁、限制人身自由的方式逼迫李某1在砖厂干活。2017年7月16日18时许,李某1趁机逃离。被告人王某、骆某分别于2017年7月25日、7月31日被传唤归案。

案发后,二被告人赔偿被害人李某1经济损失并取得被害人谅解。

法院认为,被告人王某以威胁、限制人身自由的方法强迫他人劳动,被告人骆某明知王某实施强迫劳动行为,帮助招募、运送人员,二被告人行为均构成强迫劳动罪。

如何预防刑事诉讼风险

公司、企业及其工作人员犯罪的危害性之大是显而易见的,对社会可能危害公共安全,危害人民群众生命、健康,对国家从整体上损害国家环境和形象,对单位可能造成重大经济损失,甚至破产,对家庭有可能造成妻离子散甚至家破人亡,对个人造成身败名裂。公司、企业及其工作人员犯罪所造成的严重危害,给了我们极其深刻的教训。“亡羊补牢，犹未为晚。”关键是要找到解决这一问题的有效办法。最重要的，应至少有以下几点：

1. 建立起良好的管理、监督机制是预防犯罪的组织基础。

“三鹿事件”，颠覆了国家实行了近10年的食品质量免检制度；加强了监督、监管机制。公司、企业应从三鹿及自身问题吸取经验、教训，建立有效的监督、防范机制。

2. 完善和落实行之有效的规章制度是预防犯罪的制度保障。

建立、完善规章制度，贯彻、执行和落实规章制度。企业工作人员预防犯罪，不妨从认真执行每一项规章制度开始，如财务制度、保卫制度、安全生产制度、检查制度、请示汇报制度……

3. 进行经常性的法制教育和职业道德教育是预防犯罪的重要方法。教育的方法要持续不断，潜移默化。

4. 干部、职工防微杜渐的道德自我约束是预防犯罪的根本保证。严守职业道德，从根本上预防和杜绝刑事犯罪，促进公司、企业的健康、长远发展。

5. 处理好企业与政府的关系，远离黑社会：企业家们应该“不找市长，找市场”，正确发挥政府的服务作用，不要通过黑社会解决纠纷，努力追求阳光下的利润。

6. 防患于未然，定期进行法律风险评估。

所谓法律风险评估，是指律师受到企业委托之后，入驻企业并对目标企业进行法律风险事项调查，并出具《法律风险评估报告》的一项预防性法律服务工作。通过审查企业的组织机构、股权结构、治理结构、公司章程、公司各项许可证照、内部管理制度、业务流程、财产管理制度和流程、对外重大合同签署的决策和流程、劳动合同管理、固定资产管理、知识产权等项目分别进行调查和评估，发现其中可能存在的潜在法律风险和诉讼。

7. 构建法律风险防范机制。

企业可以在律师提交《法律风险评估报告》之后，根据企业自身实际情况构建企业法律风险防范体系，构建企业法律风险防范体系应坚持以防为主，以救为辅的理念，注重风险过程的动态控制。具体应注意：

（1）公司治理结构：公司治理的核心就是权力分立、相互制衡。科学的公司治理结构应当合理划分股东（大）会、董事会、监事会、总经理各利益主体的权力和责任,完善企业内部各利益主体的相互制衡机制。企业董事成员中最好有通晓刑法的董事,必要时可引进独立董事,发挥独立董事的专家咨询意见。

(2)动态过程控制:企业经营过程中应当随时掌握防范措施的实际施行效果,监控经营过程中出现的突发事件及其对于刑事风险演变的影响,必要时根据事态的变化临机决断,取消或者变更防范措施。

(3)危机应对与救济体系:在现代社会传媒高度发达的情况下,借助公权力摆平事态的难度越来越大,你可以在一定范围内"暂时"控制事态的影响,但是借助发达的传媒,危机可能在更大范围内扩散。因此,在危机面前,企业经营管理者应当排除侥幸心理,积极与主管部门沟通,避免损失扩大,乃至承担刑事追究的风险。

8. 建议企业家和律师做终生的"情人"。

在作出重要决策的时候和自己的律师沟通有关情况,并请律师出具法律意见,尤其是可能涉及刑事责任风险决策的时候,提前咨询。企业家还可以聘请高级私人法律顾问防范刑事责任风险,成为企业领导的参谋和助手。

综上,企业一方面要建立刑事法律风险控制机制,比如刑事法律风险防范意识培养,刑事法律风险的预警、内控机制的建立措施等。另一方面企业应当建立企业法律顾问制度或者引进专业的律师等法律顾问协助开展日常的法律风险防范工作,从而可使包括刑事法律风险在内的法律风险管理的重点从事后处理向事前防范转移。企业还要将预防思维导入企业刑事风险防控,用尽职调查手段扫除企业治理雷区、将企业实际控制人或管理层的不法行为扼杀在摇篮、为企业行为厘清决策"红线"。

民事诉讼攻防谋略

并不是每一个案件都需要委托律师来打官司，有一些案件案情比较简单，证据比较充分，作为原告的当事人具有表达能力强，思路比较清晰，应变能力强等较高综合能力时可以先了解一些诉讼的相关知识，自己来完成诉讼的整个过程。

民事诉讼十二步法

第一步：明确被告之人身份，能够证明被告的身份信息。

1. 个人：身份证、居住证、户口簿和居住证明等，如仅仅知道被告的姓名和其他部分信息，如性别、电话、所在地等，可以委托律师到公安户籍窗口查询。

2. 公司：原告自身需要提供营业执照复印件加盖公章、法定代表人身份证明和身份证加盖公章，被告信息可以仅提供企业工商信息：公司名称、社会统一信用代码、公司注册地、法定代表人姓名。

第二步：准备证据，证明法律关系的证明。

俗话说："打官司就是打证据。"老百姓对证据的重要性实际上已经有认知。合同书、协议书、欠条、借条、结婚证、离婚证、结算单、转款凭证、货物清单、房屋所有权证书、各种证书、送货单和其他电子证据视听资料（微信聊天、电话录音录像、电子邮件等）。注意，按照《民事诉讼法》的规定，所有的证据都是按照起诉状的份数准备，现在很多地区，比如浙江全省基本实现无纸化诉讼，向法院提供一份证据即可，法院会根据被告人个数进行电子送达或打印后送达，录音录像的证据需要刻印光盘并节录成文字版，所有的证据都按照时间的先后顺序、分别分类地整理，并注明页码，制作证据名录。证据多的最好精心制作证据目录，所有法官对制作证据目录的当事人都会产生一些"好感"，毕竟这将大大提高审理案件的效率。比如，在一个关于装饰工程款结算的建设工程纠纷中，涉及的证据繁杂，后又经过调解发现被告对最终完成的装修中是否对金属字体替换有异议，经过补充证据，最终形成证据清单见表1。

表1　建设工程纠纷证据清单

组序	证据名称	内容	证明目的	备注
一	1.《告知书》1份 2.《建设工程施工合同》1份	1. 被告通知第三人中标，原告签收 2. 被告与第三人签订施工合同	1. 原告挂靠的第三人中标并与被告签订涉案建设工程施工合同 2. 签约合同价为303,060元，允许变更估价(第三部分10.4) 3. 合同约定计价计量以施工图纸为最终依据(第三部分12.1单价风险范围+12.3.1) 4. 工程款应该在保修期满2年时1个月内付清(12.4.1) 工程质保期为2年，自工程竣工验收合格之日起算	
二	集聚区工程现场签证单4份	超出合同价部分具体细节	工程存在根据被告要求超过合同价部分的施工	
三	1. 单位工程竣工报告1份 2. 质量竣工验收记录3份	各方同意竣工并验收合格的意见	涉案工程于2016年5月竣工并同时质量验收通过	
四	结算资料1份	结算总计及分部分项明细单	涉案工程第一次结算总价为459,869元	
五	1. 施工图1份 2. 原工程造价单位出具的《金属字单位的说明》1份 3.《工程造价咨询报告》1份	施工图中金属字大小计量单位是mm，结算资料中金属字规格中cm错误	1. 结合证据一证明目的3，涉案金属字规格计量单位实际为mm，而不是cm 2. 按照mm计算价格符合市场价，经造假咨询核减后为401,123元	
六	1. 竣工验收通知书1份 2. 竣工图1份	2016年3月10日提出竣工验收，被告在竣工图上确认原告完成合同要求的项目，其中金属字为刷清漆字体	最终完工的烤漆字系在原来刷清漆字后置换而成	与签证单相互印证

民间借贷的案件比较常见,在一起比较复杂的民间借贷案件中,我们对证据做了梳理,见表2。

表2　民间借贷纠纷证据清单

组序	证据名称(复印件外为原件)	证据内容	证明目的	备注
一	1. 75万元《借条》复印件(2016年)1份 2. 75万元《借条》(2019年)1份 3. 41.5万元《欠条》1份	1. 被告1于2016年12月13日向原告出具的750,000元的借条 2. 被告1于2019年11月26日向原告出具的750,000元的借条 3. 被告1向原告出具的415,000元的欠条	被告1尚欠原告本金总计1,165,000元	
二	274,746元《欠条》及手写结算单据2份	被告1尚欠原告274,746元利息的欠条	1. 双方约定月息1.5%并以此结算 2. 截至2019年11月26日被告尚欠原告利息274,746元	
三	1. 还款承诺书1份 2. 会计手写结算单1份 3. 银行流水1份	1. 被告1应还款数额的来源明细 2. 被告2担保情况 3. 违约责任	1. 被告1自认截至2019年11月26日尚欠原告1,439,746元 2. 被告2对上述欠款予以担保,其应承担连带担保责任 3. 被告1愿意承担一切未如约偿还借款所带给原告的经济损失	
四	1. 民事委托代理合同1份 2. 律师费发票1份	律师费	原告为实现债权所花律师费用为63,000元	

第三步:撰写起诉状。

诉状中应该包含以下内容:

1. 原告的姓名、性别、年龄、民族、住所、联系方式,法人或者其他组织的名称、住所和法定代表人或者主要负责人的姓名、职务、联系方式。

2. 被告的姓名、性别、工作单位、住所等信息，法人或者其他组织的名称、住所等信息。

3. 诉讼请求，就是起诉对方要达到什么目的，希望确认什么、被告支付什么、履行什么义务等，必须具体、明确，不可以含糊其词，比如不能写“请求被告将从某某处取得的所有东西返还原告”，这就是一个明确标的请求，是无法立案的。

4. 事实理由，就因为什么、为什么要被告这样做，把基本事实且与诉讼请求有关联的关键事实讲清楚，可以表达一个“朴素”的理由，用原告认为某一种权益应该得到保障表达，但无须说明具体法律依据和其中逻辑关系是怎样（该内容涉及诉讼策略，下文会详细阐述）。

起诉状应当向管辖法院递交，并按照被告人数提出副本。如果被告是一人，则应向法院提交两份起诉状，如果被告有三人，则应向法院提交四份，以此类推，但无纸化送达的法院仅提供一份即可。

第四步：起诉至法院。

如果没有在合同、协议、借条等约定管辖法院，一般就是以被告常居地或被告户籍所在地法院管辖，买卖和借款等合同纠纷案件既可以在原告所在地起诉也可以在被告所在地起诉。如果有代理人，可以让代理人持有委托代理的委托书和身份证明去法院立案，目前法院对公民代理限制比较严，一般只有近亲属和同村或社区的人、法人的员工免费代理才可以接受，否则必须委托律师或法律工作者代理。很多地区都开通了网上立案通道方便群众立案，当然很多地区都有人民法院在线服务的微信小程序提供立案服务和文书传送。

第五步：法院审核通过，受理立案。

根据立案登记制的规定，凡是能够当场立案的当场受理，不能当时立案的则先登记并一次性告知补充的材料。人民法院对民事案件受理后经审查符合法定条件的，7 日内予以立案。不符合法定条件的，7 日内裁定不予受理。案件受理后 7 日内交诉讼费，否则视为自动撤诉。若案件需要做财产保全，可立案时一并提交财产保全申请书，担保申请书，并交纳保全费。各地法院会依据案件积压量决定审核速度。有些地方对立案划分为调解立案，或者说是诉前调解立案与正式立案两种方式。

第六步：送达传票及起诉状副本给被告。

法院予以立案后，就会进入诉前调解，立案前调解不收取诉讼费，但如果需要法院出具法律文书的会减半收取诉讼费，立案后调解结案的，法院也会减半收取诉讼费，但是原、被告任何一方不接受调解就视为调解失败，调解失败正式转为诉讼流程法院会择期安排开庭时间。此时法院会将开庭传票送达给原、被告双方。送达方式分为以下七种：

1. 直接送达。是指由人民法院的送达人员将需送达的诉讼文书、法律文书直接交给受送达人或其成年家属、代收人。法人的法定代表人、该组织的主要负责人或者办公室、收发室、值班室等人的签收，属于直接送达。

法院直接送达诉讼文书的，可以通知当事人到法院领取。当事人到达法院但拒绝签署送达回证的，视为送达。审判人员、书记员应当在送达回证上注明送达情况并签名。法院直接送达的地点不限于当事人住所：法院可以在当事人住所地以外向当事人直接送达诉讼文书。

离婚诉讼中不能交给受送达人的配偶，其虽然是成年家属，但不具有作为直接送达接受主体的资格。法院在定期宣判时，当事人拒不签收判决书、裁定书的，应视为送达，并在宣判笔录中记明。受送达人有诉讼代理人的，法院既可以向受送达人送达，也可以向诉讼代理人送达。

2. 留置送达。适用条件受送达人或有资格接受送达的人拒绝签收须送达的诉讼文书或法律文书。留置送达的实现方式有两种：

（1）见证人见证。邀请有关基层组织或所在单位的代表到场，说明情况，在送达回证上记明拒收事由和日期，由送达人、见证人签名或盖章，把诉讼文书留在受送达人的住所。

（2）电子设备见证。将诉讼文书留在受送达人的住所，并采用拍照、录像等方式记录送达过程，即视为送达。

3. 电子送达。经受送达人同意，人民法院可以采用能够确认其收悉的电子方式送达诉讼文书。电子送达适用的文书包括各类诉讼文书。通过电子方式送达的判决书、裁定书、调解书，受送达人提出需要纸质文书的，人民法院应当提供。采用前款方式送达的，以送达信息到达受送达人特定系统的日期为送达日期。受送达人同意采用电子方式送达的，应当在送达地址确认书中予以确认。电子送达的媒介：传真、电子邮件、移动通信等即时收悉的特定系统。电子送达时送达回证的取得和送达日期的确定：到达受送达人特定系统的日期，即法院对应系统显示发送成功的日期，但受送达人证明到达其特定系统的日期与法院对应系统显示发送成功的日期不一致的,以受送达人证明到达其特定系统的日期为准。

4. 委托送达。是指受诉法院直接送达确有困难,而委托其他法院将需送达的诉讼文书送交受送达人的送达方式。委托送达一般适用于那些受送达人不在受诉人民法院辖区内居住,或者由于受送达人的某种特殊原因,直接送达诉讼文书有困难的情形。委托法院应当出具委托函,并附需要送达的诉讼文书和送达回证,以受送达人在送达回证上签收的日期为送达日期。受委托法院应当自收到委托函及相关诉讼文书之日起10日内代为送达。受委托主体只能是法院,而不可以委托其他机构或组织。

5. 邮寄送达。是指受诉人民法院在直接送达有困难的情况下,通过邮局以挂号信的方式将需送达的诉讼文书或法律文书邮寄给受送达人的送达方式。

6. 转交送达。限于三种受送达人:军人、被监禁、被采取强制性教育措施的。

(1)受送达人是军人的,通过其所在部队团以上单位的政治机关转交;

(2)受送达人是被监禁的,通过其所在监所转交;

(3)受送达人是被采取强制性教育措施的,通过所在强制性教育机构转交。

7. 公告送达。受送达人下落不明,或者用规定的其他方式无法送达的,公告送达。自发出公告之日起,经过30日,即视为送达。

第七步:被告收到传票。

1. 人民法院应当在受理案件之日起5日内将起诉状副本发送被告。被告应当在收到起诉状副本之日起15日内提出答辩状,在法定期间不提出答辩状的,不影响人民法院对案件的审理。答辩是被告对原告提出的诉讼请求和所依据的事实与理由进行回答和辩解。

2. 被告收到传票后可以提出原告没有诉权,起诉不符合条件,或者受诉人民法院对案件无管辖权等;也可以是实体方面的,比如说明纠纷的原因、案件的事实,反驳原告的诉讼请求和理由,提出自己的诉讼请求等。

3. 被告也可反诉原告。反诉的实质要件是指反诉和本诉之间必须基于同一法律关系建立在相同事实基础上,被告提出反诉可以合并审理的,人民法院应当合并审理。被告提出答辩状、反诉的,人民法院应当在收到答辩状和被告反诉起诉状之日起5日内将答辩状、被告反诉起诉状副本发送原告。(注意:反诉只能在一审举证期限届满前提出)

4. 原告收到人民法院送达的被告的反诉状后,要做好应诉准备。

(1)可针对反诉状,提交自己的答辩状。

(2)答辩状要在限期内提交(自收到起诉书之日起15日)。

(3)原告不答辩,不影响法院照常审理案件。

(4)如认为受诉法院对该案没有管辖权,可以在答辩期内提出管辖异议申请。

(5)针对被告的起诉,准备自己的证据。按照法院的开庭日期,参加庭审,在法庭上出示自己的证据,反驳对方的主张,以维护自己的合法权益。

5. 被告反诉,基本上都会并案处理,基本上开庭日期不会改变。前提是要留给原告合理即15天的答辩期。当事人可以提起延期开庭的申请,法院会根据案件情况决定是否延期审理。

第八步:通知原告被告开庭时间。

原告知道开庭时间后,一定要去,否则有可能按照撤诉处理,被告收到传票不去,法院会按缺席审理,千万不要以为不去就开不了庭,实际上相当于放弃了诉讼的很多权利。被告收不到传票,下落不明,或者用其他规定的送达方式无法送达的就要以公告的方式送达,再按缺席审理。意味着被告放弃了答辩等权利。开庭3日前法院会用传票,短信,微法院等方式通知当事人、被告或其他诉讼参与人代理人。

第九步:开庭审理。

原告坐在原告席,被告坐在被告席,各归其位。开通必须先核实双方当事人的身份信息,包括工作单位、职务、现居住址等信息。有时候是书记员先核实完信息然后会示意法官可以开庭了,大部分是法官直接核实,然后询问双方对对方的身份是否有异议。

1. 法庭调查。

(1)一般让原告明确诉讼请求,简述事实与理由。此时,如果你想改变诉讼请求,应及时改变。

(2)被告针对原告的诉讼请求发表意见,陈述事实与理由。

(3)法庭根据案件情况,询问原告、被告或第三人案件事实问题。

2. 证据质证。

(1)原告针对自己的诉讼请求,一一列举证据证明,被告针对原告出示的证据发表质证意见、第三人进行质证。

(2)被告出示证据,原告发表质证意见、第三人进行质证。

(3)第三人出示证据,原告发表质证意见、被告发表质证意见。

3. 法庭辩论。

双方当事人及其诉讼代理人进行辩论,最后是互相辩论。判决前能够调解的,还可以进行调解,调解不成的,应当及时判决。审判长按原告、被告、第三人的顺序征求各方最后意见。

4. 最后陈述后休庭(闭庭)。

法庭辩论结束后,法官会让双方陈述最后意见,原告就诉请总结一句话,需要支持还是变更诉请,还是依法判决,被告同样表述最后希望驳回还是依法判决,最后法官宣布休庭,双方当事人签笔录,看笔录时,只需看自己说的有没有被记录或表达的意思是否一致。每一页都需要签名,并在最后一页签名签日期。

当然,开完庭不代表案件工作的结束。开庭之后的 1 周内,原、被告双方应视案件具体情况,决定是否有必要向法院提交书面的答辩意见、质证意见和代理词等,有时法官也会要求庭后提交。

第十步:发判决书给原告和被告。

人民法院对公开审理或者不公开审理的案件,一律公开宣告判决。当庭宣判的,应当在 10 日内发送判决书;定期宣判的,宣判后立即发给判决书。宣告判决时,必须告知当事人上诉权利、上诉期限和上诉的法院。判决自收到判决书的 15 日为上诉期,裁定,则上诉期为 10 日。宣告离婚判决,必须告知当事人在判决发生法律效力前不得另行结婚。如果双方都不上诉,则一审判决生效,如果被告不履行生效的判决,可以申请法院强制执行。当前绝大多数案件都是择日宣判的,很少能当场宣判。但双方调解结案的,相对来说会更快得到调解书。

第十一步:不服一审判决的可以依法上诉。

上诉按照一审被告的人数提交上诉状。上诉状内容,应当包括当事人的姓名,法人的名称及其法定代表人的姓名或者其他组织的名称及其主要负责人的姓名,与一审判决书中中身份信息一致,原审人民法院名称、案件的编号和案由,上诉的请求和理由。当事人可以直接向二审上诉,也可通过原审人民法院上诉,现实生活中大多是通过原审法院上诉的。

第十二步:申请执行立案,强制执行。

被告不履行生效判决书的,可以向一审法院申请强制执行。强制执行申请书中应该写明:申请执行人身份信息、被执行人身份信息、执行请求、事实和理由,连同原来的生效判决文书提交给执行窗口。一般立案后,15 日左右可以查询执行法官是谁,然后与其沟通执行情况。执行部门收到立案部门移送的案件材料后,必须在 5 个工作日内通过“总对总”“点对点”网络查控系统对被执行人财产发起查询,查询范围应覆盖系统已开通查询功能的全部财产类型。经线上查询反馈被执行人名下有财产可供执行的,应当立即采取控制措施,定期宣判的,应当在收到反馈结果后 3 个工作日内采取控制措施。申请执行人或者案外人提供财产线索明确、具体,情况紧急的,应在 24 小时内启动调查核实,经查属实的,应当立即采取控制措施。有效解决消极、拖延执行、选择性执行顽疾。

人民法院自收到申请执行书之日起超过 6 个月未执行的,申请执行人可以向上一级人民法院申请执行。上一级人民法院经审查,可以责令原人民法院在一定期限内执行,也可以决定由本院执行或者指令其他人民法院执行。

执行局穷尽财产调查措施,未发现被执行人有可供执行的财产会暂时终止本次执行程序,终止本次执行程序不是结束,终止本次执行程序后的 5 年内,执行法院应当每 6 个月通过网络执行查控系统查询一次被执行人的财产,并将查询结果告知申请执行人。符合恢复执行条件的,执行法院应当及时恢复执行。申请人执行人有证据证明被执行人有执行能力,能提供新的资产线索的可以随时恢复执行,不受时间的期限,次数的限制。

在哪里起诉有讲究

立案前,应该尽量选择有利于自己的管辖法院立案,当然法律有特别规定的管辖法院除外。比如继承纠纷,既可以向被继承人死亡时住所地法院起诉,也可以向主要遗产所在地法院起诉;比如侵权纠纷,既可以向被告住所地法院起诉,也可以向侵权行为地法院起诉;又如合同纠纷,既可以向合同履行地法院起诉,也可以向被告住所地起诉;再如劳动争议案件,既可以向劳动合同履行地法院起诉,也可以向用人单位住所地法院起诉;等等。

即使在单一由被告住所地管辖的情况下,若存在多个被告,如果几个被告住所地、经常居住地在两个以上人民法院辖区的,也可以在几个被告所在地的法院中进行选择。例如，在一起本律所受托处理的医疗事故中，患者可能是因为当地一家小医院的错误诊疗手段导致病情加重，最终在另一地区的大医院抢救无效死亡，从而引发医疗损害赔偿，死者家属来咨询和委托的时候，要求我们律所起诉他们认为错误治疗的第一家小医院，认为这是引发死亡的直接原因。但是，我们注意到家属对第一家医院所在地的法院存在芥蒂。担忧其可能存在地方保护主义，经过研究本人建议将第二家大型医院也纳入被告，主要目的是可以在第二家医院所在地起诉，最终取得了很好的审判效果。与此同时，同样的案件，有时候也可以通过选择不同的案由，甚至于债权转让来达到改变管辖的目标。例如，员工在职期间向单位老板借款，以应发工资逐月抵销的方式偿还，单位作为主体向员工追索该欠款的案件中，单位首先可以将案由列为劳动争议，向劳动争议仲裁委员会申请仲裁，而不是向法院起诉；单位老板以个人名义作为原告起诉将案由定位民间借贷纠纷，从而选择不同的案件受理地。

关于起诉法院的选择，应该至少从以下八个角度去权衡。

一、保障当事人经济利益的角度

民商事诉讼案件中，我们首先要考虑的是保障当事人的经济利益。比如在人身损害赔偿案件中，包括误工费、残疾赔偿金、护理费等的赔偿金额都与受诉法院所在地上一年度的居民收入、消费统计数据密切相关，由于不同地域经济发展的差异，在不同法院起诉，最终判决赔偿的金额可能会存在较大的差距。又如劳动争议案件，由于劳动立法的地域性较强，即使被视为一体的江浙沪包邮区，三个省份在劳动争议处理中在许多问题上也存在较大差异。此时，我们就应充分研究在不同法院起诉可能造成的判决差异，在选择管辖法院时，优先考虑保障当事人的经济利益。

二、便利当事人和律师参加诉讼的角度

异地起诉的情况下，难免造成当事人的差旅费负担，也会增加当事人和律师的时间成本，因此，在同等条件下，可以尽量选择本地法院或距离较近的法院。比如在追索赡养费、扶养费、抚养费的案件中，如果几个被告住所地不在同一辖

区,法律规定可以由原告住所地人民法院管辖,而这类案件的原告往往由于年幼或者年老体弱,不便于到外地法院参加诉讼,此时,就可以选择在原告所在地法院起诉。

三、提高立案效率的角度

通常来说,各地法院的立案效率是不同的。即使在同一个城市,不同的区县之间立案效率也可能存在较大的差异。立案效率低不仅会消耗律师和当事人的精力,也可能导致当事人对律师的误解,因此在选择立案法院时要多做功课。

四、便于保全的角度

不少案件当事人是有保全对方财产的需求的,此时就需要考虑备选法院诉前保全以及诉讼保全的要求和效率。有些法院对诉前保全申请和担保材料的审查都较为严格,甚至对保险公司规模、知名度都有要求。如果当事人对保全要求较高,在选择法院时,应充分调研考虑受诉法院是否便于保全财产。

五、便于推进执行的角度

尽管《民事诉讼法》规定发生法律效力的民事判决、裁定,以及刑事判决、裁定中的财产部分,可以由第一审人民法院或者与第一审人民法院同级的被执行的财产所在地人民法院执行。但考虑到当事人自行调查财产线索的障碍,第一审法院基本上都会成为后续执行阶段的首选法院。为了便于法院查明对方的财产线索,避免因异地执行造成的一些风险,我认为有时候也可以考虑在被告住所地法院起诉,以便后续更高效地对接执行环节。

六、参考类案检索结果

对于存在较大争议的案件,我认为律师在选择受诉法院前可以对备选法院以及其上级法院最近 3 年的裁判文书进行必要的类案检索,如果存在于我极为有利或者明显不利的在先判例,也可以作为选择法院时的一个参考。毕竟,在同案同判的司法精神的指引下,本院以及上级法院的在先类案判例可能会或多或少地影响本案的处理结果。

七、便利诉讼费退费的角度

以上种种都考虑完了,还可以考虑一下退诉讼费是否便利。不同地区法院的诉讼费退费效率也存在差异。

管辖法院的选择看似只是案件进入诉讼阶段的第一步,却可能会影响整个案件的处理,在存在可选择空间的前提下,作为律师,还是应该以当事人利益最大化为原则去选择管辖法院,而在“鱼和熊掌不可兼得”的情况下,也应与当事人进行必要的沟通和解释,尊重当事人的意见,选择相应的管辖法院,从而尽可能高效地、最大化地维护当事人的合法权益。

下面我们以民间借贷案件为例,做一次实务交流:

首先,约定管辖优先。

约定管辖是指合同或者其他财产权益纠纷的当事人书面协议选择被告住所地、合同履行地(《民事诉讼法》第 18 条第 1 款:合同约定履行地点的,以约定的履行地点为合同履行地)、合同签订地、原告住所地、标的物所在地等与争议有实际联系的地点的人民法院管辖,但不得违反级别管辖和专属管辖的规定。

由此可知,双方当事人可在被告住所地、合同履行地、合同签订地、原告住所地、标的物所在地等与争议有实际联系的地点中选择其中一个地点进行约定即可。约定管辖应注意以下三点:

第一,约定管辖应当明确。一般情况下约定了管辖法院具有排他性,根据有约定从约定的原则,案件只能由约定管辖法院管辖(前提是约定管辖有效)。

第二,虽然约定中明确了管辖法院,但在约定管辖中亦可以说明该项管辖不具有排他性,则案件可以由当事人选择约定管辖或法定管辖(实务中该种情况比较少见)。

第三,合同中虽有约定,但是约定管辖法院不明确,则案件适用法定管辖情形。

因此,直接在借款合同中明确约定管辖法院是最简单有效的办法。

如果当事人未约定管辖法院、约定不明确或者约定违反级别管辖和专属管辖的规定,则应适用法定管辖的规定。《民事诉讼法》(2021)第24条规定:“因合同纠纷提起的诉讼,由被告住所地或者合同履行地人民法院管辖。”该规定确立了合同纠纷(民间借贷合同也是合同的一种)法定管辖的两个原则。

原则一:原告就被告原则。

《民事诉讼法》第22条规定:“对公民提起的民事诉讼,由被告住所地人民法院管辖;被告住所地与经常居住地不一致的,由经常居住地人民法院管辖。对法人或者其他组织提起的民事诉讼,由被告住所地人民法院管辖。同一诉讼的几个被告住所地、经常居住地在两个以上人民法院辖区的,各该人民法院都有管辖权。”

从上述规定可知,被告住所地管辖是民事诉讼管辖的原则之一。但实务中存在一个问题:如果原告不知道被告的户籍地,或者被告离开户籍地1年以上但原告不知道被告的经常居住地时,如何选择管辖法院。

在本所律师代理的一起同居关系析产纠纷案件中,男女双方在农村办了婚礼,但一直未办理结婚登记。后双方分手,男方起诉女方返还财产80余万元。男方起诉至女方的户籍地云南省玉溪市峨山彝族自治县大龙潭乡××村××小组。云南省峨山彝族自治县人民法院到女方户籍地调查,女方本人在完成初中学业后即离开户籍地到昆明生活,离开原户籍地已多年,女方住所地与经常居住地不一致,且已离开住所地1年以上,依据法律规定,本院对该案无管辖权。法院依据《民事诉讼法》第22条第1款、第122条、第126条之规定,裁定驳回起诉。本案就是典型的住所地与经常居住地不一致的情况。但是男方并不清楚女方经常居住地在哪里。经过了一些波折,案件已由男方户籍所在地人民法院受理。

除了身份证和户口簿以外,出借人还应查验借款人的居住卡或居住证,如果没有居住卡或居住证的,也应通过购物网站核实其快递收货地址,以确定其经常居住地。

原则二:合同履行地原则。

“合同履行地”一词在民事实体法和民事程序法领域均有表述,法律评价上却大不相同。在民事实体法的角度,合同履行地是指债务人应履行合同义务的具体地点。在民事程序法的角度,合同履行地是确定合同纠纷管辖法院的依据之一。

1. 在实体法的角度。

第一,合同履行地是判断合同当事人有无违约行为的依据。依据《民法典》合同编的有关规定,合同履行地是合同的主要内容之一,合同一方是否按照约定或法定履行地履行合同义务,成为判断合同一方是否存在违约行为的标准之一。

第二,合同履行地是判断由谁承担合同履行风险的依据。《民法典》第 604 条规定,标的物毁损、灭失的风险在标的物交付之前由出卖人承担,交付之后由买受人承担,这里的交付一般都是在合同履行地交付。

第三,合同履行地是认定合同价款或报酬的依据。

第四,合同履行地是合同履行费用大小和负担的依据。

2. 在程序法的角度。

合同履行地主要是作为确定合同纠纷地域管辖的依据。《最高人民法院关于适用〈中华人民共和国民事诉讼法〉的解释》第 18 条确立了合同履行地的一般顺序:"争议标的为给付货币的,接收货币一方所在地为合同履行地;交付不动产的,不动产所在地为合同履行地;其他标的,履行义务一方所在地为合同履行地。即时结清的合同,交易行为地为合同履行地。合同没有实际履行,当事人双方住所地都不在合同约定的履行地的,由被告住所地人民法院管辖。"

民间借贷中的合同履行地:

《最高人民法院关于审理民间借贷案件适用法律若干问题的规定》(2020 修正)第 3 条规定:"借贷双方就合同履行地未约定或者约定不明确,事后未达成补充协议,按照合同相关条款或者交易习惯仍不能确定的,以接受货币一方所在地为合同履行地。"

如何通过合同相关条款或者交易习惯确定合同履行地?司法实践中,合同履行地的确定对合同各方当事人的重要性不言而喻。

第一,合同履行地关系到标的物风险的转移;

第二,合同履行地关系到合同履行费用的分担;

第三,履行地点关系到违约的认定;

第四,履行地点关系到给付义务内容的确定。

具体到民间借贷纠纷,经常出现的情形是,借贷合同虽然没有约定合同履行地,但约定的关于案涉款项出借方式中已明确约定了款项交付给特定人或转入特定银行账户。同理,借贷合同约定借款人归还案涉款项方式时,也可能会明确要求借款人将案涉款项归还给特定的人或转入特定银行账户。此时，特定人接受款项时所在地或特定银行账户所在地即可作为合同履行地。

至于交易习惯，通说认为，习惯是指在当时、当地或者某一行业、某一交易关系中，为人们所普遍采纳的，且不违反公序良俗的习惯做法。具体到民间借贷纠纷中，判断合同履行地的确定问题上是否存在交易习惯主要参考：第一，通常采用且知道的做法，例如，为确保放款安全，江浙地区民间借贷行业惯例是由借款人亲自到出借人所在地领取借款。对此，借款人作为当地人，了解该运作模式。第二，当事人双方经常使用的习惯做法，比如，借贷双方以往曾发生多次借贷关系，且都是由借款人到出借人所在地领取借款。

怎么理解"接受货币一方所在地为合同履行地"？

民间借贷纠纷中的"接受货币一方所在地"与一般合同纠纷中的"接受货币一方所在地"有所不同。当双方当事人在案涉借款是否出借事项上产生争议时，以借款人所在地为合同履行地；当双方当事人在案涉借款及其利息是否归还事项上产生争议时，以出借人所在地为合同履行地。"接受货币一方所在地"应理解为订约时的债权人所在地，而不应理解为订约时的债务人所在地。原因是，民间借贷合同是实践性合同，只有当出借人交付案涉款项时合同才成立，因此出借人将款项交付之时合同才成立，而借款人支付利息或者归还本金的行为才是履行借款合同的行为，故接受货币一方所在地指请求借款人返还借款、给付利息的出借人所在地。

最后，总结归纳三点：

第一，如果借贷双方当事人明确约定了符合法律规定的管辖法院，则因民间借贷纠纷产生的诉讼，由该约定的管辖法院受理。需要注意的是，约定管辖排除法定管辖，即如果约定了确定的管辖法院则不能再依据法律规定选择其他法院提起诉讼。

第二，如果双方当事人没有约定或约定不明，则由当事人选择被告住所地或原告依据地作为起诉的管辖法院。因为被告所在地往往是被告主要财产所在地，故在执行阶段符合"近人近财产"的一般原则，可以提高执行效率；在被告住所地（离开户籍地1年以上且无经常居住地）不明确的情况下，由原告依据地法院管辖可以避免因无法送达而被驳回起诉的情况。

第三，建议当事人综合考虑以下因素明确约定管辖法院：

（1）借款人的经常居住地；

(2)借款人主要财产所在地;

(3)管辖法院财产保全的速度、难易程度;

(4)诉讼效率;

(5)执行的难易程度。

起诉状(答辩状)与辩论意见书(代理词)的攻防策略

起诉状、答辩状、代理词本是代理律师参与庭审工作时经常要书写的法律文书,因为本书阅读的主体定位还包括很多普通大众,因此我们把代理词替换为辩论意见,功能是差不多的,那么如何能让这些法律文书发挥最大效能呢?

诉讼本身就是当事人博弈的过程,所谓知己知彼,百战不殆,只有能够及时地洞悉应诉意见建议,才能有的放矢,各个击破。然而,这个博弈场还有一个裁判员,就是法官,因此在博弈的过程中有律师代理的,律师更多的是要展现出理性和专业,而当事人自己也尽量要做到条理清晰、言之有理,从而赢得法官的认可和同情。

首先,起诉状、答辩状(如果要书面答辩)不要写得太详细。起诉状的功能在于让法官知道具体的诉求和大概的事实。其次,起诉状将由法院送达给被告,让被告知晓,因此起诉状要做好一定的防御。一般起诉状将双方都知道的事实高度概括出来即可,可以是描述事情的经过,也可以是事件中基本的关系梳理。

实践中我们看到甚至有的律师都希望在起诉状中尽量充分地展示己方的观点,事实和法条写得很多很详细,这实际是写起诉状的大忌。必须牢记的是,起诉状的目的是启动诉讼程序,应当尽量地简单、明确。原因:

1. 不要抱着被告一看到起诉状就同意自己观点并履行义务的心理,这是不可能的。起诉之前,我们往往已经和被告经过多次交流和论证,该向对方传达的意见都已经传达了,出于这类心理在起诉状中描述过多的事实,没有必要,而且有些事实可能缺乏证据。

2. 在实践中,法官往往在开庭前才拿到案卷,法官没有时间看冗长的诉状。法官在审理案件时,主要结合原、被告的答辩意见、质证意见、证据等综合判定,不可能通过诉状形成对原告的有利倾向，就算有，随着诉讼的进程（包括证据的提交、质证、辩论等），这些倾向也会慢慢发生变化。

3. 诉讼就像一场战争，要隐藏火力点，不要在起诉时把自己的全部意见都暴露出来，这会方便被告针对己方的观点和证据进行相应准备。如此，原告在庭审时就很难主动了。

4. 说多错多。起诉状中出现的一些事实性描述可能对己方不利，但自己并未注意到。

在书写起诉状时，还要注意以下要点：

1. 诉讼请求明确即可，无须对与案件无关的事实描述过多，导致出现诸多漏洞反被对方利用作为反驳原告的依据，甚至出现描述的事实与诉请矛盾而导致诉请不成立。

2. 不要在起诉状中对己方的观点做过多的论证，起诉状不是代理词，不要在起诉状中将所有的观点和具体论述和盘托出。

3. 起诉状中最主要的是将诉讼请求写清楚，将基本的事实陈述清楚即可，至于如何通过证据以及法律适用推理出原告的诉请，是庭审中需要完成的工作，没有必要写在起诉状中。

答辩状在开庭前可不予提交，如果需要提交或书写，希望亮出自己对起诉状的看法和态度，或者让法官初步了解真相，也不要情绪化表达。同样，一份好的答辩状能够最大限度地提高案件的审理效率，更好地保护答辩人的合法权益。因此我们在撰写答辩状时一定要突出焦点，重点抗辩，条理清晰、论据扎实：

1. 针锋相对，突出焦点。答辩人的答辩状应针对原告的起诉状提出，特别是应针对原告起诉状中的“事实与理由”提出自己的意见，切忌自说自话。一份“理想”的答辩状态应当根据自己的认知对原告的“事实与理由”部分进行归纳整理，将起诉状中去芜存菁，并有针对性地提出意见，突出争议的焦点，帮助法官快速了解案件的“症结”所在，也能更清晰地了解答辩人的观点和诉求。

2. 答辩状中的主张要有对应证据支持，对双方都可能没有证据支撑的事实，可以在答辩状中恰当陈述，但切忌过于夸张，否则影响不了法官自由心证。诉讼的对抗很大程度上确实是证据的对抗，原告往往会针对其起诉状的“事实与理由”提供据以支撑的证据。答辩人如欲在答辩状中反驳原告的事实主张，除应有针对性地提出反驳意见外，还应提出有效的反驳证据或对自己在答辩状中新的事实主张提供证据支撑。因此这就要求答辩人在答辩过程中不仅要完成答辩状的书写,更要进行证据收集等准备工作,从而在证据的基础上提出答辩意见。如果有条件,在答辩状中对于陈述的事实所对应的证据加以标注,比如以括号形式注明“详见被告证据1”等,则会更有利于论证己方观点。在交通事故的应诉过程中,不少律师总觉得类型单一,诉请固定,因此在应诉过程中,答辩内容单调空洞,使得最后的防线彻底溃败。

3. 多理性分析,少情绪化表达。答辩状的提交对象并非原告,而是提供给案件的审判人员。一份过于情绪化的答辩状并不会给法官带来更积极的第一印象。特别是原告的起诉状很大程度上存在“先入为主”的顺序优势,答辩人的答辩状如何起到“兼听则明”的效果,在诉讼心理中显得尤为重要。而对于大多数法官来说,更希望看到答辩人能够冷静理性地应对原告的起诉,提出有见地的答辩意见,而不希望看到更多情绪的宣泄,因为这对案件的依法审理几乎没有任何助益。

关于被告的答辩或抗辩,在识别清楚原告主张的权利后,被告经过分析,可以选择适合的抗辩,也是答辩的关键环节。被告可以根据原告提出的诉讼请求、事实主张、法律关系性质等视情作出有针对性地答辩或抗辩。

1. 基于程序原因作出的答辩:

法院会依据程序法的规定,对已经立案受理的案件,审查原告的起诉是否符合民商事案件受理条件。被告如发现原告的起诉不符合法律规定的民商事案件受理条件的,也可以此为由作出答辩。被告可以原告的诉讼请求不符合受理条件、不属于法院受理范围、原告主体不适格、缺乏诉的利益、重复起诉、没有经过前置程序等理由,请求法院驳回原告的诉讼请求。

2. 基于实体原因作出的答辩:

被告想要通过抗辩免予承担民事责任,必须针对请求权基础的构成要件与法律效果提出否认、抗辩事由或在请求权基础之外另行主张抗辩权,以对抗原告的请求权。

(1)如果被告认可原告的事实陈述,被告可用与原告主张的请求权基础来辩驳原告的诉讼请求无理由。

(2)如果被告否认原告的事实陈述,即否定。比如原告主张合同已经订立,被告则否认该陈述,被告需要陈述已经进行了哪些谈判并且基于哪些原因没有达成协议;再如,在道路交通事故纠纷中,被告否定了原告陈述的事故原因,那么被告应当陈述按照他的观点,事故是怎样发生的?

(3)被告认可原告的事实陈述,但是提出可以驳倒原告陈述的事实。具体在实践中表现为"是……但是……"被告的这种陈述便是构成诉讼法意义的抗辩。诉讼法意义的抗辩可以分为三类:

①权利发生的障碍事实:原告陈述所推出的法律后果自始不能发生,其存在受到阻碍。比如当事人在订立合同时处于精神障碍状态,或者合同缺乏法定形式,合同违反公序良俗,其最终结果是合同无效或者合同的请求权不存在。

②权利的消灭事实:涉及从当时起或者从现在起消灭原告已存在的权利效力的事实,比如说已经偿付、抵销、免除、撤销、解约等抗辩。

③权利阻止的事实:被告需要行使拒绝给付权,拒绝给付权虽然没有消灭对方民法上的请求权,但是给予了被告拒绝给付的权利。如时效的抗辩,未履行合同的抗辩。

最后,把握辩论意见、庭审意见或者代理词的最后防线。

甚至有很多律师在应诉过程中,往往在起诉状的书写上"大炫其技",以期对责任对方造成气势上的压制,在答辩时倾向于随机应变、诉后被动等待判决文书,一副尽人事听天命的状态。实际上,在庭审结束后需要和法官继续沟通。一般语言交流未必方便,此时就可以提交书面辩论意见、庭审意见或者代理词。

意见书是对案件所有前期的总结,一般对于法院法官来讲,因为时间有限,案件积累,都是案件要开庭了,法官才会看到卷宗翻阅,并不会有深入的了解。所以,代理律师应在庭审后向法院提交一份总结性的文书,即代理词,让法官可以全面分析案件,以找到对自己有利的证据和结论。在撰写意见书时要注意以下几点:

1. 根据案件具体情况,抓住争议焦点,鲜明地提出代理意见,并围绕这一观点从多角度、多侧面展开论证。要从事实、证据、法理、逻辑等多方面进行分析。

2. 立足于事实和法律,针对实质性问题,进行准确、详尽而深入的剖析,支持其诉讼主张。

3. 意见书应当随着诉讼进程不断修改、充实和完善,注意及时吸收新出现的情况,弥补庭审过程中的漏洞。

4. 意见书的语言应当生动、简练、论点明确，逻辑性强；客观、全面，重点突出；通俗易懂，用词恰当，又留有余地。

5. 意见书应表明己方立场以及可承受范围，便于法官在其自由裁量权内适当调整，避免诉累。

总之，就是通过不同的阶段的优势逐步说服法官支持我们的主张。如果有条件的还应该提交案例检索报告供法官参考。

民事诉讼程序期限一览表

一审	
诉讼时效	1. 普通诉讼时效：向人民法院请求保护民事权利的诉讼时效期间为三年。法律另有规定的，依照其规定。（《民法典》第 188 条第 1 款） 2. 最长诉讼时效：诉讼时效期间自权利人知道或者应当知道权利受到损害以及义务人之日起计算。法律另有规定的，依照其规定。但是，自权利受到损害之日起超过二十年的，人民法院不予保护，有特殊情况的，人民法院可以根据权利人的申请决定延长。（《民法典》第 188 条第 2 款） Tips：诉讼时效期间届满的，义务人可以提出不履行义务的抗辩。
申请财产保全	1. 诉前财产保全：人民法院接受申请后，必须在四十八小时内作出裁定；裁定采取保全措施的，应当立即开始执行。申请人应当提供担保，不提供担保的，裁定驳回申请。申请人在人民法院采取保全措施后三十日内不依法提起诉讼或者申请仲裁的，人民法院应当解除保全。（《民事诉讼法》第 104 条） 2. 诉中财产保全：人民法院接受申请后，对情况紧急的，必须在四十八小时内作出裁定；裁定采取保全措施的，应当立即开始执行。（《民事诉讼法》第 103 条第 3 款） 3. 救济途径：当事人对保全或者先予执行的裁定不服的，可以申请复议一次。复议期间不停止裁定的执行。（《民事诉讼法》第 111 条） Tips：保全期限届满前，一定要及时申请续保，以避免保全到期后，对方转移财产。
申请证据保全	1. 当事人根据《民事诉讼法》第八十一条第一款的规定申请证据保全的，应当在举证期限届满前向人民法院提出。（《最高人民法院关于民事诉讼证据的若干规定》第 25 条第 1 款） 2. 本规定对证据保全没有规定的，参照适用法律、司法解释关于财产保全的规定。（《最高人民法院关于民事诉讼证据的若干规定》第 99 条第 1 款）

续表

一审	
立案	1. 普通民事案件立案期限:人民法院应当保障当事人依照法律规定享有的起诉权利。对符合本法第一百二十二条的起诉,必须受理。符合起诉条件的,应当在七日内立案,并通知当事人;不符合起诉条件的,应当在七日内作出裁定书,不予受理;原告对裁定不服的,可以提起上诉。(《民事诉讼法》第 126 条) 因起诉状内容欠缺通知原告补正的,从补正后交人民法院的次日起算立案期限。由上级人民法院转交下级人民法院立案的案件,从受诉人民法院收到起诉状的次日起算立案期限。(《最高人民法院关于适用〈中华人民共和国民事诉讼法〉的解释》第 126 条) 2. 第三人撤销之诉:第三人对已经发生法律效力的判决、裁定、调解书提起撤销之诉的,应当自知道或者应当知道其民事权益受到损害之日起六个月内,向作出生效判决、裁定、调解书的人民法院提出。(《最高人民法院关于适用〈中华人民共和国民事诉讼法〉的解释》第 292 条) 3. 执行异议之诉:根据《民事诉讼法》第二百二十七条规定,案外人、当事人对执行异议裁定不服,自裁定送达之日起十五日内向人民法院提起执行异议之诉的,由执行法院管辖。(《最高人民法院关于适用〈中华人民共和国民事诉讼法〉的解释》第 304 条) 4. 确认调解案件的提起:经依法设立的调解组织调解达成调解协议,申请司法确认的,由双方当事人自调解协议生效之日起三十日内,共同向人民法院提出。(《民事诉讼法》第 201 条) Tips:因各法院受年底结案率要求,故下半年开始立案会因各种原因受阻,建议提前充分准备妥当后再行立案。
公告送达	1. 送达时间:人民法院应当在立案之日起五日内将起诉状副本发送被告。(《民事诉讼法》第 128 条) 2. 国内:受送达人下落不明,或者用本节规定的其他方式无法送达的,公告送达。自发出公告之日起,经过三十日,即视为送达。(《民事诉讼法》第 95 条) 3. 涉外。不能用上述方式送达的,公告送达,自公告之日起满三个月,即视为送达。(《民事诉讼法》第 274 条) Tips:公告送达是法定送达方式之一,若经公告送达后未到庭应诉,依法缺席判决,当事人不仅丧失在诉讼中抗辩的权利,更无法以未收到相关诉讼文书为由对抗判决结果。
答辩期	1. 国内。被告应当在收到起诉状副本之日起十五日内提出答辩状。人民法院应当在收到答辩状之日起五日内将答辩状副本发送原告。(《民事诉讼法》第 128 条) 2. 涉外。被告在中华人民共和国领域内没有住所的,人民法院应当将起诉状副本送达被告,并通知被告在收到起诉状副本后三十日内提出答辩状。被告申请延期的,是否准许,由人民法院决定。(《民事诉讼法》第 275 条) Tips:被告不提出答辩状的,不影响人民法院审理,同时,即使被告提出答辩状,法院一般不主动送达至原告,可主动联系法官获取。

续表

一审	
管辖权异议	1. 提出时间:人民法院受理案件后,当事人对管辖权有异议的,应当在提交答辩状期间提出。(《民事诉讼法》第 130 条) 2. 后果:当事人未提出管辖异议,并应诉答辩的,视为受诉人民法院有管辖权,但违反级别管辖和专属管辖规定的除外。
举证期限	确定方式及时限:人民法院应当在审理前的准备阶段确定当事人的举证期限。举证期限可以由当事人协商,并经人民法院准许。 人民法院确定举证期限,第一审普通程序案件不得少于十五日,当事人提供新的证据的第二审案件不得少于十日。适用简易程序审理的案件不得超过十五日,小额诉讼案件的举证期限一般不得超过七日。(《最高人民法院关于适用〈中华人民共和国民事诉讼法〉的解释》第 99 条、《最高人民法院关于民事诉讼证据的若干规定》第 51 条)
申请证人出庭	当事人申请证人出庭作证的,应当在举证期限届满前向人民法院提交申请书。(《最高人民法院关于民事诉讼证据的若干规定》第 69 条)
申请调查取证	当事人及其诉讼代理人申请人民法院调查收集证据,应当在举证期限届满前提交书面申请。(《最高人民法院关于适用〈中华人民共和国民事诉讼法〉的解释》第 94 条、《最高人民法院关于民事诉讼证据的若干规定》第 20 条)
申请鉴定	当事人申请鉴定,可以在举证期限届满前提出。申请鉴定的事项与待证事实无关联,或者对证明待证事实无意义的,人民法院不予准许。(《最高人民法院关于适用〈中华人民共和国民事诉讼法〉的解释》第 121 条)
增加、变更诉讼请求、提出反诉期间	在案件受理后,法庭辩论结束前,原告增加诉讼请求,被告提出反诉,第三人提出与本案有关的诉讼请求,可以合并审理的,人民法院应当合并审理。(《最高人民法院关于适用〈中华人民共和国民事诉讼法〉的解释》第 232 条) Tips:变更诉讼请求未在上列规定中予以明确,故建议若变更诉讼请求应在举证期限届满前提出。
变更诉讼请求后举证期限	诉讼过程中,当事人主张的法律关系性质或者民事行为效力与人民法院根据案件事实作出的认定不一致的,人民法院应当将法律关系性质或者民事行为效力作为焦点问题进行审理。但法律关系性质对裁判理由及结果没有影响,或者有关问题已经当事人充分辩论的除外。 存在前款情形,当事人根据法庭审理情况变更诉讼请求的,人民法院应当准许并可以根据案件的具体情况重新指定举证期限。 (《最高人民法院关于民事诉讼证据的若干规定》第 53 条)

续表

一审	
开庭通知	人民法院审理民事案件,应当在开庭三日前通知当事人和其他诉讼参与人。公开审理的,应当公告当事人姓名、案由和开庭的时间、地点。(《民事诉讼法》第139条)
证据交换	证据交换的时间可以由当事人协商一致并经人民法院认可,也可以由人民法院指定。当事人申请延期举证经人民法院准许的,证据交换日相应顺延。(《最高人民法院关于民事诉讼证据的若干规定》第56条) 法院组织证据交换的,证据交换之日举证期限届满。(《最高人民法院关于民事诉讼证据的若干规定》第56条)
传唤期限	人民法院适用普通程序审理案件,应当在开庭三日前用传票传唤当事人。对诉讼代理人、证人、鉴定人、勘验人、翻译人员应当用通知书通知其到庭。当事人或者其他诉讼参与人在外地的,应当留有必要的在途时间。(《最高人民法院关于适用〈中华人民共和国民事诉讼法〉的解释》第227条)
申请回避	1. 提出时限:当事人提出回避申请,应当说明理由,在案件开始审理时提出;回避事由在案件开始审理后知道的,也可以在法庭辩论终结前提出。(《民事诉讼法》第48条) 2. 决定时限:人民法院对当事人提出的回避申请,应当在申请提出的三日内,以口头或者书面形式作出决定。申请人对决定不服的,可以在接到决定时申请复议一次。复议期间,被申请回避的人员,不停止参与本案的工作。人民法院对复议申请,应当在三日内作出复议决定,并通知复议申请人。(《民事诉讼法》第50条)
期间的耽误与顺延	当事人因不可抗拒的事由或者其他正当理由耽误期限的,在障碍消除后的十日内,可以申请顺延期限,是否准许,由人民法院决定。(《民事诉讼法》第86条)
一审审限	1. 普通程序:人民法院适用普通程序审理的案件,应当在立案之日起六个月内审结。有特殊情况需要延长的,经本院院长批准,可以延长六个月;还需要延长的,报请上级人民法院批准。(《民事诉讼法》第152条) 2. 简易程序:人民法院适用简易程序审理案件,应当在立案之日起三个月内审结。有特殊情况需要延长的,经本院院长批准,可以延长一个月。(《民事诉讼法》第164条) 3. 小额诉讼:人民法院适用小额诉讼的程序审理案件,应当在立案之日起两个月内审结。有特殊情况需要延长的,经本院院长批准,可以延长一个月。(《民事诉讼法》第168条) 4. 特别程序:人民法院适用特别程序审理的案件,应当在立案之日起三十日内或者公告期满后三十日内审结。有特殊情况需要延长的,由本院院长批准。但审理选民资格的案件除外。(《民事诉讼法》第187条) 人民法院受理选民资格案件后,必须在选举日前审结。(《民事诉讼法》第189条)

续表

一审	
判决书送达期限	人民法院对公开审理或者不公开审理的案件,一律公开宣告判决。 当庭宣判的,应当在十日内发送判决书; 定期宣判的,宣判后立即发给判决书。(《民事诉讼法》第151条)
二审	
上诉期间	1. 当事人不服地方人民法院第一审判决的,有权在判决书送达之日起十五日内向上一级人民法院提起上诉。 2. 当事人不服地方人民法院第一审裁定的,有权在裁定书送达之日起十日内向上一级人民法院提起上诉。(《民事诉讼法》第171条) 3. 涉外案件。在中华人民共和国领域内没有住所的当事人,不服第一审人民法院判决、裁定的,有权在判决书、裁定书送达之日起三十日内提起上诉。(《民事诉讼法》第276条) 4. 可以上诉的判决书、裁定书不能同时送达双方当事人的,上诉期从各自收到判决书、裁定书之日计算。(《最高人民法院关于适用〈中华人民共和国民事诉讼法〉的解释》第244条)
上诉后法院移送案件期限	1. 上诉的提出:上诉状应当通过原审人民法院提出,并按照对方当事人或者代表人的人数提出副本。 当事人直接向第二审人民法院上诉的,第二审人民法院应当在五日内将上诉状移交原审人民法院。(《民事诉讼法》第173条) 2. 原审人民法院收到上诉状,应当在五日内将上诉状副本送达对方当事人,对方当事人在收到之日起十五日内提出答辩状。人民法院应当在收到答辩状之日起五日内将副本送达上诉人。对方当事人不提出答辩状的,不影响人民法院审理。 原审人民法院收到上诉状、答辩状,应当在五日内连同全部案卷和证据,报送第二审人民法院。(《民事诉讼法》第174条)
二审审限	1. 人民法院审理对判决的上诉案件,应当在第二审立案之日起三个月内审结。有特殊情况需要延长的,由本院院长批准。 2. 人民法院审理对裁定的上诉案件,应当在第二审立案之日起三十日内作出终审裁定。 (《民事诉讼法》第183条)
再审	
再审申请期限	当事人申请再审,应当在判决、裁定发生法律效力后六个月内提出;有本法第二百条第一项、第三项、第十二项、第十三项规定情形的,自知道或者应当知道之日起六个月内提出。(《民事诉讼法》第212条) 注:(一)有新的证据,足以推翻原判决、裁定的; (三)原判决、裁定认定事实的主要证据是伪造的; (十二)据以作出原判决、裁定的法律文书被撤销或者变更的; (十三)审判人员审理该案件时有贪污受贿,徇私舞弊,枉法裁判行为的。

续表

二审	
再审的受理	人民法院应当自收到符合条件的再审申请书等材料后五日内完成向申请再审人发送受理通知书等受理登记手续。(《最高人民法院关于适用〈中华人民共和国民事诉讼法〉审判监督程序若干问题的解释》第6条)
法院审查再审期限	1. 人民法院应当自收到再审申请书之日起三个月内审查,符合本法规定的,裁定再审;不符合本法规定的,裁定驳回申请。有特殊情况需要延长的,由本院院长批准。(《民事诉讼法》第211条) 2. 人民法院应当自收到再审申请书之日起五日内将再审申请书副本发送对方当事人。对方当事人应当自收到再审申请书副本之日起十五日内提交书面意见;不提交书面意见的,不影响人民法院审查。(《民事诉讼法》第210条)
再审审限	再审案件按照第一审程序或者第二审程序审理的,适用民事诉讼法一审、二审的审限。审限自再审立案的次日起算。(《最高人民法院关于适用〈中华人民共和国民事诉讼法〉的解释》第128条)
劳动仲裁	
诉讼时效	1. 劳动争议申请仲裁的时效期间为一年。仲裁时效期间从当事人知道或者应当知道其权利被侵害之日起计算。 2. 劳动关系存续期间因拖欠劳动报酬发生争议的,劳动者申请仲裁不受本条第一款规定的仲裁时效期间的限制;但是,劳动关系终止的,应当自劳动关系终止之日起一年内提出。(《劳动争议调解仲裁法》第27条)
审查受理	劳动争议仲裁委员会收到仲裁申请之日起五日内,认为符合受理条件的,应当受理,并通知申请人;认为不符合受理条件的,应当书面通知申请人不予受理,并说明理由。对劳动争议仲裁委员会不予受理或者逾期未作出决定的,申请人可以就该劳动争议事项向人民法院提起诉讼。(《劳动争议调解仲裁法》第29条)
送达	劳动争议仲裁委员会受理仲裁申请后,应当在五日内将仲裁申请书副本送达被申请人。(《劳动争议调解仲裁法》第30条)
答辩期	被申请人收到仲裁申请书副本后,应当在十日内向劳动争议仲裁委员会提交答辩书。劳动争议仲裁委员会收到答辩书后,应当在五日内将答辩书副本送达申请人。被申请人未提交答辩书的,不影响仲裁程序的进行。(《劳动争议调解仲裁法》第30条)
管辖权异议	当事人提出管辖异议的,应当在答辩期满前书面提出。(《劳动人事争议仲裁办案规则》第10条第1款)

续表

劳动仲裁	
反申请	1. 被申请人可以在答辩期间提出反申请,仲裁委员会应当自收到被申请人反申请之日起五日内决定是否受理并通知被申请人; 2. 被申请人在答辩期满后对申请人提出反申请的,应当另行申请仲裁。(《劳动人事争议仲裁办案规则》第 36 条) Tips:劳动人事争议仲裁办案规则中的“三日”“五日”“十日”指工作日。
增加、变更请求	1. 申请人在举证期限届满前可以提出增加或者变更仲裁请求;仲裁庭对申请人增加或者变更的仲裁请求审查后认为应当受理的,应当通知被申请人并给予答辩期,被申请人明确表示放弃答辩期的除外。 2. 申请人在举证期限届满后提出增加或者变更仲裁请求的,应当另行申请仲裁。(《劳动人事争议仲裁办案规则》第 44 条)
申请回避	1. 当事人申请回避,应当在案件开庭审理前提出,并说明理由。回避事由在案件开庭审理后知晓的,也可以在庭审辩论终结前提出。 2. 当事人在庭审辩论终结后提出回避申请的,不影响仲裁程序的进行。(《劳动人事争议仲裁办案规则》第 11 条)
开庭通知	仲裁庭应当在开庭五日前,将开庭日期、地点书面通知双方当事人。(《劳动人事争议仲裁办案规则》第 38 条)
延期开庭	当事人有正当理由的,可以在开庭三日前请求延期开庭。是否延期,由仲裁委员会根据实际情况决定。(《劳动争议调解仲裁法》第 35 条)
仲裁审理期限	仲裁庭裁决劳动争议案件,应当自劳动争议仲裁委员会受理仲裁申请之日起四十五日内结束。案情复杂需要延期的,经劳动争议仲裁委员会主任批准,可以延期并书面通知当事人,但是延长期限不得超过十五日。(《劳动争议调解仲裁法》第 43 条)
起诉期限	劳动者对仲裁裁决不服的,可以自收到仲裁裁决书之日起十五日内向人民法院提起诉讼。(《劳动争议调解仲裁法》第 48 条)
商事仲裁	
仲裁的受理	仲裁委员会收到仲裁申请书之日起五日内,认为符合受理条件的,应当受理,并通知当事人;认为不符合受理条件的,应当书面通知当事人不予受理,并说明理由。(《仲裁法》第 24 条)
仲裁协议效力异议期间	当事人对仲裁协议的效力有异议,应当在仲裁庭首次开庭前提出。(《仲裁法》第 20 条)

续表

商事仲裁	
仲裁协议对法院管辖权的排除	当事人达成仲裁协议,一方向人民法院起诉未声明有仲裁协议,人民法院受理后,另一方在首次开庭前提交仲裁协议的,人民法院应当驳回起诉,但仲裁协议无效的除外;另一方在首次开庭前未对人民法院受理该案提出异议的,视为放弃仲裁协议,人民法院应当继续审理。(《仲裁法》第 26 条)
申请回避的时限	当事人提出回避申请,应当说明理由,在首次开庭前提出。回避事由在首次开庭后知道的,可以在最后一次开庭终结前提出。(《仲裁法》第 35 条)
仲裁裁决的补正	对裁决书中的文字、计算错误或者仲裁庭已经裁决但在裁决书中遗漏的事项,仲裁庭应当补正;当事人自收到裁决书之日起三十日内,可以请求仲裁庭补正。(《仲裁法》第 56 条)
撤销仲裁裁决的时限	当事人申请撤销裁决的,应当自收到裁决书之日起六个月内提出。(《仲裁法》第 59 条)
法院就撤销裁决的审理	人民法院应当在受理撤销裁决申请之日起两个月内作出撤销裁决或者驳回申请的裁定。(《仲裁法》第 60 条)

证据原理和庭审技巧

证据是指能够证明事实真相的材料。对证据的审查是我国诉讼程序中必不可少的一个环节。根据我国相关法律的规定,凡是可以用来证明案件事实性的材料,都可以作为证据。其形式一般包括:人证,即包括原、被告双方的证言和辩解;物证,如带有指纹的物件或者犯罪凶器等;第三方鉴定资料,如医生证明或者其他专家意见等;还有一些视频或者电子数据资料。《刑事诉讼法》第50条规定,“可以用于证明案件事实的材料,都是证据。证据包括:(一)物证;(二)书证;(三)证人证言;(四)被害人陈述;(五)犯罪嫌疑人、被告人供述和辩解;(六)鉴定意见;(七)勘验、检查、辨认、侦查实验等笔录;(八)视听资料、电子数据。证据必须经过查证属实,才能作为定案的根据”。证据对于每一起案件事实本真还原,对于维护相关受害者合法权益,对于人民法院、人民检察院能够依法作出正确的裁决都起着至关重要的作用。证据是必须通过审查的,没有经过查证核实的,不能成为判决案件的依据。

打官司的“保质期”

古希腊有句著名的谚语,“法律不保护躺在权利上睡觉的人”。通俗而言,权利不用,过期作废。很多人不知道的是,打官司也是有“保质期”的。而这个“保质期”,就叫作诉讼时效。诉讼时效制度旨在通过适当的限制,督促权利人积极行使权利,进而稳定相关民事权利义务关系,以起到维护社会关系和秩序稳定的作用。

关于举证期限,并非所有诉讼都适用诉讼时效约束。比如,并非所有实体请求权都可以适用诉讼时效的规定,包括部分债权请求权亦不适用诉讼时效的规定。《民法典》第196条规定："下列请求权不适用诉讼时效的规定：（一）请求停止侵害、排除妨碍、消除危险；（二）不动产物权和登记的动产物权的权利人请求返还财产；（三）请求支付抚养费、赡养费或者扶养费；（四）依法不适用诉讼时效的其他请求权。"

请求停止侵害、排除妨碍、消除危险不适用诉讼时效。请求停止侵害，指的是所有权人或者其他物权人请求对物权造成侵害的人停止侵害行为或者侵害状态的权利。请求排除妨碍，指的是所有权人或者其他物权人请求妨碍人停止妨碍、去除妨碍的权利。请求消除危险，指的是所有权人或者其他物权人请求造成危险状态的人消除该危险的权利。停止侵害、排除妨碍和消除危险是所有权和其他物权的功能，其目的是解决对物权权能的障碍、发挥物的效用，恢复权利人对权利客体的支配。根据物权理论，无论经过多长时间，法律不可能任由侵害物权的行为取得合法性。如果请求停止侵害、排除妨碍、消除危险的权利适用诉讼时效，将会发生物权人必须容忍他人对其物权进行侵害的结果，既对权利人不公平，也违反物权法基本理论，不论是民法学界还是司法实务界，均认为这三种请求权不应适用诉讼时效。

不动产物权和登记的动产物权的权利人请求返还财产不适用诉讼时效。物可以分为不动产和动产，相应的物权可以分为不动产物权和动产物权。不动产物权价值重大、事关国计民生和整个社会稳定，一般以登记作为不动产物权享有和变动的公示方法。不动产登记部门是国家设立的，不动产一经登记具有强大的公示公信力，也就意味着不动产物权的权利人请求返还财产适用诉讼时效已不可能。《民法典》第209条第1款规定，不动产物权的设立、变更、转让和消灭，经依法登记，发生效力；未经登记，不发生效力，但法律另有规定的除外。如在不动产登记制度下仍规定已登记的物权人请求返还财产适用诉讼时效，必然导致时效制度与不动产登记制度自相矛盾，动摇不动产登记制度的权威性。动产以占有和交付为所有权享有和变动的公示方法。从理论上讲，他人无权占有动产后，动产即与所有人分离，动产物权的权利人如果长期不请求返还财产，他人基于占有公示产生的对抗力就越来越强，第三人随着时间推移越发相信无权占有人就是事实上物的所有人，进而基于这种信赖与之发生一定的法律关系。信赖利益是民法上的重要利益。法律对信赖利益进行保护，对维护新产生的民事法律关系的效力及社会经济秩序的稳定均有积极意义。此外，在实践中，法律规定所有动产物权的权利人返还财产请求权不适用诉讼时效,在操作上面临很多困难,也没有必要。一般而言,动产价值小、流动快、易损耗,如果不适用诉讼时效的规定,多年后再提起诉讼,一是因年代久远存在举证困难,二是增加诉累,三是不利于矛盾的及时解决。综合考虑,可以规定这类普通动产适用诉讼时效。船舶、航空器和机动车等动产,价值较大,被称为"准不动产",准用不动产管理的很多规则,这类动产多进行物权登记。《民法典》第 225 条规定,船舶、航空器和机动车等物权的设立、变更、转让和消灭,未经登记,不得对抗善意第三人。由此可见,法律对船舶、航空器和机动车等动产的登记采取登记对抗主义。如果进行了登记,与不动产登记一样,产生强有力的公示公信效力,登记动产物权的权利人请求返还财产不适用诉讼时效。综上考虑,本项规定:不动产物权和登记的动产物权的权利人请求返还财产的请求权,不适用诉讼时效的规定。

请求支付抚养费、赡养费或者扶养费不适用诉讼时效。抚养费指义务人基于抚养义务所支付的费用,支付对象一般是晚辈,如子女、孙子女、外孙子女等。赡养费指义务人基于赡养义务所支付的费用,支付对象一般是长辈,如父母、祖父母、外祖父母等。扶养费指义务人基于扶养义务所支付的费用,支付对象一般是平辈,如配偶、兄弟姐妹等。受抚养、赡养或者扶养者一般都是年幼、年老或者缺乏劳动能力的人,抚养费、赡养费或者扶养费是这些人的生活来源,若无此等费用,将严重影响其生活。因此,法律规定,请求支付抚养费、赡养费或者扶养费的请求权,不适用诉讼时效的规定。

依法不适用诉讼时效的其他请求权不适用诉讼时效。本项属于兜底性条款。因为无法穷尽列举所有不适用诉讼时效的情形,法律中明确规定不适用诉讼时效的请求权,均属于本项规定的情形。支配权、抗辩权、形成权不适用诉讼时效。关于本条的适用,要注意把握好除了请求权之外的其他权利类型是否适用诉讼时效的问题。依照通说,诉讼时效限于请求权的行使,对于支配权、抗辩权、形成权无从行使。但对于侵害支配权转化而来的救济性权利中的损害赔偿请求权,则应当适用诉讼时效。对于撤销权等形成权以及抗辩权则不适用诉讼时效制度。形成权是权利人依自己单方意思表示,使自己与他人间的法律关系发生变动的权利。形成权具有权利行使的单方性和无须他人协助性,从形成权具有特定的相对方角度分析,其积极行使与否影响交易秩序的稳定,其应受期间的限制,这一期间是除斥期间而非诉讼时效。《最高人民法院关于审理民事案件适用诉讼时效制度若干问题的规定》(2020 修正)第 1 条规定：当事人可以对债权请求权提出诉讼时效抗辩，但对下列债权请求权提出诉讼时效抗辩的，人民法院不予支持：

1. 支付存款本金及利息请求权；

2. 兑付国债、金融债券以及向不特定对象发行的企业债券本息请求权；

3. 基于投资关系产生的缴付出资请求权；

4. 其他依法不适用诉讼时效规定的债权请求权。

《最高人民法院关于适用〈中华人民共和国公司法〉若干问题的规定(三)》(2020 修正)第 19 条规定：公司股东未履行或者未全面履行出资义务或者抽逃出资，公司或者其他股东请求其向公司全面履行出资义务或者返还出资，被告股东以诉讼时效为由进行抗辩的，人民法院不予支持。

公司债权人的债权未过诉讼时效期间，其依照本规定第 13 条第 2 款、第 14 条第 2 款的规定请求未履行或者未全面履行出资义务或者抽逃出资的股东承担赔偿责任，被告股东以出资义务或者返还出资义务超过诉讼时效期间为由进行抗辩的，人民法院不予支持。

为了节约诉讼资源，法律规定一部分权利的行使，需要受到诉讼时效的制约，在权利行使期间，若不要求对方履行义务，该期间过后，对方可以拒绝履行。诉讼时效期间的计算方法为从自权利人知道或者应当知道权利受到损害以及义务人之日起 3 年。根据《民法典》的规定，向人民法院请求保护民事权利的诉讼时效期间为 3 年。法律另有规定的，依照其规定。

诉讼时效可以中止、中断。中止的情形：在诉讼时效期间的最后 6 个月内，因下列障碍，不能行使请求权的，诉讼时效中止：

1. 不可抗力；

2. 无民事行为能力人或者限制民事行为能力人没有法定代理人，或者法定代理人死亡、丧失民事行为能力、丧失代理权；

3. 继承开始后未确定继承人或者遗产管理人；

4. 权利人被义务人或者其他人控制；

5. 其他导致权利人不能行使请求权的障碍。

中止时效的原因消除之日起满 6 个月，诉讼时效期间届满。

中断的情形：有下列情形之一的，诉讼时效中断，从中断、有关程序终结时

起,诉讼时效期间重新计算:

1. 权利人向义务人提出履行请求;
2. 义务人同意履行义务;
3. 权利人提起诉讼或者申请仲裁;
4. 与提起诉讼或者申请仲裁具有同等效力的其他情形。

为了保护实体权利,一般法院对诉讼时效的把握是比较宽松的,只要诉讼当事人有初步的证据证明该案件诉讼时效未过期,法院一般倾向于支持该诉讼时效未过期。

举证有期限

关于举证期限,虽然《民事诉讼法》有关于举证期限的规定,但一审大多数案件都是适用简易程序的,对举证期限没有很严格的规定,还有一种情况是法官在开庭的时候组织双方当事人证据交换时确定举证期限。若法官允许双方协商,需要我们讲究一定的技巧,当你的证据非常充分,就应该引导法官给对方举证期限尽量越短越好,如果你的证据不充分,比如提交了一份合同,但是履行货物交付给对方的凭证实际没有提交或者只提交了一部分,不能满足诉讼请求的金额,还要努力寻找这些送货单,这时你应该跟法官说,估计 15 天能找到,争取一下也要 10 天。当然,当举证期限届满后你的证据还没有收集到,或者说在法官指定的期限,你的能力范围内收集不到证据怎么办?必须通过书面写申请来延期举证。如果说举证期限届满,又发现一份证据对我们特别有用,影响案件的判断,法官也必须审查,比如一个交通事故的认定书,一个消防的火灾事故鉴定报告,关系到一些客观重要事实。当你把证据交到法院,法官依职权是可以决定收与不收的,如果法官决定收了,可能会造成一个后果:举证逾期的一方要被罚款,这也是新的证据规则解释里增加的罚款规定。

质 证 要 点

一般质证往往会说到“三性”,即真实性、关联性、合法性。证据的客观真实性是指客观存在的事实，是事实本来的面目，而不是通过人的主观分析、推测或者直接判断出来的，甚至是人为伪造的。如果证据之间发生矛盾或者有冲突，不符合常理逻辑的，即使不是伪造的，也不能作为证明事实的证据。法院可以根据案件的实际情况，从这些方面查证证据的真实性：证据形成的原因；发现证据时的环境和情形；证据与原件、原物是否相符，是否为原件的复制品；查证提供证据的相关人员是否与案件当事人有利害关系等影响证据真实性的其他因素。关联性是指证据和事实之间要有实质性的联系，而不仅仅只是一个客观存在的事物。一般证据与事实之间具有多种联系，其中最普遍、最重要的联系是因果关系，这对于办案人员厘清案件事实逻辑的关键因素。与案件实际情况没有联系的则不能成为证据，例如双方当事人的人格保证、受害者过去的行为、当事人类似的行为习惯等，这些都属于不具有关联性的证据。合法性是指证据必须是经过合法的手段取得的，并且是由法定人员按照法定的程序调查、收集所得的。证据的合法性内容包括：证据是否符合法律法规规定的形式呈现；获取证据的整个过程是否符合法律法规的要求；是否有影响证据效力的违法情况。

从法律规定或者普通的一般认知看，都认为证据仅存在真实性、合法性和关联性，质证还有一个非常重要的关键点是证据的证明目的，与前述所说的“三性”加起来就是“证据的三性一目的”。真实性是证据“三性”当中的前提，有部分当事人在开庭时对真实性暂时不表态，直接对证据的合法性和关联性进行质证，这时书记员可能直接将其记载为“对于真实性无异议”。但如果真实性确实存在问题的，这对质证一方是极其不利的，而证据的关联性和证明目的是关联在一起的，没有关联性证明目的就无从说起。当然具有关联性，也未必就有证明目的，因此关联性是证明目的的前提。

关于真实性，实际上存在形式上的真实与内容上的真实两方面，所谓形式上的真实性是证据是否真的存在，比如某一份文书是否存在于世，而内容上的真实就是内容是举证一方通过一定的方式捏造在上面或者通过一定的手段记录上去，实际是不存在的，也就是表达的内容是否真实、准确。就证据中显示的内容，法官往往会向双方发问，当开庭时只有代理人没有当事人的，代理人需要谨慎回答证据上内容的问题。如果不确定内容是否真实的，应该本着实事求是的态度报告法官庭后核实或者休庭核实，能够庭后核实的，则尽量不要休庭核实并马上告知法官，庭后核实可以让当事人仔细考量事实及对自身影响，自行决定如何回答,风险自担,代理人将庭后核实的内容书面提交法院。

关于核实证据内容时,面对法官的询问,应该掌握法官询问的目的,结合证据整体证明目的来回答。举一个真实的案例:

在一起承揽合同纠纷中,被告质证部分工程量不是原告所做,是另有其人,法官为了核实单据上记载内容的形成时间,询问原告律师原告何时离开(终止)工程现场的,原来律师当场电话询问原告"何时最后一次离开工地的",得到的回答是 2020 年 3 月,被法院记录,但实际上单据上还有 2020 年 3 月后原告一方承揽的定作成果。原因是法官问原告何时离开工地的意思是原告承揽工作何时结束,原告理解为他本人何时离开工地,没有考虑他留下的施工队成员还在工地上为被告继续工作。被告接下来举证 3 月后的工程量,用于扣减单据中反映的原告诉请工程总量。幸好被告证据中还有一份在同年 8 月还向原告工程队成员发放生活费的记录单,其目的是应当计入工程款范畴内,以减少自身支付责任。律师在第二次开庭时候马上向法庭澄清了该事实,即原告混淆了原告本人与原告一方的概念,原告雇用的人员工作成果应当归属于原告。

对没有原件的复印件书证如何质证?首先,我们可以说由于对方没有提供原件,我们无法对这份证据的真实性进行核查。比如对于民间借贷当中的小额借款的借据,在借款人归还借款后很可能出借人会把原件归还借款人,也可能双方就不在意了,没有归还借条。而小额借款可能存在用现金交易的情况,或者虽然大额但双方往来交易多而频繁,很难判断是否已经归还。所以对于这种情况真实性当中既可以肯定也可以否定,还可以变相否定或温柔地否定说"应该不存在,具体因时间久远记不清了",我们对它的确认是存疑的。

关于证据的合法性,要注意证据来源是否合法,取得的方式是否合法。比如在自己的车里安装了摄像头或者窃听器,目的是防盗,结果无意间录到了其他内容,这种内容来源就是合法的。但是,如果偷偷地找一个开锁公司,把窃听器安装到别人家里面,当然就是不合法的,取得的内容不具有证据的证明力。

关联性问题显得更有意思,很多当事人拿出很多确实有关联性的证据,但是证明效果不好。比如为了证明民间借贷的借款事实,他找了很多证人,借贷纠纷如果没有其他证据的情况下能用简单的几个证人证言去证明发生了借贷关系吗?我们不否认证人证言一大堆确实都有关联性,这里最大的问题就是没有理解关联性和证明目的之间的关系。关联性和证明目的是一对孪生兄弟,只有能形成证据链的关联性证据才能达到证明目的,否则在链条上一个环节中重复劳动是无效的。

同时,我们并不认为所有证据都要在答辩期提交给法院,还有一类证据我们不提倡在开庭前就让对方当事人看到,我们把它叫作备用证据,又叫应变证据或者抗辩证据。这是专门针对有些事实一般对方是要认可的,假如对方不认可,那我们就拿出来问下对方认不认识,用以否认他反常的应诉态度。我们此前提交的所有证据材料能证明基本的案件事实即可,其他个别证据是在法庭上随机应变的证据,所以叫作应变证据。法官在举证质证结束后,都会问下双方"原告(被告)是否还有证据向法庭提交?"所以也是给我们再次展示"遗漏"证据的机会。因此,准备证据既要做到精准打击,又要做到有所防备。

举个例子:在一件民间借贷纠纷案件中,当事人委托的时候急着要起诉,但经过审查本律师发现该欠条已经超过诉讼时效,因此我们询问当事人近3年有无向对方催款,比如微信、短信记录有无类似聊天过程,当事人说没有,都是电话催款并没有录音,对方都不否认还款意愿。这时我让当事人马上打电话并录音,录音的要点需要注意:

1. 录音首先要直呼对方名字,当然同时兼顾平时称呼;

2. 确认关键事实,如欠了多少钱,时间多长,剩余多少没还;

3. 征询还款意愿,如对方表示一段较长时间内还,录音人应该重新组织语言,比如不答应,然后讯问是否可以"尽快还"。

在上面的案例中,当事人顺利录音,对方表示会尽快还款。但是在立案时,我们并不将该录音作为证据提交。因为对于诉讼时效,法院不能提示,对方在一审不抗辩,即使在二审中才提出抗辩都按照原告享有诉权来处理的。该案件中在被告第一次开庭前调解时候果然说到实际上已经超过诉讼时效,但是表示如果原告愿意不算这么多年利息,本金再减少一部分则愿意调解,否则开庭就要提诉讼时效抗辩。本律师当即表示对于时效我们早有准备,如果不伤和气愿意降低利率计算利息,否则开庭就公事公办、决不让步,目的只是希望早点通过调解结案,尽早进入执行或还款,避免被告将诉讼拖延至二审,耽误了原告用款时间。被告见我们如此信心满满,觉得还是不冒险,最终调解结案。原告对本律师的诉讼策略表示赞赏。

还有一种应变证据中部分内容是有利证据,部分内容是不利证据,这时候我们可以将它分类存放，再如一段录音，有10句话对你是有利的，但有一句话在第11句对你不利，那我们就可以在调解的时候让对方听下部分内容然后关闭，用于震慑到对方即可。

法庭辩论要点

法庭辩论，是在法官的主持下，诉讼双方当事人全面阐释自己主张的法律依据，并针对对方的主张及理由进行争论反驳的过程，是当事人辩论权的充分体现。法庭辩论环节并非各方“畅所欲言”，而是内有玄机。在既定的程序下，沿着“法庭调查小结—争议焦点提炼—法庭辩论核心”这一脉络展开，事实、证据和法律适用才会更加明晰，法庭辩论才会更加简明高效。实践中，法庭辩论常被弱化，一些法官和当事人偏重法庭调查，使法庭辩论沦为“形式”，这是庭审中一个极大的误区。实际上，法庭辩论是当事人庭审交锋的最后一环，对案件的最终裁判具有重要意义。通过辩论，当事人可以充分围绕争议焦点及法庭确认的事实和证据，表达维护自己诉讼请求和反对对方主张的辩驳意见，并提出法律依据；法庭亦可以更好地厘清案件事实、明确争议内容、找准适用的法律，最终公正裁判。可以说，法庭辩论是最终判决的重要基础，高效、有序的法庭辩论对法官、当事人都至关重要。

法庭调查与法庭辩论并非完全独立的环节，其间有着千丝万缕的联系，前者是后者的基础。在法庭调查阶段，当事人依次陈述并进行举证、质证，其中展现的事实和证据可能冗长、复杂，在疑难复杂案件中更是如此，因此，法官会及时有效地对法庭调查开展总结工作，使庭审过程连贯、有序、层次分明。法庭调查阶段的庭审小结，即解决上述问题的有效手段。法庭调查小结，主要是对庭审内容进行总结、归纳，将无争议的事实和证据予以固定，进而缩小争议范围，突出争议焦点，使得法庭辩论更有针对性，从而提高庭审质量，也使庭审节奏更加紧凑高效。由此，除非当事人引用无争议事实和证据以证明自己对争议焦点的解释，在法庭辩论中，一般而言，当事人可以不再涉及无争议部分，而是重点着眼于争议焦点。我们可以关注以下内容：

1. 进一步明确诉讼请求及案由。通过法庭调查阶段的当事人陈述，法官可明确并固定当事人的诉讼请求，确定案由，并为争议焦点的总结打下基础。

2. 固定无争议事实和证据。法官通过当事人的举证和质证，并充分进行举证责任分配和认证，可固定无争议的事实和证据，有效缩小争议范围。

3. 提炼诉辩双方的核心意见。通过询问、举证、质证等事实调查环节，提炼出诉辩双方的核心意见，使“攻防”双方的主要观点、所依据的事实及法律规定等一目了然，从而为归纳争议焦点打下基础。

围绕争议焦点展开，以争议焦点为主线展开辩论，有利于划清审判脉络，保证法庭辩论更加高效有序。

一方面，在辩论中能够做到有的放矢，避免抓不住核心，重复或赘述案件事实；另一方面，法官可以有效把握案件审理进程，引导当事人围绕争议焦点辩论，进一步提高案件审理效率。争议焦点包括关于事实的争议焦点和法律的争议焦点。前者指涉案证据的认定、相关法律事实是否存在及真伪的争议，后者系当事人就案件适用的法律法规所产生的争议。争议焦点的归纳应围绕争议事实、关键证据及法律的适用展开。具体包括：

1. 定案事实是否成立：法官根据法庭调查情况，找出具体分歧，确定待证事实，在法庭辩论中，当事人应根据无争议事实及证据、结合举证情况，围绕待证事实发表意见。

2. 关键证据是否有效：证据是认定法律事实作出裁判的重要根据，对于关键证据是否有效，在法庭辩论中可引导当事人围绕证据的“三性”及举证责任的分配展开辩论。

3. 核心观点是否得到法律规定的支撑：通过法庭调查及证据认证情况来认定的法律事实能否适用某些法律规范来支持自己的诉讼主张，决定了案件最后的走向。因此，对于法律规范是否适用于本案以及对于法律条文本身的理解与适用存在的争议等也是法庭辩论的重点。

4. 特殊类型的争议焦点：如某些案件证据不足，事实模糊，存在一些似是而非的情况，此时立法的目的及价值、纠纷产生的背景、社会通常认知及合理性等亦是争议的焦点之一。

需要注意的是，上述任何一种情形都可以构成争议焦点，有时案件疑难复杂，争议较大，同一案件中亦可能同时具备上述多种情形的争议焦点。

法庭辩论要避免一些误区：

1. 庭前准备不足。随着法庭调查阶段双方当事人举证与质证的展开,最终法庭认定并经当事人确认的争议焦点,可能与当事人事先归纳的焦点不一致。但在法庭辩论中,当事人由于庭前准备不足,未对案情脉络有全面的理解,导致不能根据法庭调查的情况灵活调整辩论意见,我行我素照本宣读庭前准备的稿件。对此,建议双方当事人应根据争议焦点的变动,灵活把握诉辩意见,避免单纯宣读稿件、使法庭辩论沦为形式,当然这也涉及当事人随机应变的能力问题。

2. 怠于对争议焦点的遗漏提出异议。根据《最高人民法院关于适用〈中华人民共和国民事诉讼法〉的解释》的规定,法官应就归纳的争议焦点征求当事人的意见。并非所有的法官都能一次性完整且准确地概括争议焦点,尤其对于一些复杂疑难案件。在实践中,许多当事人在法官就争议焦点征求意见时,怠于提出异议,而是在法庭辩论中再行围绕焦点外的问题讨论,如此便是走了"弯路",易导致法庭辩论偏离核心,且不利于庭审效率的提升。

3. 发言冗长但重点不突出。部分当事人在一定程度上存在"讲得越多越有道理"的错误认识,从而导致在辩论中发言冗长,没有真正表达出自己的核心观点。少数代理人在当事人在场的情况下有着不恰当的"表演欲",本着"讲得越多当事人越满意"的错误心态,撇开争议焦点而自行发挥。应当认识到,辩论发言在"精"不在"多",发言重点明确,抓准核心,才能更好地向法庭阐述己方观点。

总体而言,法庭辩论发挥得好既要依靠法官通过前期的庭审总结归纳确定案件事实、缩小争议范围并总结争议焦点,并引导双方当事人在辩论中围绕争议焦点展开讨论的过程,也要依靠当事人配合法官不要偏离焦点,避免跑题,每一个字都是打出去的炮弹,用于击垮对方的防御工事。无论是法官还是当事人,都应把握住每一个细节,关注法庭调查小结、争议焦点归纳与法庭辩论核心,沿主线推进法庭辩论。多方协力,方能使法庭辩论脉络清晰,提升辩论效果和法庭审理实效,为最终公正裁判打下坚实的基础。

辩护人的意见

笔者从浙江大学光华法学院毕业后进入上市金融机构从业 6 年有余，在行政秘书、产品经理、审查审批、审计、法律合规等岗位都轮岗锻炼过，主要从事法律合规的工作。从金融系统出来后从事高校法律教学研究并在律师岗位上从业又 6 年有余，多年来笔者通过不断总结和学习，形成一套稳定的办案方法论，特别是结合自身此前在金融系统形成的财务审计经验对经济犯罪辩护见解独到，现结合个别案件的辩护意见，分享给读者。

为什么要为“高启强”们辩护

有人把律师职业描述为一句话“在国王面前，我为人民辩护；在人民面前，我为国王辩护”，这句话的背后有一个悲剧性的故事。那就是关于说这话的人，他叫马尔泽布，18 世纪法国知名政治家、著名律师。法国大革命时期国王路易十六被革命党人押上审判台再被送上断头台，为之辩护的人当中以马尔泽布为首。路易十六被处死后不久，马尔泽布亦被革命党人作为保皇派以破坏国家统一的罪名与女儿、女婿一起被处死。马尔泽布的话语和命运，讲出了律师的独特与尴尬：律师维护每一个个体的基本权利，有时候与权力站在对立面为普通个体说话，有时候为特殊个体说话，常常为“高启强”们这类“坏人”说话，与民众持不同意见。因为这是职业使然。国家需要律师职业的存在，律师是国家的在野法曹，总体来说，律师是私权利而不是公权力的忠实代表，是国家赋予公民抵御权力侵害的自卫之剑，是全社会的法律雇佣军。

刑事辩护律师的职业实际上是在质疑“高启强”们真的是“坏人”吗，以及即使是“坏人”，有那么坏，坏到应该被杀头或者长时间蹲大狱吗？这就是对实体上的质疑,是对罪与非罪、罪轻与罪重的考量。只有与公权力在定其罪、判其刑的博弈中,才让定罪量刑变得更加科学、准确。即使真的做了“坏事”、成了“坏人”,也还是要分辨清楚哪些是他干的而哪些并不是,也还是要分辨清楚哪些从情理上具备令人理解、同情的因素。是不是有被害人过错的隐情、当事人也是受害者甚至长期被迫害、犯罪是有预谋的还是激情犯罪,有没有法律上的法定、酌定从轻的情节(如防卫过当、从犯、自首、立功、悔罪等),犯罪数额、非法所得或者归属于他个人的获利有没有算错。

刑事辩护是为了程序正义。程序正义,无关乎坏人和好人,即使当事者罪无可恕,也要保持其作为一个人的基本权利与尊严,如不被刑讯逼供、不受侮辱、不遭虐杀。律师为“坏人”的“人性”和“人权”而辩,而非为其真正的坏与恶开脱。面对数千年“官本位”下的中国,权力天然具备某种“正义性”。律师没有任何权力,却要代理公民和其他非权力性组织对权力进行监督,这是何等不容易。但面对公检法的“铁证如山”,刑事律师要敢于碰一碰、啃一啃,事实证明,很多案件能取得很好的辩护效果,都是我们敢于质疑取证非法、证据非法,最终说服检法机关减轻量刑或者宣告无罪。

例如,在一起诈骗罪无罪辩护成功的案件中,当事人因为给诈骗分子提供了转账的银行卡,并且供述了对其他犯罪分子使用银行卡的动机不纯是明知的,而被检察机关起诉。在笔者介入后仔细询问了整个过程细节,发现当事人是在被“做思想工作”之后才勉强承认明知的,实际上在出借银行卡时并不知道是用于犯罪,而是在收回卡之后偶然发现的,笔者马上将能够证明缺乏主观故意的微信聊天记录、此前知晓事情经过的其他证人提供给检察院,最终被检察院认定为无罪。

再如,在一起拟以非法经营与诈骗罪数罪并罚至无期徒刑的案件中,该案乃公安部督办的大案,涉案金额特别巨大,达到5.6亿元,集团诈骗金额被审计认定为7500余万元。经过仔细分析,笔者认为非法经营的行为是诈骗的过程行为,应该被吸收,或者非法经营亏损无力偿还投资款,应该是非法经营一罪,两罪只能取其一,而且该案中存在互相交叉的几个团队,我方当事人对其他团队所为不知晓,对部分金额缺乏主观认识。在笔者向负责审查起诉的市级人民检察院提出法律意见以及重新审计意见后,被检察官采纳,退回侦查,最终确认该集团应以诈骗罪一罪处罚,我方当事人诈骗金额从7500万元降低至2400余万元,最终判处有期徒刑 14 年。

还有一起非法经营的案件,我方当事人因为为赌博网站从事资金结算中转信息服务,检察院量刑建议为 8 ~ 10 年,但笔者辩护认为该案在定性上应该以赌博罪认定更合法。因为无论是结算本身还是中转结算行为,都是为赌博的完成服务,而且认定为主犯不合适,属于为结算和赌博网站辅助的行为,一审采纳了部分意见,认为 8 年以上罚不当罪,判决 5 年 10 个月有期徒刑。在二审期间,笔者通过一张行为过程与案件分析图(后文笔者将展示)与市级人民检察院承办人交流,得到了赞同,最终二审庭前会议中法检均同意将其改判为 4 年,最终开庭审理后判如所议。

刑事辩护人的自我要求

首先,要精于刑法及其司法解释,要善于抠法条、循立法目的、析构成要件。当事人的每一个行为细节都在法律上有一个对应的属性或者价值评判,刑事律师必须善于游走于当事人的行为细节、主观意识与法律规定之间。我们知道刑法就是解决有罪和无罪、此罪和彼罪以及罪刑轻重的问题。那么刑事诉讼也是解决定罪和量刑的问题,首先是有没有罪,其次是什么罪,再说罪轻和罪重,整个刑事诉讼从始至终都是解决定罪和量刑的问题。所以必须熟悉实体法,实体法即刑法是刑事辩护的基石,如果不熟悉实体法,那么辩护就会成为无源之水、无本之木,所以光强调技巧和方法是不够的,必须熟悉法律规定,我们才能开展刑事辩护。所谓实体法是解决三个问题:第一个是有没有罪的问题。比如是合同纠纷还是合同诈骗,前者是民事纠纷,后者是犯罪;再如是强奸、通奸还是谈恋爱,是故意杀人还是正当防卫等都是罪与非罪的问题,如果对刑法不熟,这些就无法区分。第二个是此罪与彼罪的问题。当事人是重罪还是轻罪?比如组织妇女卖淫罪和容留介绍卖淫罪,前者就是重罪,后者是轻罪。再如贷款诈骗罪和骗取贷款罪,贷款诈骗罪最高刑罚是无期,骗取贷款罪最高刑罚是 7 年。这两个罪的差别就在于有没有非法占有的目的。第三个是罪轻和罪重的问题。如果说定罪无可避免,那么就要考虑量刑轻重。一个案件从侦查、起诉到法院以后,有罪已经很明显了,事实清楚、证据充分,但是怎么判,是有探讨空间的。也就是前面律师职业存在必要性中所说的哪些情节可以适用。

其次，是要善于研究程序是否合法合规。关注程序也许对一般形式律师来说更重要，因为面对公检法的强势，特别是检察官盛气凌人时，如果把程序错误，非法证据强有力地指出来，比一般只是在刑法适用上辩护的人显得有优势。程序法也是我们目前非常重视的问题。用程序正义保证实体正义的实现，我们律师既维护被告人的实体权利，也维护他们的诉讼程序权利，如果程序有问题，就要及时提出来。曾坚信“正义或许会迟到，但永远不会缺席”，但这句话是建立在迟到的正义仍是正义的基础之上，但迟来的正义真的是正义吗？虽然迟来的裁判有着正义的结论，但是被误判的被告人及其家人因为这种裁判的迟到而受到更大程度的伤害，从受害当事人内心来说这并非正义。中国的法治化进程本身就是一个不断发展的过程，迟来的正义却好过没有正义。以张玉环杀人案为例，时隔26年之后，江西省高级人民法院再审宣判张玉环故意杀人案，最终以“原审判决事实不清，证据不足”，宣告张玉环无罪。背负故意杀人罪名26年，9778天，张玉环从一个风华正茂的少年等到了年逾半百的老人，终于等到了无罪宣告。虽然国家也启动了国家赔偿和追责程序，但是这26年的辛酸是无法用言语表达的，对张玉环及其家人的伤害也是无法逆转的。类似的案子还有很多，比如聂树斌案、呼格吉勒图案、赵作海案等都通过再审程序得到了的平反，这些案件之所以成为冤案就是因为在程序上没有实现正义，刑讯逼供、非法搜集证据、有罪推定等就是这些冤案的共性特征。这些刑事冤案的发生不仅使无辜之人错误地受到刑事追究，同时还放纵了真正的罪犯，对被告人及其家人、对被害人、对社会都造成了难以恢复的伤害。不过好在最后这些案件还是迎来了正义的曙光。因此，迟来的正义非正义，但是天网恢恢，疏而不漏，亡羊补牢好过无动于衷，真心希望正义的列车下次不要再迟到了。

再次，要熟悉证据法。证据包括证据资格、证明力、证明责任和证明标准的问题。如何认定一个案件事实清楚，证据充分，就是通过证据，把我们认定的事实变成法院认定的事实。打官司就是找证据，证据是刑事诉讼的核心，对于法律工作者尤其是律师，一定要用证据说话。这里也要注意，很多案件里言词证据是主要证据，言词证据虚假的可能性比较大，一定要认真审查，比如行贿受贿，双方当事人关于行贿时间地点、钱的来源等言词证据要相互印证，形成完整的证据锁链，才能定罪。如果一方说送了钱，一方说没收，就不能定，不过如果有三方当事人，其中两方的证词能印证，一方证词不一样，那么依然能够定罪。还有一种情况是两方本来证词对得上，但是过了一段时间一方却翻供了，这种翻供就无效，不能推翻原有的判决。所以言词证据容易变化，虚假的可能性比较大。还有就是排除非法证据，像威胁、暴力、疲劳审讯等。当然，由于不好取证，所以排除非法证据非常难。但是有些犯罪案件是有录音录像的，我们一定要看录音录像和笔录是否一致，不一致时应该以录音录像为准，通过观看录音录像发现非法证据。所以我们一定要非常熟悉证据原理、证据规则、证明标准、证明责任。作为法律人，要讲法律事实而不是客观事实，客观事实是我们追求的最高境界，但是有些时候很难实现，比如案件过去很久，证据不全，想完全恢复原来的面貌，也不现实，所以要讲法律事实。证据充分就定罪，不然就疑罪从无。这里我想强调一下疑罪从无，是指有罪和无罪发生争议时要从无而不能从轻，也不能悬而不决，但是在重罪和轻罪发生疑问时则应当从轻。理论上是这样，现实中还是要靠律师灵活运用和有效沟通。

还要学会综合运用多种手段辅助辩护。有几个法宝来辅助辩护：专家论证或意见、媒体监督、第三方机构意见。我们说的专家论证意见不是证据，就是一个建议和参考。他们不出庭，主要是探讨案件背后的法律问题。另外做专家论证意见要注意保密。关于案卷材料要不要给专家看也是有争议的，我的做法是把案件归纳成几个问题，简单介绍案情，以及需要论证什么问题，请专家利用自己的专长对案件作出判断。当今是信息化社会，媒体的监督作用很大，力量也很大。的确，很多冤假错案的平反，媒体监督都发挥了重大推动作用。但是对于媒体监督也要慎重处理，对于一些不公开审理的案件，是不能跟媒体透露的，如果引起严重后果，是要判刑的，媒体本身也会受到刑法处罚。还有些案件，涉及特殊的技术或专业领域知识，比如非法获利计算设计会计准则、毒品犯罪涉及纯度与含量计算，还有些暴力犯罪涉及钝器或锐器与肉体接触后的物理知识，这时候可以请第三方中介机构根据案情的细节进行模拟实验和说明。

最后，要善于结合最新司法理念、立法、司法改革、学术动态与办案人员沟通。刑事辩护的大部分精力在于庭前沟通，阶段越后面辩护越被动。特别是公安侦查阶段（纪委监察委办理的案件主要做好法律咨询并与办案人员探讨法律问题）和检察院审查起诉阶段要更加频繁与承办人就事实和法律问题进行沟通。侦查阶段主要是引导办案人员补充对当事人有利的证据，记录在案放入案卷,是否具有自首、立功等也应该积极争取。检察院审查起诉阶段的目标一是了结公安应该补充侦查没有补充的内容,通过阅卷明确哪些方面应该返回补充侦查;二是就法律定性问题展开探讨,探索有利于当事人的量刑。面对现实,全面认识掌握本案有关事实,正确认识所掌握证据,结合法律确立更有利于被告人的诉讼主张。盲目作无罪辩护,脱离实际,更容易损害被告人的利益。监狱改造减刑好,不如法院判得好。该认罪认罪,该赔偿赔偿。要熟悉立法、司法改革、学术动态。一方面,法律是永远在发展在前进的,不少罪名和刑罚都出现变化。刑辩律师的执业水平、辩护艺术再高超,也终究无法超越一国现行法律之规定。因此,立法、司法的改革与动态同刑事辩护律师的业务活动最为息息相关。另一方面,一名合格的刑辩律师总是不能脱离对学术界各种理论成果的掌握和学习。只有通过对学术动态的密切关注和学习研究,才能不断地从中汲取前进的动力和对刑事辩护的深刻理解和感悟。先进的司法理念很重要,同样的法律规定,在有些地方贯彻得好,有些地方贯彻得差,就跟理念有关。我们要贯彻先进的司法理念,摒弃落后的司法理念。比如重打击轻保障,就是重打击犯罪,轻保障被告人、嫌疑人的人权。这就是落后的理念,应该既重打击又重保障,甚至把保障人权放在打击犯罪之前,因为打击犯罪的目的也是保障人权,把保障人权放在首位,即保障当事人的合法权利。再如实体和程序,落后的司法理念是重实体轻程序。这种理念是错误的,应该实体与程序并重。法律在不断发展,司法理念也应当不断发展。还有一个是配合和制约。公检法机关之间,应该是分工负责,互相配合,互相制约的关系。如果怀抱先进的司法理念,那么即使法律规定有一些漏洞和瑕疵,依然能够在实践中做得很好,所以理念很重要。

辩 护 手 记

案例 1:邓某涉嫌非法经营罪、诈骗罪量刑建议无期徒刑最终判处有期徒刑 14 年

本案系公安部督办全国网络虚假刷单大案,短短半年时间内刷单金额达 5 亿多元。11 名犯罪嫌疑人(委托本所笔者的为首犯)通过组织“刷手”在网店虚假刷单,给予“刷手”一定返现佣金,提升了店铺营业额及排名,其“业务”初衷为

将自身店铺包装后出售或帮助他人提升排名。但因为“经营亏损”并因部分嫌疑人私自挪用刷单款,导致短款无法弥补,为将资金窟窿补上,嫌疑人开始采用“拆东墙补西墙”的方式组织更大规模刷单,且返还佣金点数更大,并承受京东、阿里等平台交易佣金和手续费,最终导致最后几批“刷手”款项迟迟无法返还,“刷手”报案而案发,无法返还款项最终确定为2497万元,到案被害人损失1795万元。本案案情复杂,案卷将近18,000多页,律师撰写的阅卷笔录字数达到13,000余字,各个嫌疑人之间对犯罪行为又有不同的交流方式,存在交叉关系,各个平台的佣金点数不同,刷单人在不同的阶段取得的佣金点数也不同,必须分时分段进行数据测算。

案件承办过程及各方意见:

侦查阶段意见:

认定涉案刷单非法经营金额5.6亿元,诈骗金额7500余万元,认为构成非法经营罪、诈骗罪,应数罪并罚,作为公安部督办全国性大案,嫌疑人可能被判处无期徒刑以上刑罚,侦查后移送市检察院审查起诉。笔者经过会见当事人后向公安提出补充侦查意见,并向民警出具审计提纲,引导公安查明有利于当事人的事实并固定证据。

审查起诉阶段意见:

1. 市人民检察院阅卷后初步认同公安定性,量刑建议为无期徒刑。经笔者两次约见检察官交流案件定性和审计数据疑点,得到检察院认可,退回补充侦查并重新审计,认定公安定性错误,不构成非法经营罪,且诈骗金额错误,应在有期徒刑范围内考量,退至区人民检察院审查起诉。

2. 区人民检察院审查后确认构成一罪,采纳笔者关于审计错误的意见,剔除相关数据后诈骗金额从7500余万元降至近2497万元,刷单金额为5.17亿元,量刑建议从原来无期徒刑变更为有期徒刑15年,告知认罪认罚且退赃可再减1年~2年(笔者征求当事人意见后认为暂时不作认罪认罚)。

一审阶段结果:

笔者在一审期间多次奔走于法院和检察院,在确认法院对区人民检察院的定性及量刑建议基本认可的基础上,积极“谈判”认罪认罚和退赃后给予从轻处罚,最终一审判处有期徒刑14年,并处罚金500万元。当事人当庭表示认罪认罚,不上诉。

邓某某涉嫌诈骗罪
辩护意见书(一)

Q州市F区人民检察院:

本所接受邓某某委托,指派我作为其辩护人,为邓某某涉嫌诈骗罪一案,为其提出辩护意见如下:

我们通过会见当事人,审阅案卷(86卷)后认为:

邓某某涉嫌诈骗犯罪目前构罪证据不足(86卷中)、犯罪所得数额无依据;但如构罪:系原因李某首先非法占有刷单人本金引发资金缺口而起,主观恶性不大;其行为如确实基于主观上非法占有他人财物归自己所有、客观上占有了他人资金归自己所有的(非他人所得),应以其实际取得的数额并结合其他情节作为从犯量刑,从轻或减轻处罚。

具体理由如下:

1. 关于构成诈骗罪的三大关键问题目前案卷无法查实:一是邓某某是否出于非法占有的目的,二是是否实际占用了刷单人款项,三是占用的款项的计算,均应依据法律规定确定,但目前存在证据不足、金额未准确认定的问题。

(1)要审查邓某某的动机和目的,从辩护人已经审阅的86卷案卷看,该案中刷单人的资金无法返还的起因主要是李某在前一阶段(3月中旬开始)占用了大额资金,其次是刷单人自己、平台、组织刷单的人、店铺业主的点数回扣所致,案卷中没能反映邓某某在主观上有占有资金的行为表现或意思表示,客观上没有证据表明其将刷单资金占为己有,拒不返还。

具体来说,案卷反映出是邓某某与李某的分工是李某开拓业务,主导刷单地点和刷单量但不接触刷单人,邓某某根据其指示让刷单人刷(通过代放),就无论该案构成何罪李某都是主犯,邓某某是从犯,但辩护人要重点指出:卷三至卷六内容清晰反映2019年3月中旬到5月初,李某联系到孙某某,让刷单到的钱大部分打给邓某某,部分打给李某,少部分孙某某留着。可以肯定的是,李某和孙某某不与客户接触,二人占用的钱明确是归其个人所有的,而邓某某需要将钱返还给刷单人,如占用则很快事发,不至于到5月。

(2)整个案卷(86卷中)中没能看出邓某某用语言表示部分资金他要占为

己有，或看到其占有了的证据，反而李某占有及各类回扣（佣金）是能够确定的。所谓受害人的刷单人因其所获知的上线是邓某某而非李某，也不关心其他人或平台将取得回扣，更忽视了众多刷单人积少成多的回扣也将占用很大的资金量造成资金缺口，且因拆东墙补西墙、刷单规模越来越大导致该类回扣（佣金）规模也越来越大。

（3）从犯罪所得看，侦查机关将所有受害人本金缺口机械相加结果作为犯罪所得明显错误。

首先，李某将少部分资金占为己有时，邓某某并不知晓，即使案发后知道了也是犯罪所得已经完成，据其陈述，后来李某仍骗邓某某其将尽快补缺口，让他组织新线刷单先补上。

其次，刷单人在忽略自身拿到的佣金而直接将本金相加，数额为7723.0621万元，而刷单金额59,567.6029万元，本金缺口占刷单总额12.97%，从案卷反映的各部分占用比例为：代放及刷单人取得2%～8%（逐渐增加），京东、阿里等平台针对信用卡收取点数8‰，孙某某等店铺业主占有2‰，李某在4月20日之后占用近500万元，此前未能统计。邓某某所谓诈骗金额应在扣除上述款项后的范围内计算。

综上，初步比较总额比例和各项占款，邓某某未实际占用他人资金或占有极其有限。辩护人建议进行审计，如上述余额与邓某某所得回扣一致，则不构成诈骗罪，其所得为非法经营行为所得，构成一罪，如超过其回扣，则结合其他补充的证据综合认定实际所得。

2.从案卷反映的事实及案发后邓某某的行为可以得出其诈骗目的消极或缺失，主观恶性小，非法占有他人财产的社会危害性不大。

（1）从邓某某所在微信群聊天记录看，局面难控制（刷单人不愿意接受延迟兑付）的事出现在5月8日后，这说明确实是一个逐渐积累风险的过程，因为了堵住小缺口引发大缺口，因李某占用及长时间积累的佣金多引发，邓某某占用资金所致的可能性小。刘某深、贾某的陈述和聊天记录也显示：邓某某开始有资金缺口无法归还刷单人的钱的起始时间：2019年4月，该时间与李某从3月中旬开始抽取刷单款逐渐引发的危机是一致的。

（2）卷七贾某反映：2018年年末至2019年4月邓某某向贾某借高利贷总计1000余万元，用于周转刷单返款，也说明其主观恶性小，并不想追求取得他人财物，否则没必要承担高额利息。背后的原因：邓某某对李某前期占用资金不知情，此后被骗取信任继续刷单，而回扣增加引发更大缺口。

（3）据邓某某所言，事发后邓某某多次要求李某还回刷单应返还欠款，并从江苏赶往深圳试图追回款项。2019 年 4 月底，他到深圳催李某返还刷单款，李某告知其会尽快还款，并诱骗他"开辟新线"，再组织一批刷单弥补此前缺口，等待他筹钱后再弥补新刷缺口，结果李某先失联，缺口无法弥补。

3. 本案其他需要查明的事实（86 卷中未能反映的事实）。

（1）李某在 2019 年 4 月 20 日之前占有的资金，刷单人（包括取得本金和佣金的刷单人）取得的佣金（回扣），以及店铺业主、代放等中间人收取的佣金回扣等非邓某某取得的数额。

（2）就非法经营和诈骗，李某和邓某某分别的共同犯罪故意时间点（双方聊天记录），区别共同预谋占有刷单人资金与完成犯罪后另一人才得知的情形。

（3）两者的实际占有的资金及去向，区别自身占用未归还部分、用于归还刷单人本金部分（包括转给代放）或其他用途。

综上，诈骗罪要以非法占有为目的，但邓某某是因前期李某、各类回扣占款导致需补窟窿，后面继续通过组织更大规模的刷单，付出更多的佣金回扣，导致更大规模的缺口，但他实际未能占有资金或占有资金是有限的，有必要在涉案资金中区分其占用的资金和实际是其他犯罪嫌疑人及此前获得佣金的刷单人获得的非法收入，用以区分罪与非罪，或仅仅构成非法经营罪，或构成诈骗罪但情节较轻。

此致

Q 州市 F 区人民检察院

辩护人：池锦刚律师

2019 年 12 月 4 日

邓某某涉嫌诈骗罪、非法经营罪
辩护意见书（二）

Q 州市 F 区人民检察院：

贵院受理的邓某某等涉嫌诈骗罪、非法经营罪一案，本所接受邓某某委托，指派本人为其辩护,前期本人已经对案卷86卷部分认真审查,经过会见犯罪嫌疑人再一次核实案情并仔细查看了其余案卷,综合全案,补充辩护意见如下:

总体来看,邓某某因长期从事组织刷单,构成非法经营罪相对明确,但对自身最终未能非法占有的、金额具体的他人款项,是否构成诈骗罪,如构罪犯罪所得是多少,还存在较多疑点且存在多个从轻处罚情节。

1. 如邓某某构成诈骗罪,李某与邓某某属主从犯关系,邓某某是从犯,有“被骗入局”的关键前提。

(1)综合全案,从犯罪结果发生的起因和两者的分工看,邓某某只是李某的一个犯罪的工具,为李某提供犯罪所得的方便,在起因上明显存在不同性质和主体间的行为交叉的现象——刚开始邓某某以为一直在从事“刷单”过程,但实际李某在组织刷单中已经开始从中“抽取”资金,利用刷单信息的不对称让邓某某觉得李某已经返还该还给刷单人的资金,即早在邓某某仅仅从事刷单的非法经营期间,就开始非法占有刷单人的本金,从而不断积累引发最后无法弥补。卷三85页显示,经李某核实3月17日至21日孙某某总计转李某个人1283万元,而在李某取得时邓某某浑然不知。再如李某从张某维那取得店铺运营权,刷单后给张某维按照一单10元,总计给张某维几千元。去张某维的工厂参观也是李某导演,邓某某按部就班。(从主客观相统一的定罪要求看,邓某某是否构成诈骗罪存疑)

(2)从上述事实看责任的大小,李某应对此前“私自”非法占有的款项负所有责任,对此后骗取更多人刷单款项弥补其个人独占短款负主要责任。如在邓某某还没被安排参与刷单时,在3月17日孙某某直接转给李某的470万元,其中转入李某的招商银行6576结尾的账户200万元,其余270万元转招商银行彭某某9623账户(卷三第54~55页),此后如法炮制。第二阶段的刷单明显是邓某某基于被隐瞒事实而对占款事实的错误认识进一步导致了危害结果的扩大,按照犯罪中的作用,特别是引发严重犯罪后果的主要原因分析,两者也是主从关系。卷三显示,李某第一次指示孙某某向邓转款224万元是在3月24日,此前孙某某、邓某某二人无从接触。我们并不关心法律应该对李某判处怎样的刑罚,我们关心的是公正和公平,包括区分主从犯或者社会危害性大小的比较。

(3)辩护人会见邓某某期间,其提供了李某隐瞒事实,最先开始占用资金的新犯罪线索:2018年5月至2019年5月案发,李某控制的“贝乐”“爱英海购”两个店让邓某某帮忙组织刷单，总计1000余万元，至今未将刷单款供邓某某返还，而以各种理由拖延。查明李某新的犯罪线索，更有利于查明事情起因与主犯的认定。

类似的情形在案卷中多处描述，如2019年3月陆某某说返款跟不上，差了好几百万元，邓某某就问李某，李某说全部返还了，而实际上从孙某某和李某的微信聊天记录看，李某在返还邓某某之前自己就截留了1280万元以上，又过了1个多月，陆某某也说差1000多万元了，5月初陆某某带人到李某家砸门，并威胁不还钱杀全家（辩护人已经提供报案记录），邓某某在害怕之后就让康某某找到何某某找人刷单补下线的缺口。

2. 现有证据表明邓某某客观上没有最终获得非法收入，主观上不是以将非法获取的资金归自己所有为目的。

（1）公安卷侦查意见书中李某、邓某某因二人“经营亏损”而占有他人资金用于归还说法不恰当，上述内容已经能证实表邓某某占用刷单人本金的用途：

①对大部分短款属于李某已经占有而他不知情，麻木用后续刷单款去填补；

②对李某占有款项已知的情况下，被骗以为暂时填补下李某会自己还回。

案卷中唯一显示其非法占有资金的证据是其供述，就诈骗数额前后陈述不一，主要原因是对诈骗的认识不足，所谓诈骗所得实际不存在，诈骗罪案卷122页显示，邓某某说他认为总计诈骗7000多万元，其中自己骗取2000万元、李某拿去1000多万元、康某某1500万元、陆某某1100多万元。该供述明显不符合法律规定，仅能证实不与刷单人接触的李某诈骗部分（不止）中邓某某知道的就有1000多万元（前述孙某某在开始向邓某某转款前转给李某就有1283万元）因为：

①邓某某自己2000多万元被问及去哪里了，他回答：还贾某1000多万元，其他投入店铺经营亏损。而与贾某的聊天记录及贾某的陈述表明：邓某某在2019年4月向其借钱1000万元是用于刷单冲业绩，有些是直接用于偿还刷单人的，如2019年4月最后一次150万元中有80万元打入李某（另一个下线代放）账户，该时间节点与后续资金缺口大的时间吻合。贾某微信聊天记录还显示，因为阿里和京东平台压款，所以造成刷单款无法按期支付，他向贾某借款以垫付刷单款。而所谓店铺亏损也是和刷单后需要支付各类费用和点数而需要弥补，同样实际没有占用取得。辩护人认为，将支付给他人和平台的佣金、回扣作为诈骗

所得,并计入犯罪成本不符合常理。

②康某某、陆某某取得的金额更明确和诈骗无关,其二人也未被列入诈骗嫌疑人。

(2)在主观方面,从邓某某与贾某、邓某某与代放等人的聊天记录都可以看出,因前期短款,邓某某为了补缺不仅扩大规模组织刷单,而且还借钱去补,尽管其出发点是为了平息前期刷单人的情绪,但能说明其目的不在于骗得占为己有,其愚昧的行为是否需要以严厉的惩罚给予刑法上的评价值得探讨。诈骗罪案卷宗显示,邓某某供述至2019年4月,其刷单“赚到1000万元的佣金”都拿去补李某的窟窿,在与代放的聊天记录中他说,为了“化解危机”,他愿意给予更大的提成(最高8%),自己的提成也不要。而且,在前期短款并非他的原因所致的情况下,后续刷单人的钱被用于补前期刷单短款,是作为诈骗非法所得还是非法经营造成的损失,其性质需要进一步论证。

(3)经过阅卷可知:公安起诉意见书中所谓的李某和邓某某“经营亏损”,实际是李某称的他从孙某某店里进货放自己的店铺卖,让邓某某给他的店铺刷单,每单8元结算,因李某店铺亏损,2018年上半年李某就开始少给邓某某钱,邓某某向他要,他说压力大,过段时间再还,邓某某因被刷单人催只好从别的刷单中为李某垫付。邓某某本身有被欺骗的因素。

3. 邓某某犯罪时的主观恶性小和犯罪后的认罪态度“过好”。

(1)上述案情反映相比一直暗自占有刷单人钱的李某,邓某某一开始就是想从刷单业务中赚取佣金,与《刑法》规定的非法“占有”为目的相距甚远,如需要在诈骗罪中处罚,应着重考虑其非法占用他人财物的主观恶性小。

(2)其认罪态度“过好”。前述其对诈骗数额完全认识错误,多次将并非诈骗数额错误计入,比如他说孙某某的店铺后面刷单人的钱就没返还了,但民警问到去处,他说了这些钱的去向:支付该次部分刷手的本金、此前刷单人的本金和好处费、佣金、为李某垫款付出的钱等(诈骗卷第118页),其他如前述。对所谓犯罪所得的大包大揽,在一个相对理性的人看来,似乎有点傻,但他认为是一种态度,他在会见中不断表示对刷单人损失表示忏悔。我们要从整个案件中挖掘事实情况,应该承担的让他承担下来,但是不是他应负的责任,即使他错误地认为是,也不应由其承担。

(3)结合在犯罪过程中,邓某某有条件占有而未实际将他人财物占得而最终归自己所有和在犯罪后其从侦查以来的认罪悔罪表现,包括签署了认罪认罚,配合调查,应当比较主犯李某有较大幅度地减轻处罚。而审阅所有关于李某的供述,他被指控的是诈骗罪,但没有任何诈骗行为的描述,认为一切都是听从邓某某的安排,在笔录中明确表示从未截留过钱,这与前述其聊天记录及转账凭证反映出的情况截然相反。

4. 基于本案案情极其复杂、争议极大的客观事实,以及归案后邓某某悔罪和认罪态度突出等情节,恳请司法机关能从司法人道主义考量,对邓某某切实从轻或减轻处罚。

辩护人认为,邓某某是犯罪行中尚有部分事实未能查清,涉案金额中与其有关的金额到底有多少则争议更大,从"罪疑从轻、疑罪从无"的角度出发,宜对其适用相对从轻或减轻的处罚。

此外,邓某某系家中顶梁柱,家中长辈年事已高,65 岁的老父、近 90 岁的祖父、67 岁丈母娘,同时其妻子盛某某肢体一级残疾,生活无法自理,还有一个 9 岁的女儿和一个 4 岁的儿子,特别是儿子患病,长期往返北京、江苏治疗。全家视邓某某为顶梁柱,现在家中困难景象常人难以想象,靠亲戚"值班"式地照料其家庭成员,如能从轻或减轻处罚,则相应增加了其尽孝、抚小和照料妻子的机会和时间。若办案机关能从司法人道主义考量,综合权衡其主观恶性和刑满后再犯的可能性均较小,令其尽早结束改造,则更能体现司法人性化,有利于家庭的安宁和稳定,有利于法律效果和社会效果相统一的真正落实。

综上,整个案卷除了犯罪数额的计算及与主体的对应关系外,其他事实已经比较明确,辩护人认为邓某某应当承担的责任应结合:其犯罪行为占有他人财物归自己所有的主观动机不强、犯罪地位处于被支配、被策划安排的次要地位、归案后的真诚的悔罪悔过态度、在家庭中个人的重要性、个人本性及一贯表现等,给予公正处罚,以便尽早重新做人,承担应有的社会责任。

辩护人:池锦刚律师

2020 年 1 月 21 日

邓某某涉嫌诈骗罪、非法经营罪
辩护意见书(三)

Q州市F区人民法院:

本所接受犯罪嫌疑人邓某某委托,指派本律师为其辩护人,经过会见当事人和听取对事实的确认,并认真、负责任地对所有案卷进行审阅和分析,现再次发表辩护意见如下:

首先,我作为法律共同体的一员要向本案的办案人员致敬,从本案受案并至今,我所见到的公检法办案人员都兢兢业业,案卷数量之多、涉及人员和区域之广,承办人耐心多次接待辩护人并听取意见,市、区两级检察机关在耐心听取辩护人法律意见后果断接受辩护人针对审计错误的建议,都是尽心履职的表现,但本案存在的争议和疑点仍然较多,很多问题一时无法给出详尽的定量信息。

邓某某构成的是否是诈骗罪存疑,根据其犯罪的情节、主观恶性、犯罪实际所得金额及犯罪后的悔罪表现和认罪态度,结合其极其特殊的家庭情况从司法人道主义的角度建议对其从轻处罚,具体如下:

1. 按照主客观相统一的构罪原则和标准,邓某某行为是否构成诈骗罪存疑。

(1)客观上,其有能力取得刷单人资金而实际最终取得他人资金数额有限,没有完整地完成《刑法》上的"非法占有"行为,且不但没有明显占有他人财产的表现,反而将此前经营所得填补"倒贴"出去,以平息"经营"短款危机。

司法机关在认定诈骗罪主观方面的非法占有目的时,应当综合考量客观行为结果,特别是不仅从受害人角度看损失还应看行为主体的适格或匹配,诚然刷单人本金有损失,但邓某某最终没有取得非法所得。我国刑法诈骗罪犯罪既遂客观构成要件中"使用欺诈方法骗取数额较大的公私财物"说明,行为人必须取得他人财物。

(2)主观上,其并没有非法占有他人资金的主观故意。因邓某某后续为填补并非他所导致的所谓"亏损"进一步组织刷单,其行为还是原先的非法刷单行为,表面看似乎是两个罪名的竞合,但因主观目的不同会构成不同罪名,因取一罪论处,因其不具有将刷单进来的钱占为己有的主观目的,从这个角度上说,应该将诈骗罪排除在外,而仍然构成非法经营罪。

根据主客观相统一原则，辩护人在研究该类犯罪发现，很多立法专家建议在基于结果进行认定的同时，兼顾行为对非法占有目的的推定作用，在基于正面证据进行论证的同时允许反证推翻非法占有目的的认定。辩护人认为，如果邓某某有该目的，则必然占有取得财物，但事实并非如此。

(3)关于邓某某辩解中自认已经骗得的资金，其多次说法不一，但并非其不诚实（对其认罪和悔罪态度诚恳这点各方应该没有异议），而是对何为诈骗存在模糊甚至错误的认识，其将归还刷单人的钱误认为自己诈骗所得，具体可见有诈骗卷的第120页至第122页，而事实其本身并未实际从中牟利或获利，甚至倒贴出了此前的经营所得。

最高人民法院《全国法院审理金融犯罪案件工作座谈会纪要》（法〔2001〕8号）规定："在司法实践中，认定是否具有非法占有为目的，应当坚持主客观相一致的原则，既要避免单纯根据损失结果客观归罪，也不能仅凭被告人自己的供述，而应当根据案件具体情况具体分析。"张明楷、车浩等多个权威专家都认可：非法占有目的实际上是"非法使自己财产总量增加的牟利目的"或者"不法获利目的"，通常是很容易通过欺骗他人而致使其交付财物的行为而达到牟利或获利目的。

(4)如果邓某某有非法占有的目的，其不可能在危机爆发后，将此前其认为经营所得获利全部吐出，甚至处理自己的财产用于填补救急，因此认定其有诈骗目的与生活常理都不符，可以严谨的刑法处罚来制裁。如果要处罚，应重点考虑该事实能反映其主观恶性不大，以轻微处罚为宜。

(5)邓某某用后续刷单款填补此前短款的过程中没有接触款项，事实上造成刷单人损失即所谓犯罪结果的原因是前期他人刷单本金的亏空需要弥补，以及为此付出更大佣金及扣点等，而他人刷单本金亏空实际是另有他人捏造前期款项已经全部返还的事实、隐瞒私吞的真相，而这些一环加一环，分析犯罪行为及其根本上的因果关系均与邓某某没有直接关系，而是其自身被欺骗隐瞒，其进一步非法经营的行为成为他人企图拖延案发的犯罪工具。

2. 所谓刷单人被骗损失的本金，根本原因是被其他犯罪嫌疑人所骗导致，邓某某后期进一步以非法刷单去填补是一种事实认识错误，没有诈骗的主观动机和目的，也没有占有取得非法收入的事实基础。

(1)群聊天记录显示，最初出现短款情况，邓某某不知所措，没有认识到是有人已经截留了刷单款,转而将责任归咎于自己,继续组织新刷资金弥补前期短款。邓某某与代放微信聊天群显示,当陆某杰等人告知还有人反馈没有收到刷单本金时,他表现出的是出乎意料。

(2)邓某某后续进一步组织刷单造成的损失是否应计入诈骗所得存疑,要不是于事无补而难以控制局面,他会继续暂时以新单补旧单的方式延缓危机,同时等待私自挪用款项的人把钱还给刷单人,尽管该方式愚蠢至极,但以诈骗评价,与刑法的规定有一定差距。

(3)比较各个犯罪主体,在认定诈骗罪层面上,邓某某和其他织刷单人都没有占有刷单人款项的目的,行为性质是一致,且在该过程中各方有过意思沟通,只是参与的环节不同,理论上比较而言,其他人没有被认定为诈骗罪,邓某某也不应认定为诈骗罪。事实上,他们确实欺骗了刷单人,但该欺骗与刑法上的诈骗不是同一性质,主要是他对实际骗取资金的人来弥补仍抱有希望,却又到底需要填补多少资金没有具体核实,更没有对"拆东墙补西墙"的方式评估后果。案卷中反映邓某某发现短款后,得到的回复是暂时挪用,让他开辟新线暂时弥补,等待还款。该辩解与后期将自己资金一并用于弥补的行为是能够印证的,具有合理性。

(4)邓某某认为部分骗得的资金总计2000余万元是个人占有,用途是用于还债和填补店铺亏损,实际上指还贾某此前借的仍然用于归还部分刷单人的款项;其他嫌疑人个人占用而谎称店铺亏损的款项。所谓骗得归其个人的款项性质和其他一样。

(5)诈骗罪侵犯的是财产所有权,本案刷单的受害人应对自身财务损失负有责任,从而相应减少邓某某等人的罪责。刷单行为属于扰乱市场经济秩序的非法行为,非法行为本不应受到法律保护,且作为成年人对自己资金亲自操作存在风险应该是明知的,在包括京东、淘宝等平台、银联、代放及刷单人自己等主体需要收取佣金和费用也是明知的,至少有一方要遭受损失,但该群体仍积极参与,很大一部分人都不是第一次参与。

综上,即使将邓某某组织新刷单款还旧刷单款的行为认定为诈骗,其应比较实际占有他人资金的嫌疑人从轻或减轻处罚,比较参与其他组织刷单环节的而未定该罪的行为人、参照法律面前人人平等原则和罪责刑相适应原则予以考量。

3. 邓某某的行为表现出的主观恶性不大,出现严重后果固然事出有因,主要是处理危机的能力不足所致。

邓某某在危机出现后，他为了刷单补缺口，主动放弃不要自己惯收的佣金，更大规模的刷单恰恰是不适当地想解决刷单被占用的款项。

从贾某处借款的目的也是愚钝地用高利贷去堵漏洞，并未用于其他事项。

从认罪态度看，邓某某甚至对定性错误大包大揽。从公安到目前一直坚持认罪认罚。

邓某某最终未能取得财物：从案卷中反映甚至为了解决危机，不仅把此前取得款项拿出给代放，还在陆某某、康某某二人催促下卖车、卖房，在案发前主动退赃200万元，在庭前又通过家里东拼西凑尽最大努力退赃30万元，总计230万元。

就诈骗金额，李某与孙某某商议将款项私自占有的1000多万元，不应计入邓某某数据也就是起诉书2000多万元总额是对的，希望法庭能再进一步细分其诈骗数额：2497万元－1959万元＝538万元。

4. 基于本案案情极其复杂、争议极大的客观事实，以及归案后邓某某悔罪和认罪态度突出等情节，恳请司法机关能从司法人道主义考量，对邓某某切实从轻或减轻处罚。

辩护人认为，邓某某是否构成诈骗罪还存在一定争议，涉案金额中与其有关的金额到底有多少则争议更大，从"罪疑从轻、疑罪从无"的角度出发，宜对其适用相对从轻或减轻的处罚。

此外，邓某某系家中顶梁柱，家中长辈年事已高，65岁的老父、近90岁的祖父、67岁丈母娘，同时其妻子盛某某肢体一级残疾，生活无法自理，还有一个9岁的女儿和一个4岁的儿子，特别是儿子患病，长期往返北京、江苏治疗。全家视邓某某为顶梁柱，现在家中困顿景象常人难以想象，靠亲戚"值班"式地照料其家庭成员，如能从轻或减轻处罚，则相应增加了其尽孝、抚小和照料妻子的机会和时间。若办案机关能从司法人道主义考量，综合权衡其主观恶性和刑满后再犯的可能性均较小，令其尽早结束改造，则更能体现司法人性化，有利于家庭的安宁和稳定，有利于法律效果和社会效果相统一的真正落实。

辩护人：池锦刚律师

2021年10月28日

案例2:许某涉嫌诈骗罪无罪辩护成功

公安机关侦查查明认为:犯罪嫌疑人许某某为了谋取利益,在明知他人使用其银行卡、支付宝进行违法犯罪资金转移的情况下仍然将其本人名下银行卡及本人支付宝提供给陈某等人使用,该银行卡涉案情况:贺某等人网上刷单被诈骗案。据此许某某涉嫌诈骗罪,将此案移送审查起诉。

在笔者接受委托后,发现本案存在诸多疑问,且此前因为出借银行卡被告知是他人银行卡因民间借贷被诉讼被冻需要转账,后因为获得好处费太少在微信上发生争执,当事人还为此报警,理由是说好借用给的费用没有兑现,附近派出所出警后有笔录记载。后公安因为监控到有诈骗而找到其他人员调查,当事人据此得知与犯罪有关。笔者认为这是一起缺乏犯罪主观认识的事实,不宜认定为犯罪。其中还存在办案人员诱导供述的情况,据此笔者向检察机关提出非法证据排除及补充侦查后,检察机关承办检察官经过两次交流后决定给予不起诉决定。

文书:

非法证据排除即调证申请书

申请人:池锦刚,北京盈科(衢州)律师事务所律师,系许某某辩护人。

申请事项:

1. 申请对2022年7月11日C县公安局王某涛、孙某文对许某某所做的讯问笔录进行非法证据排除;

2. 申请对2022年7月12日C县公安局王某涛、胡某芳对张某某所做的询问笔录进行非法证据排除;

3. 申请查阅上述1、2项的讯问录音录像;

4. 申请查阅2022年7月11日办案民警在讯问许某某前的执法记录仪视频内容;

5. 申请调阅2022年4月14~15日徐某杰向衢州市公安局柯城公安分局府山派出所报案的报案材料接案登记与报警询问笔录;

6. 申请调阅2022年6月衢州市公安局柯城公安分局信安派出所向许某某

调查案件相关情况所做的询问笔录；

7. 申请调取张某某与许某某2022年4月13～16日的微信聊天记录。

事实和理由：

贵院受理的许某某涉嫌诈骗罪一案，现已进入审查起诉，根据许某某所述，其对客观上从事过提供银行卡给可能是非法目的的人员转账一事没有异议，因此表示认罪。但是，根据辩护人仔细询问整个行为过程，存在以下合理怀疑有待审查：

一是许某某认识到或明知提供银行卡给他人使用是严重违法的时间是行为全部完成之后，在行为发生前没有犯罪故意，在实行过程中仅是怀疑可能是非法。

二是许某某在认识到可能是非法时有受到胁迫或人身威胁，主动实施提供银行卡转账并取款的意愿很弱。

具体为：

1. 在行为发生前一天晚上，张某某找许某某微信聊天说服他提供银行卡时，他是询问过会不会是违法的，张某某明确回复不违法还能赚钱，许某某理解为是大学生兼职，作为学生确实思想比较单纯，没有犯罪故意。

2. 许某某第二天看到车上有两个社会人员，身上有文身，他的真实想法确实是因这些人引发的思考——可能是坏人在利用自己，而此事他不敢违抗是因为怕被打击报复，因为此前他在校外打篮球曾经被社会上的人打过，就是看到类似的人一大群这类人。因此后面一直是被现实的“危险”所迫而为，不能代表其真实意图。

3. 上述情况在笔录中未能反映的原因：在讯问前办案民警先要求该内容不要说，他告知辩护人“我说过这是一种胁迫，我害怕被报复挨打，我还说过问张某某违不违法，她说不违法，但警察说这个属于避重就轻，自己知道有好处还要做就是违法，到时候不用说这些”。且办案民警交待：“如果说不好，晚上就别出来了”，就是不按照公安要求说，就要关在办案区。

张某某未能将该情况全面反映，是否也有民警“指示”，存在疑问。

4. 讯问过程并非与笔录所记载一致，基本是民警诱导或将设想事实陈述后，供当事人承认一声完成。

5. 就行为过程本身，许某某在被胁迫提供银行卡后有报警记录，K区两个派出所也分别在近年4月和6月做了记录,能相对客观反映案件事实。特别需要注意的是,他的目的固然存在答应给报酬应该支付,但取得报酬一方面属于不当取得赃款的范畴,应负的责任仅仅是退出赃款;另一方面该行为与实施行为是否犯罪是两个概念。犯罪定性应该严谨按照主客观相统一的原则入罪。

综上,辩护人申请检察机关调取相关证据,以审查嫌疑人没有犯罪主观条件的可能性。

辩护人:池锦刚律师

2022年9月10日

案例3:张某某涉嫌非法经营罪被建议量刑10年最终判处4年

检察机关指控:2018年,犯罪嫌疑人张某某在网上购买了一套资金结算服务系统网站源代码,后雇用陈某智、陈某杰、梁某连(化名“Arno”,未到案)在互联网上部署搭建了名称为“015pay”的资金结算服务网站平台,帮助赌博网站进行资金结算服务。2018年8月,“015pay”平台设置了负责平台经营管理的客服管理员,开通用户账号,接入上下游对接收付款的渠道商等开始正式运营。运营期间,犯罪嫌疑人陈某智、陈某杰、梁某连负责平台日常经营的技术保障,客服管理员负责使用TeleGram对接联系平台用户、接入平台的收付款通道商。犯罪嫌疑人张某某作为平台老板,负责平台的经营管理。

“015pay”平台正式经营以来,先后共接入了“立马付”等100余个上下游收付款渠道商,帮助100余个平台用户为“亚博”“泰博娱乐”等赌博平台进行资金结算服务。2018年8月7日至2020年12月30日,“015pay”四方平台共帮助赌博平台结算资金2,696,640笔,累计帮助结算资金1,594,521,065元,平台累计获利42,922,636元。据犯罪嫌疑人张某某交代,其经营015pay平台以来,获利50余万元。据此认为,犯罪嫌疑人张某某、陈某智、陈某杰在未获得支付结算业务许可的情况下,参与搭建“015pay”资金结算平台,为赌博网站提供资金结算业务,并从中赚取佣金获利,其行为已触犯了《刑法》第225条之规定,涉嫌非法经营罪。

笔者在审查起诉时接受委托,认为罪名和交流后认为的量刑建议有问题,检察官坚持不改量刑8年~10年的建议,经过与一审法官交流和庭审后,一审虽然没有改变罪名和犯罪地位(笔者建议以从犯论处),但是做量刑上给予考虑该罪名和犯罪地位的争议,判决5年10个月,笔者认为这是一个上诉的机会,如二审在罪名和犯罪地位上有突破则必然再次减轻处罚,最终二审判处4年有期徒刑。

辩护文书:

张某某涉嫌非法经营罪
辩护意见书(一)

K区人民检察院:

贵院受理的张某某等涉嫌非法经营罪一案,本所接受张某某及家属委托后,指派本律师担任辩护人,经过长时间会见犯罪嫌疑人,结合案卷内容,提出辩护意见如下:

1. 张某某从事的行为是明知是赌博网站而为他们提供资金结算业务的复核确认,为结算平台提供便利,该"结算"不是开放性的一般结算,而是闭环于赌博或开设赌场中,是《刑法》中开设赌场罪、赌博罪、"帮信罪"及司法解释中具体罪名关联的"结算"规定,应按罪刑法定原则定以开设赌场罪和"帮信罪"中从一重处罚。

(1)其行为是专门为赌博网站提供结算业务,而非提供普遍的或一般性的结算业务,与没有结算许可证(如支付宝、微信)开展资金结算业务有本质区别,其主观目的和客观事实专门指向为赌博网站服务或为赌博人员服务,这是一个明显的赌博网站或赌博会员特定犯罪行为的帮助犯,不具有非法经营罪中"结算"业务的特征——普遍的(不具有特定性)、开放的结算业务。

(2)其侵害的法益明显已经被赌博网站的关联性闭环于开设赌场的行为当中,其并未侵害国家对支付结算业务管理秩序,而是使参与赌博的人更顺利地完成赌博行为,其社会危害无法超越赌博网站对社会的影响。同时他也从来没有接受社会一般货币结算业务。

(3)从刑法的处罚性或社会危害性看,非法经营罪重于开设赌场罪和"帮信罪",如果定非法经营罪则严重违反罪责性相适应原则。在证据卷第30页中,其对行为过程和角色打了一个比方:为赌博网站在上游结算平台上能顺利结算提供辅助，其社会危害性肯定是在作为固有的上下游即赌博网站和支付通道之下，这是有主要行为和辅助行为之间的关系决定的。

2. 张某某具有犯罪中止情节，且是提出犯罪中止意愿最强的人，主观恶性相对小，具有法定减轻处罚情节。（详见附件：犯罪中止认定及补充侦查申请书）

（1）在第三、四、六次等讯问笔录中，公安就相关网站停运情况询问其是否有补充，张某某均表示其早已觉得违法不值得，主动关停了网站。

①在第37页第三次讯问中"问：你还有无其他补充？答：有一点我补充一下，因为我知道做015平台帮助赌博平台结算资金是犯法的，2020年12月底的时候，我自己把015平停掉了，之后就没有再做了。"

②在第40页第四次讯问中，他不但继续如实供述了中止情况并表示愿意主动退赃"你对自己的行为有什么看法？答：2020年我意识到我做的事情触犯法律，所以在平台停掉了。我对自己的行为认罪认罚，并且愿意把我赚的钱全部退出来"。

③在第47页第四次讯问中，他进一步确认存在主动中止并表示认罪认罚："问你对此事有何看法？答：我现在已经意识到自己的行为是犯法的，我之前也说了，我做015pay支付平台没有赚到什么大钱，2020年12月就主动停掉没有做了。问：你是否认罪认罚？答：我认罪认罚。"

（2）从犯罪工具（电脑、手机）的勘验笔录中可以印证他的最后访问时间确实在2020年12月30日左右，实际时间应该是在2021年1月7日左右。如第210页小米笔记本电脑勘验笔录：查验360浏览器历史记录，发现多条访问"015pay. com"的记录时间是从2020年10月16日至2021年1月7日。其他电脑中也照样应该有此类证明。公安机关应该进一步核实具体关停情况。

（3）根据会见张某某时其供述，他至少在2020年年初就不想再干了，但是提出这个想法被其他三人反对，但他仍然向亲戚朋友寻求其他收入来源，其先后与其妻子、堂弟等人商量过不做网络生意而去经营酒店、汽车检测线、白酒批发等。可以退回补充侦查据以印证和核实。

3. 对张某某的量刑应该不高于其他共犯。

（1）其他人也参与策划了051pay的运营，只是分工不同。

（2）其他人还自行组建团队，运营了其他平台，从而使得多个赌博平台顺利运营，影响是张某某的几倍。

4. 犯罪数额15.9亿元定性错误，只要认定他们并非直接从事赌博业务结算的行为，而是为赌博业务结算行为提供服务，就应该知道该行为只是一个传输和复核的数据的功能，即其并非直接对该数额进行结算（支付结转的行为不存在），其行为仅是对支付结算行为进行反馈和确认，定罪应该参考其非法所得的情况，五六十万元的非法所得并足以要在5年以上考察。

辩护人：北京盈科（衢州）律师事务所　池锦刚

2021年7月2日

张某某涉嫌非法经营罪
辩护意见书（二）

先阐述下本案中控、辩、行为人等各方均认可的几个重要事实，在此基础上我们来讨论刑事处罚定性和量刑的问题：

1. 张某某等人行为的内容是专门针对赌博网站服务，由行为人供述、技术鉴定报告、公诉人公诉意见等证实。

2. 张某某等人的行为是对接赌博网站和赌博结算——中介服务，具体为信息复核和反馈，目的是建立各方信任关系，也就是说张某某等人的015pay平台并不为赌博网站提供直接的资金结算，因为资金的沉淀、划转都不是这个环节内的事情。

3. 张某某虽是015pay的发起人，但在犯罪行为层面各行为人各有分工（发挥同等作用还是地位有区别或有争议）。

4. 目前赌博结算平台相关数据没能获取，相关嫌疑人尚未到案。

基于上述事实，本案对法律定性问题极其重要，重点分析如下：

关于本案被告行为的定性，应以帮信罪主犯或开设赌场罪从犯二选一，依照处罚较重的定罪，不可能构成非法经营罪。

1. 从立法目的看，国家有意将专门为其他犯罪从事费用（支付）结算行为规定为具体犯罪的共犯，从而与非法经营罪中无针对性的“非法从事资金支付结算业务”区别，这类司法解释也是很明确的：

(1)《最高人民法院、最高人民检察院关于办理赌博刑事案件具体应用法律若干问题的解释》(法释〔2005〕3号)第4条规定：明知他人实施赌博犯罪活动，而为其提供资金、计算机网络、通讯、费用结算等直接帮助的，以赌博罪的共犯论处。

(2)2010年《最高人民法院、最高人民检察院、公安部关于办理网络赌博犯罪案件适用法律若干问题的意见》，是在互联网的普及和上网用户的急剧增加，利用网络从事赌博活动也越发猖獗，网络赌博的组织活动进一步细化等新背景下制定的，对本案具有很好的指导作用，其中针对本案的情况作如下规定："二、关于网上开设赌场共同犯罪的认定和处罚　明知是赌博网站，而为其提供下列服务或者帮助的，属于开设赌场罪的共同犯罪，依照刑法第三百零三条第二款的规定处罚：……(二)为赌博网站提供资金支付结算服务，收取服务费数额在1万元以上或者帮助收取赌资20万元以上的……"

①上述内容中规定只要是为赌博网站提供资金结算业务，就以开设赌场罪共犯论处，并未规定为了一个赌博网站服务就以此罪论处，为多个服务就应以非法经营罪或他罪论处，作为最高层，对资金结算的概念是明知的，因此该"结算"与没有人民银行许可资质而从事一般普遍运用的"结算"具有本质区别，后者显然是一种扰乱在普通民众中的金融秩序。

②事实上，为多个赌博网站从事资金结算首先是有一个开设赌场的从犯，其次在从犯中相对于专门为一个赌博网站服务其情节相对严重而已，就如该条文中的第3项"(三)为10个以上赌博网站投放与网址、赔率等信息有关的广告或者为赌博网站投放广告累计100条以上的"。这说明为10个以上的赌博网站提供广告服务是一个立案起点情节，而为多个赌博网站结算服务则是一个达到立案标准且情节相对较重的情节。

(3)《刑法修正案(九)》第287条之二规定：明知他人利用信息网络实施犯罪，为其犯罪提供互联网接入、服务器托管、网络存储、通讯传输等技术支持，或者提供广告推广、支付结算等帮助，情节严重的，处3年以下有期徒刑或者拘役，并处或者单处罚金。

有前两款行为，同时构成其他犯罪的，依照处罚较重的规定定罪处罚。

该条文中同时构成其他犯罪的中"其他犯罪"指的是"他人利用信息网络实施犯罪"中的"犯罪"，很明显是一个上下游罪名，两者的关系是被帮助行为与帮助行为的关系，应当可以将该"支付结算"排除在无资质进行支付结算的非法经营行为中，否则该修正案将“支付结算等帮助”列入“帮信罪”的必要性荡然无存，立法目的无法实现。

这里需要强调的是本案中，各个被告还不是直接从事赌博活动的结算活动，而是为结算活动和赌博网站之间提供信息传递，也就是起诉书第2页中的“对接赌博网站和支付平台”据此只有两种可能：

①本案行为作为独立的行为而非其他犯罪的共犯（那也是从犯），该行为就根本不可能是支付结算行为，根据中国人民银行《支付结算办法》，支付结算是指：“第三条 本办法所称支付结算是指单位、个人在社会经济活动中使用票据、信用卡和汇兑、托收承付、委托收款等结算方式进行货币给付及其资金清算的行为。”而该办法中的支付结算从管辖目的看，第1条规定得很明确，明确保护的法益是社会主义市场经济秩序，而不是社会管理秩序，“第一条：为了规范支付结算行为，保障支付结算活动中当事人的合法权益，加速资金周转和商品流通，促进社会主义市场经济的发展，依据《票据法》和《票据管理实施办法》以及有关法律、行政法规，制定本办法”。因此，不可能包括为赌博网站服务这类社会管理秩序某一活动，而特指广泛性社会主义市场经济秩序中的支付结算。本案中，张某某的行为是为赌博活动的结算环节服务（活动环节是整个活动的一部分），其社会危害不可能超出赌博活动的社会危害。张某某的行为对于网络赌博，与网络赌博的危害对于社会管理秩序，都是部分与整体的关系。

②按照上述法理本案属于开设赌博罪从犯的从犯，应当比较开设相关赌博网站的行为减轻处罚的基础上再减轻处罚，而构成“帮信罪”则在基准刑内考察即可。

（4）《最高人民法院、最高人民检察院关于办理非法利用信息网络、帮助信息网络犯罪活动等刑事案件适用法律若干问题的解释》（法释〔2019〕15号）第12条规定：“明知他人利用信息网络实施犯罪，为其犯罪提供帮助，具有下列情形之一的，应当认定为刑法第二百八十七条之二第一款规定的‘情节严重’：（一）为三个以上对象提供帮助的……”

因此，该条文解释刚好也说明，本案中张某某为多个赌博网站对接供支付结算提供服务的行为实际上恰是构成“情节严重”的构成条件，而不是罪名转化条件。

2. 从定罪的法理逻辑看，应按照罪刑法定原则确定的犯罪构成，属于竟合的应该从法定类型中依法选择处罚。

(1)张某某行为系为赌博网站的结算业务即第四方提供信息复核和确认,其源头或犯罪目的是让开设赌场行为顺利进行,落脚点是让第四方结算平台能为赌场会员提供赌资支付结算,这是一个闭环,其危害性不可能超出开设赌场这一范围。国家就网络犯罪行为的帮助行为已经专门立法,独立成罪,本案构成“帮信罪”是首先要考虑的,《刑法》第287条之二中,已经明确在“帮信罪”的基础上,立法原意就是可能同时成为上下游的共犯,没有法律规定多个同一犯罪可以升级为其他罪名,因此不可能在罪名取舍环节植入了非法经营罪。也就是说,为多个赌博网站提供帮助升级为非法经营罪,是没有法律依据的,与罪刑法定原则相差甚远。

(2)公诉机关定非法经营罪的错误本质在于混淆了犯罪定性和定量的关系,本案中被帮助的一个赌博网站是开设赌场的行为,多个赌博网站也是开设赌场的行为。

(3)本案中的行为不是结算本身,而是在赌博网站和第四方平台之间建立信任关系,让两者相信入金和出金都是数额准确的。事实上,只要认识到张某某的行为本身不是具有《支付结算办法》中的货币给付和资金清算,而是为其提供信息核实和确认,结算的数额在第四方平台上是一个结算量,但在015pay这个平台上只是一个需要加工复核的数据,就如包庇罪中多次为犯罪提供通风报信或者为犯罪分子隐匿犯罪所得,虽然被包庇的犯罪数额较大,但是与包庇罪的处罚没有直接的关联性。从这个角度上说,如果定非法经营罪,就会将他人第四方平台上结算资金概念替换为数据信息概念,造成司法极不公平。

3. 本案定非法经营罪会出现诸多法律问题,同时导致罪责刑不相适应。

(1)被帮助的行为是开设赌场,而开设赌场罪的量刑幅度要比非法经营罪低得多。而事实上,其行为充其量是促成了开设赌场的顺利进行。

(2)在国家已经对该类支付行为设置了“帮信罪”罪名,如果仍然将该支付结算作为非法经营罪中一般性的“支付结算”,显然在达到立法目的上是南辕北辙,非法经营罪比“帮信罪”的量刑幅度也大得多,会造成极大的司法不公。一句话,在没有对赌场之外的领域进行广泛的结算,也没有接入其他领域的结算,社会危害范围是被限制的,被锁定在开设赌场服务范围内,不可能超出对社会管理秩序的破坏。

从国家一些热点案件最终的结果看，如非法收购玉米案无罪处理、赵春华非法持有枪支罪等案件都说明，社会危害性与刑法处罚的必要性必须做出慎重考量。

辩护人：池锦刚

2021 年 7 月 26 日

张某某涉嫌非法经营罪一审辩护意见（二次庭审后补充）

张某某涉嫌犯罪一案，此前第一次庭审法庭明察秋毫，辩护人认为合议庭在办案方面充分体现了《法官法》第 5 条关于勤勉尽责的规定，经过再次庭审，事实更加明确。

1. 通过对 015pay 平台的工作过程的核实发现：该平台是赌博活动中的一环，即最终的赌资结算传递信息，赌博行为涉及大量的资金结算，无论是放在赌场内还是赌场外，都同时会对金融监管造成危害，法庭应该意识到公诉人的意见犯了一个概念上的错误——错将开设赌场本身存在的扰乱资金监管的危害作为非法经营罪犯罪构成要件。因此，如果本案被告以非法经营罪定罪，会出现相对开设赌场罪辅助行为与组织行为刑期倒挂的不公正现象。这也是辩护人强调该案中被告人说对上衔接的那个“支付结算”不符合支付结算管理办法中规定的、人民银行管辖的“支付结算”构成要件，不属于人民银行管辖的范畴，人民银行颁发《支付结算许可证》与否对该案没有实质影响。

2. 本案中共犯的概念存在对外和对内两个：一是 015pay 平台与其他对接平台之间的主从关系，二是本案中 3 被告的主从关系。但公诉机关认定主从关系无视 3 被告整体对外的主从关系，以对被告人不利的标准来认定主从犯。事实上，本案 3 被告都是从犯，但在从犯中，3 人另有分工确定地位。

3. 关于 3 人的地位，庭审中在查明本案行为构成几个环节中，张某某确实就对外关系的两个环节负责，不足以认定为主犯，公诉人所谓案卷中反映的团队合作关系是技术层面是错误的，与案卷中第二被告、第三被告说法不符，也与庭审中审判长再三讯问被告人的陈述不符。仅考虑犯罪所得分发而不考虑实际发挥作用明显是对刑法总则的错误适用。而从犯罪所得看,各被告犯罪所得差异不大,现在在量刑上差异却如此之大,难圆公平公正。

4. 庭审中还有一个重大发现:015 平台对接得还不是直接具有支付结算功能的平台,它实际是对接平台的对接平台。这就说明:

(1)从支付结算平台到 015 平台中间还有平台,其社会危害性的逐级递减的,3 被告是从犯的从犯;

(2)从 015 平台的位置看,距离支付结算越来越远,距离赌博平台最近,如此仍然要认定非法经营罪,就更加牵强了。因为庭审查明的支付结算的功能比公诉机关认为的进一步弱化了。

5. 犯罪所得认定错误:即使服务器租金是按月支付,也不能改变先租服务器再开展盈利活动的社会规律,因此张某某的犯罪所得不可能超过 50 万元,法庭要考虑的是 15 万元租赁费用要不要从 50 万元所得中扣除。

张某某案一审辩护(提纲)

作为辩护人,本人经过认真阅卷,听取被告人详尽阐述案情,听取了多位法学专家、金融专家的意见,现就本案涉及罪名、主从犯界定、犯罪数额三个方面发表独立意见如下:

1. 被告不构成非法经营罪。

公诉机关指控非法经营的主要依据是与结算平台对接,侵害了金融管理秩序,该说法明显不符合犯罪构成且与人民银行支付结算管理办法规定矛盾,不但错将开设赌场本身具有扰乱资金监管的危害替换为非法经营的危害(无论本案被告是否为赌资结算服务,结算是赌场的必要条件,否则就是娱乐),而且会带来犯罪构成方面的诸多问题:

(1)被告行为系为赌资结算提供便利,与正常金融秩序没有关联性,其侵害的法益被锁定在开设赌场的链条中,赌场将结算环节放于赌场内与赌场外没有本质区别。其上游结算是开设赌场的一个环节,事实上,015pay 与上游平台可以作为一个板块整体嵌入赌博平台,也可以另行搭建独立平台,其行为的实质都是赌场交易的一部分,以避免被侦查发现,公诉机关以服务的赌博平台个数以及平台的独立性评价行为性质,显然只看表面不看本质,同时将定量或者情节轻重代替行为定性。本案中的结算具有针对性,在赌场及附属设施范围内形成闭环,其破坏力无法冲击出开设赌场之外的社会利益(金融管理秩序),其危害再大也大不过被辅助完成的开设赌场行为。

(2)三被告的行为只是对接了上下游,对信息交流进行核实,其主要任务是帮助赌博平台和赌资结算核实数据的准确性,不涉及结算,核实和结算的本质区别:核实的是信息,该信息恰好表现为数字,而结算是对数额的加减进行加工,以方便后续收支。015平台并不关心、不涉及结算事宜,即入金数额、盈亏多少、扣点结余、出金数额多少等。

(3)非法经营与合法经营相对,支付结算的资质是由专门的金融管理部门管辖的,“是否经过人民银行审批后成为合法行为”是判断构成非法经营的标准,否则就是与定非法经营罪所保护的对象没有关联性,行为定性也就错误,而本案中从事赌资结算的上游平台无论人民银行批复与否都是非法的,人民银行也不会给非法的、专营的平台发牌照,同理,即使人民银行发了《支付结算许可证》,该类上游平台仍然应该受到法律制裁,也就是经营合法与否不是本案讨论的范畴。

(4)从证据的角度说,定非法经营罪是以上游赌资结算平台作为依据,证据相对不充分,而定开设赌场罪从犯或“帮信罪”主犯,都有相对充分的证据,所有证人也均与赌博有关,所指认也是beplay sports这类赌博平台。庭审中还发现,公诉机关指控的对接支付平台中实际上还是同性质平台。

2.015pay平台是为赌博的两个环节做辅助,平台中的三被告都应以帮助犯性质的从犯论处,张某某只是在三个从犯中属于情节较重的人。

公诉机关认定张某某主犯主要依据是015pay平台相对于赌博平台的独立性,又相对于赌资结算平台的依附性,又依据共犯理论认定其老板的身份即主犯,显然都在偷换概念,对犯罪团伙内外部关系树立双重标准,流于表面的身份关系判断与实际分工及另外两个被告的案卷笔录相矛盾。庭审中法庭已经查明:涉及015平台的源代码准备、平台搭建、运行维护、上下游对接四个环节中,张某某只负责头尾两个环节的部分内容,其每周一次共同决策也是固定的。

(1)定张某某主犯与定非法经营罪的事实依据形成矛盾,两者必有一错。定非法经营罪的依据是015pay辅助了支付结算平台,罪名应该与支付结算平台相同,该依据表明015pay集团是帮助犯,这是三被告在对外关系上的定性,而认定其是主犯是因为其在三者当中属于主导者，这显然是一种三人当中的内部关系，将内外关系混淆，显然是与刑法总则立法相悖，是一种逻辑混乱。事实上，从犯中也有情节轻重之分，如果对另外二被告在3年缓刑内考察，则对张某某以3年～5年考量较为合理。

(2)在量刑上，上述开设赌场罪从犯或“帮信罪”主犯不但量刑上能保持相对平衡，更能说明司法解释从一重处罚的微调效果，而且量刑结果也会让三被告作为从犯与案卷中反映的情节更能协调呼应，体现罪责刑相适应，而如定非法经营罪则直接导致三者在犯罪中分工、收入等情节差异不大却量刑差异过大，无法让常人感到公平正义。希望法庭能从司法解释从一重处罚的本义是微调而非大调整的技术角度充分考虑意见。

(3)在事实上，张某某的犯罪情节与其他二被告有差距但不至于以5年以上和3年缓刑来衡量：案卷中反映三者实际收入差距不大；张某某打算关停平台并提出但并未经另外三人同意，案卷中不止一次张某某表现出案发前后的悔罪态度好；张某某的江湖义气导致他在侦查阶段一了解到另外二人称钱是工资后，马上一个劲儿地说自己是发工资的，事实是拿到提成后分发的行为，案卷中其实从陈某志的笔录中有所反映，其他二被告基本认可大家是一个团队，各有分工，收入又相当，能够相互印证。另外，在公司事务决策上，四人基本采取每周一次开会共同决策的方式，而非由张某某一人策划，张某某从2020年10月到12月多次提出关停平台被否决就是一个例证。

3. 关于犯罪所得，张某某的犯罪所得应该被认定为50万元，其实际最终赃款是35万元。服务器15万元肯定是先垫付下去而不是赚到65万元后再去租服务器，这是符合常理的，检察院应该纠正。15万元无论是每月分批支付租金还是一次性，都是先支付租金后出租方才给予使用，继而产生盈利，公诉意见明显本末倒置。

综上，如全面采纳公诉意见将大大降低本案的办案质量，出现诸多矛盾和问题，辩护意见合法又合情理，有利于本案在一审顺利被各方接受。请法庭综合考虑本案罪名尚有争议存在，目前省内外该类行为基本是以开设赌场的从犯论处，再考虑三被告量刑方面的平衡，张某某的主观恶性不大，悔罪态度好，又系初犯偶犯等因素，给予宽大处理。另外，张某某父母身体不好，长期患病，持续住院，家中尚有90多岁的爷爷，因参加抗美援朝曾身负重伤，奶奶也近90岁，都希望与其早日团聚，他们委托本人代为传达，希望法庭从司法人道主义出发，给予宽大处理。

辩护人：池锦刚

2021 年 11 月 3 日

刑事上诉状

上诉人：张某某，男，1985 年 11 月 20 日出生于辽宁省沈阳市，现羁押于衢州市看守所。

上诉人因被诉非法经营罪不服衢州市 K 区人民法院（2021）浙 0802 刑初 328 号判决，现提出上诉。

上诉请求：请求二审法院查清事实并依法重新定性后依法改判，减轻对上诉人的处罚。

事实与理由：

1. 一审定罪错误，张某某不构成非法经营罪，而应以构成其他罪名（开设赌场罪或“帮信罪”）择一重处罚。

（1）被告行为在赌场内形成闭环，其危害不可能超过开设赌场主犯，一审定非法经营罪导致刑罚与危害不匹配，刑期倒挂。本案中张某某等被告行为只是为赌资在其他平台上的结算提供其中一环的服务（赌博行为全过程大致为入金、下注、申赎、结算、赎回）——结算信息的传递，其社会危害性也不可能超过开设赌场，其行为本应认定为开设赌场罪，因对该类网络犯罪专门设置了“帮信罪”，因此应该在该两个罪名中择一重处罚。

（2）一审错将开设赌场产生的社会危害替代为非法经营罪的犯罪构成要件。非法经营罪和开设赌场罪均存在扰乱金融秩序的情况，本案中接收 015pay 传递的信息终端平台存在赌资沉淀的情况，但该情况系开设赌场固有的情形，如对货币监管存在危害，那也是赌场的危害，而不能张冠李戴，认为是非法经营的依据。

（3）所谓结算行为没有足够直接证据支持，仅靠传来证据，而开设赌场附属行为比较明确。仅从赌资结算看，一审中可以明确的事实是 015pay 平台对接的大部分平台仍不存在支付结算功能,还是部分平台是否具有结算功能,目前没有证据证明。这也证实了015pay在赌博链条上更加接近赌博网站,而离赌资结算更加遥远,定开设赌场罪更合适。同时,犯罪所得均来自赌博网站也能说明。

(4)是否取得支付结算执照与张某某等人犯罪行为没有因果关系,因为无论人民银行是否颁发执照,015pay只是按照赌博平台的要求为赌博人员传递信息,而可能存在的终端结算的平台即使没有执照仍能在赌博环节中扮演赌资结算的辅助者角色。

2.一审认定张某某为主犯错误,未能准确适用刑法总则区分主从犯。

(1)一审未能区分犯罪集团内、外部两层次,错将内部相对主导作用作为定主犯的依据,忽视三被告整体上都在从事辅助行为(如定"帮信罪"则另当别论)。一审公诉机关已经明确,本案共同犯罪是指:三被告与上下游的赌博网站和赌资结算平台构成共犯;三被告在015pay平台层面构成共犯。因此三被告整体上均为从犯,除非本案定"帮信罪",因为张某某不可能对赌博网站及其他平台能起到主导作用,恰恰相反,三被告的行为都是其他网站的帮助犯。

(2)定非法经营罪与主犯的出现是相互矛盾的。非法经营罪依据是对上游可能存在的结算平台从事过帮助行为,因此与下游赌博网站的开设赌场罪一样,均为辅助功能,而本案015pay至少大部分对接的平台还不具备结算功能,需要对接后的平台再次对接,因此是从犯的从犯,由此看量刑仍然过重。

因此,015pay平台是为赌博的两个环节做辅助,平台中的三被告都应以帮助犯性质的从犯论处,张某某只是在三个从犯中属于情节较重的人。

(3)一审以张某某"雇佣"其他二被告认定内部主导作用也是错误的,应依据刑法总则关于在犯罪中发挥的作用来认定,据此,案卷反映及庭审查明张某某与其他二被告是一个团队,只是在分工中,张某某负责了对外的大部分事务,另二人负责内部技术,一审庭审中反复就这个问题已经再明确不过,三者刑期不可能差距过大。一审判决无法体现个案公平正义,出现同一个案件两套裁量标准。

3.一审对张某某犯罪所得认定错误,张某某犯罪所得应在50万元与35万元之间取舍。

案卷中反映其他被告犯罪所得为30多万元,张某某犯罪所得为40万~50万元,争议在于服务器租赁费用为15万元,张某某在公诉人提审时告知服务器费用为15万元,庭审中张某某再次明确:无论租金是月付还是一次性支付,都是先垫付服务器租金再产生犯罪所得,最后各被告将最终犯罪所得相加知道自身所得多少。因此,即使将15万元作为成本不予以扣除,张某某犯罪所得为50万元,最终取得利益为35万元。

一审中,上诉人之辩护人已经提供大量的省内同类案件判决的案例检索报告,不仅是赌博网站的中介平台,甚至是直接结算的平台均大部分以开设赌场罪从犯论处,其余少部分以“帮信罪”主犯论处。

综上,恳请二审法院统一案件定性标准,公平公正地依法重新作出判决,上诉人虽对判决感到不平,但羁押期间每日反省已过,希望二审法院给予上诉人一个尽快回到社会重新做人的机会。

上诉人:张某某

2021年11月29日

张某某涉嫌非法经营罪
二审辩护意见书

与张某某一样,辩护人对于本案定罪和主从犯认定错误,可能带来的个案不公,以及对本地区基层法院与类案法律适用不统一等问题表示担忧,我们都期待二审能作出一个公正公平且具有多重意义的判决,具体理由如下:

1. 从结算的对象是赌资性质看,张某某的行为与是否构成非法经营罪无关,同时从证据上也不足以认定存在赌资结算。

(1)一审公诉机关指控张某某等人对接赌博网站和赌资结算平台,一审判决认定对接赌博网站和“未经许可的支付通道或最终与未经许可的支付通道对接”,即均已经一致认可其是一个信息中转站,这就表明:张某某的行为与赌博网站的程序开发、服务器接入、网站的推广、赌资支付结算等环节并列,都是其中一环,其对接的结算相对开设赌场具有行为附属性、目的帮助性和侵犯法益的统一性。

(2)所谓张某某等人最终对接到了支付结算,其结算对象仍然是赌资,该015pay平台上的数据和其他信息均与赌博数据有关,无论最终对接的结算平台是否对外进行其他结算,015pay的对接行为仅与赌博网站数据具有关联性,其侵害的法益与开设赌场相统一，危害性也应该小于开设赌场本身。开设赌场犯罪本来对金融秩序有一定破坏，赌场内资金往往游离于金融市场监管之外，显然一审未能深入研判该要点。

(3)将张某某等人的行为与结算挂钩，显得证据距离过于遥远。现有证据无法证明其对接的平台具有支付结算功能，一审法庭发现公诉机关该指控的问题，且在庭后专门向三被告核实，得出的结论是015pay对接的平台无法直接结算赌资，至少要进行再结转，既然对接的平台在犯罪安排中没有结算功能，自然不需要人民银行颁发许可证，同理不可能与非法经营有关系。

(4)关于是否最终对接到结算平台，一审在举证质证环节其实已经否认了公诉机关的意见，公诉机关认为对接了100余个平台均未取得人民银行支付结算许可，而该说法没有证据证明，而是一种对证据的误解，同时侦查人员出庭也证实了其《情况说明》中“100余个平台用户”“不是指015pay类似的平台，而是指挂在赌博平台上用于资金计算的100余个账户”(判决书第6页第1~3行如是说)。

(5)在证据证明力上，相对赌资结算平台无法确认、争议较大又无直接证据证明而言，赌博网站的对接或关联性比较明确，控辩双方及被告人均予以认可。被告人认罪态度是很好的，相对比较可信，其认为直接对接到赌博网站是明确的，但其未见传给另一方的数据被用于直接结算也是事实。上述情况说明本就被公诉机关认为是证明支付结算行为最有力的证据，但该证据本身只是一份侦查人员出具的证人证言，内容上是一种办案感受，属于传来证据，证明力弱。

综上，仅仅对赌资的结算不应认定为一般市场交易中的支付结算，赌资结算平台是否取得执照许可不是罪与非罪的决定因素(即使利用经过许可的微信或支付宝等平台从事赌资结算反而与本案定性一致)，而是一个干扰项，“支付通道未经许可”是个伪命题。同时以支付结算作为本案定罪依据还会带来司法证明力的问题，影响判决的合法性和公正性。

2. 张某某团队从事的是帮助行为，在上下游犯罪客观存在时，认定主犯是错误的(认定帮信罪的主犯除外)，同时张某某发挥作用是可以通过量化与其他二人比较的，三者危害性至少是相当的。

(1)从三被告整体上看，本案是典型的整个团队一同从事帮助行为的案件，即三被告组成一个团队共同为对接赌场和赌资结算架设桥梁，在015pay这个三人合作的载体中,张某某起到主导作用而已。因此,整体而言或对外关系而言,三被告在刑法总则层面属于帮助犯,如果罪名与所帮助的对象一致,应该属于从犯,应该从轻减轻处罚为宜,即应该在3年以下考察。

(2)在三被告内部,如前所述,一方面015pay平台中张某某是主导,但是张某某仅运营015pay一个平台,而其他二人同时为“趣支付”“恒顺”“西游记”“Epay”“九离”等平台从事技术活动。而且,在015pay平台上,该二人也并非仅仅负责技术,一审质证中辩护人及张某某也已经指出其他二人负责过其他工作,经分析张某某在分工中占50%的工作量,其他二人也在案卷中承认三人是一个团队,而非主雇关系。因此,张某某的量刑应该与另外二人相当。

3. 张某某行为情节特别严重没有依据,混淆含有数据的信息(恰巧信息中含数额,还有其他内容)传递与从事结算活动之间的概念,且累加的两个数据之间有矛盾,不能用于定案依据。

(1)情节的认定方面,本案认定情节特别严重的依据是结算数额特别巨大,该定性也是错误的。一方面法庭调查明确了最多只是为后续结算传达了信息而非结算本身,没有结算行为自然结算数额尚未产生;另一方面涉及的数额定性有问题。如前所述,一审在法庭调查环节已经明确张某某所涉015pay只是对接上下游平台,对接的方式是传递信息,在笔录中也将细节明确,是为赌客传递信息,只是该信息的主要内容是赌资出入金额,同时还有汇入时间等,实际上不涉及交易和换算,具体结算可能会在对接的下一个平台继续传递,该要点一审法官和检察官第一次庭审后还特意去看守所提审确认,结果确实是不涉及结算,只是为后续赌资进出传达信息。假如本案对接或传达的信息是赌客的账号、昵称等,那又如何定性?!

(2)涉及数额方面情节的完成情况看,即使是为后续结算传达了涉及特别巨大数额的信息,但从行为过程看结算尚未完成,是参与结算的准备工作,属于预备犯的范畴,在情节上也是应该下降一档,从而比较后续实际从事数额特别巨大结算的主体,应该也在一般的严重情节内考量。

(3)从具体数额看,一审查明所谓015pay“为赌博网站充值15.9亿余元,提现21.2亿余元”错误在于:一方面如前述该平台无法完成充值和体现,只是传达赌客需要充值和体现的要求,无论数据多少只是含有数据的信息而已;另一方面充值和体现之间差异较大,差额5.3亿元除非沉淀在该平台,而本案明确不涉及资金实质性结算,不会产生资金沉淀,因此该相互矛盾的数据不能作为定案的依据。

(4)从法庭调查过程和结果看,一审举证环节也未涉及21.2亿元的体现金额,判决书第5页就一审确认的证据中也未涉及该数额,在证据3中也认定为交易水流显示15.9亿余元,可见数据冲突属实。

4.犯罪所得认定错误,一审对张某某退赃金额及罚金判决错误。

(1)本案三被告其他二人犯罪所得直接以供述的数额认定,而张某某供述的非法所得为40万~50万元,因此应在有利于被告人的原则下认定张某某犯罪所得为40万元,以便在同一案件中认定标准统一。

(2)案件涉及张某某另行支付服务器15万元的问题,根据行为过程,肯定是先支付服务器租金才得以将服务器使用后产生犯罪所得,前期投入服务器的款项记录犯罪所得没有依据,如需以犯罪成本计入,首先应以40万元为基数累加,其次服务器租金最多加入一部分——产生所得后再次支付的月租金,而这方面没有证据证明的情况下,显然应该尊重“先以自有合法资金租服务器,后产生犯罪所得”的逻辑排除该15万元的计入。

5.一审中辩护人提供了案例检索报告,佐证该案不宜定性为非法经营罪,法庭没有审阅,忽略全国及本省其他地区同行审判规则,以特立的定性方式为本案定性,明显违反最高人民法院的法律适用要求。

《最高人民法院统一法律适用工作实施办法》(法〔2021〕289号)第1条、第6条第1款第2、3、8项等条文均明确通过类案,特别是辩护人提交过案例检索报告的案件应该进行案例检索,统一法律适用。对于“为赌场支付结算”的定性,一审开庭前辩护人搜索了最高人民法院典型案例及判决,没有发现,而辩护人同时搜索了本省其他地区所有的类案,均未见以非法经营定罪,70%左右是以开设赌场的从犯论处,30%左右以“帮信罪”论处,刑期基本在3年内。辩护人认为该类问题最高人民法院是认为不需要做出指导,也就是各地法院基本是正确的,说明最高人民法院是认可上述定性的。(详见一审提交的案例检索报告)

本次二审中,辩护人再次检索最高人民检察院典型案例发现:2021年11月29日,最高人民检察院发布《检察机关依法惩治开设赌场犯罪典型案例》中,就有本案同样的情形以开设赌场罪定罪的。(详见案例检索报告二)

综上,本案二审改判理由充分,对于本案我们应该尊重事实,而对于类案,我们应该尊重法律。

辩护人:池锦刚

2022 年 1 月 27 日

附:案例检索报告一(本省)

案例检索报告二(最高人民检察院)

赌博类犯罪过程示意图

张某某犯罪案件
案例检索报告一(本省)

下列案件与本案具有极大的关联性,同时对本案事实法律性质的认定,具有极大的参考价值:下列案件为赌博网站提供直接的结算服务,基本以开设赌场罪的从犯判处,而本案是为此类直接的计算服务而提供中介服务,即应以开设赌场罪“从犯的从犯”论处。辩护人认为,如果对本案和下列类案做出不同的评价,这么多相同行为被认定为开设赌场的从犯,部分被认定为“帮信罪”主犯,本案却要在牵强中、重大争议之下一意判定为非法经营,这是典型的司法审判双重标准,这将极大地影响司法公信力,极大地影响法院既判力。辩护人恳请法庭对此理性重视,统一判定标准,统一各方意见,公正稳妥判决。

序号	案情(参照的被告人为视角)	情节依据	判决结果	案号
1	张某组织他人直接从事多个赌博网站结算服务,非法获利经测算约 40 余万元	从犯 坦白 认罪认罚 退赃 5 万元	开设赌场罪,有期徒刑 2 年 8 个月 + 罚金 3 万元	(2020)浙 0726 刑初 252 号
2	余某强负责维护运行何某伟创建的网络平台,为菲律宾的赌博网站提供支付结算服务,并提供银行卡用于结算“跑分”	从犯 认罪认罚 初犯	开设赌场罪,有期徒刑 1 年 10 个月 + 罚金 2 万元	(2021)浙 1082 刑初 217 号

续表

序号	案情(参照的被告人为视角)	情节依据	判决结果	案号
3	王甲、王乙、蒋某等人明知为赌博网站提供支付结算服务的网络平台,仍注册账户并绑卡,继而为赌博网站收取赌资从中赚取提成	从犯 坦白 认罪认罚	开设赌场罪,有期徒刑1年2个月至5个月(部分缓刑)+罚金10,000~25,000元	(2021)浙1082刑初139号
4	王某波、胡某(参照者)等在明知是赌博网站,为其担任银商,为赌博网站提供资金结算服务	从犯 坦白 自首 退赃	开设赌场罪,有期徒刑3年缓刑5年+罚金20万元	(2019)浙07刑终991号
5	刘某远先参与研发赌博APP,后搭建"天天快付"支付平台为第四方支付,为赌博APP提供资金结算服务,刘某远获利300余万元	从犯 积极退赃3万元	开设赌场罪,有期徒刑4年8个月+罚金270万元	(2020)浙04刑终280号
6	艾某飞等人搭建"天天快付"支付平台为第四方支付平台,为赌博APP提供资金结算服务,获利27万元	从犯 退赃27万元	开设赌场罪,有期徒刑3年+罚金16万元	(2021)浙04刑终22号
7	周某明知游戏平台为赌博平台的情况下,为赌客进行充值、退现服务	主犯 庭审中自愿认罪	开设赌场罪,有期徒刑3年6个月+罚金20万元	(2019)浙0105刑初40号
8	陈某强组织多人明知上家资金为开设赌场的赌资,仍为其打入赌博人员账户,非法获利5万元,涉结算资金1800万元	主犯 认罪认罚 退赃4500元	帮信罪,有期徒刑1年2个月+罚金5000元	(2021)浙0212刑初101号
9	施某鸟等人明知他人利用信息网络实施犯罪,搭建的第三方、第四方支付系统,以虚假交易方式,仍为其提供支付结算帮助,总获利70万元,个人获利20万元	主犯 退赃32万元 坦白	帮信罪,有期徒刑2年缓刑2年6个月+罚金13万元	(2021)浙1122刑初72号

拟证明：

本案	案情(参照的被告人为视角)	情节依据	建议定罪量刑	
	张某某等3人明知赌博网站需要结算,为其传递赌客注册信息、赌资充值信息,传递至最终可能接受赌资结算的平台,个人获利40万元至50万元	帮助犯 积极退赃表示坦白	开设赌场罪,从犯 或帮信罪,主犯 3年缓刑加罚金 或1年~3年实刑加罚金	

提交人:池锦刚律师

附:判决书原文(一审已经提交)

案例检索报告二(最高人民检察院)①

● 检索目的

1. 从最高人民检察院公布的有关开设赌场第三个以及第五个典型案例可以看出,犯罪嫌疑人为赌博平台提供赌资结算服务应当以开设赌场罪定罪量刑。

2. 赌资结算环节无论是根植于赌场内,还是独立于赌场之外成为一个独立实施的环节,都没有改变其作为帮助完成赌场牟利的环节性质。

● 法条链接

《最高人民法院、最高人民检察院、公安部关于办理网络赌博犯罪案件适用法律若干问题的意见》第2条关于网上开设赌场共同犯罪的认定与处罚:明知是赌博网站,而为其提供下列服务或者帮助的,属于开设赌场罪的共同犯罪,依照《刑法》第303条第2款的规定处罚:

1. 为赌博网站提供互联网接入、服务器托管、网络存储空间、通讯传输通道、投放广告、发展会员、软件开发、技术支持等服务,收取服务费数额在2万元以上的;

2. 为赌博网站提供资金支付结算服务,收取服务费数额在1万元以上或者帮助收取赌资20万元以上的。

① 来源:中华人民共和国最高人民检察院官网,https://www.spp.gov.cn/spp/xwfbh/wsfbh/202111/t20211129_536894.shtml。

● 典型案例

2021年11月29日，最高人民检察院召开以“依法履行检察职能，从严惩治开设赌场犯罪”为主题的新闻发布会，发布检察机关依法惩治开设赌场犯罪典型案例。

检察机关依法惩治开设赌场犯罪典型案例

1. 刘某某、曾某某等11人开设赌场案（略）

2. 吴某等63人开设赌场系列案（略）

3. 宋某某等11人开设赌场案

【基本案情】

马来西亚居民熊某某（原中国籍，在逃）为牟取非法利益，自2017年10月至2019年8月，实施网络开设赌场犯罪。为方便与境内参赌人员收付结算赌资，被告人宋某某、家某某、卫某某等人与在国外的熊某某合谋，雇佣被告人万某等人，在山西省运城市、长治市等地开设“网络工作室”，为熊某某的网络赌博平台发送赌博广告信息，提供赌博平台链接，并大量收购银行卡、身份证、网银U盾、支付宝（俗称“四件套”），用于为网络赌博平台收取赌资。通过网上银行向境外进行赌资结算，或直接提现，偷越国境将赌资运往境外，涉案资金高达3亿余元。另查明，该团伙部分成员还实施了非法拘禁，盗窃，掩饰、隐瞒犯罪所得，贷款诈骗等犯罪。

山西省运城市盐湖区人民法院于2021年6月29日作出一审判决，以开设赌场罪、非法拘禁罪、偷越国境罪分别判处被告人宋某某等11人2年6个月至8年6个月不等的有期徒刑，并判处相应的罚金。该判决已生效。

【办案过程】

山西省运城市检察机关在办理该案中，准确认定事实，精准适用法律。检察机关认为，网络赌博网站结算赌资过程中收购使用“四件套”，其是为网络赌博结算赌资而实施的，是开设赌场犯罪行为的一部分，应当评价为开设赌场犯罪。

【典型意义】

借助互联网的便利性，新型赌博犯罪中，赌资收付、变现作为开设赌场犯罪牟取暴利的重要组成部分，已成为一个独立实施的环节。该案中，宋某某等人并没有直接实施开设赌场的行为，但其与组织实施网络赌博的人员事前共谋，代为收付结算赌资并变现，与直接实施开设赌场犯罪的熊某某构成共同犯罪，应当按照开设赌场罪对其进行评价。同时,在新型开设赌场犯罪中,因为犯罪分工更加细化,犯罪链条长,参与人员多,也易衍生、伴生多种犯罪,该案中,涉案人员在实施开设赌场犯罪过程中,该团伙部分成员还实施了非法拘禁、偷越国境等其他犯罪,社会危害性大。

4.唐某某等9人开设赌场案(略)

5.陈某某等14人开设赌场案

【基本案情】

2018年10月至2020年8月,陈某某伙同他人雇佣朱某某、丁某某等人在某国建立工作室,形成较为固定的赌博犯罪集团,下设值班财务、主持、推码手、代理等岗位。该犯罪集团通过国内的即时通信应用软件建立网络赌博平台,组织我国公民在境内通过直播网站观看境外赌博实况视频并接受投注,以赌场洗码返水的方式获利。其中由值班财务负责为赌客提供赌资充值、提现等资金结算服务,并发送赌场直播网站网址和桌位号;由主持负责接受赌博群内赌客下注,统计下注情况和发布输赢结果;由推码手负责赌场的现场下注。其间,该犯罪集团经手转账赌资达8746万元以上。

浙江省平阳县人民法院于2021年6月25日作出一审判决,以开设赌场罪判处被告人陈某某5年有期徒刑,并处罚金,该判决已生效。其余同案人员尚在审查起诉阶段。

【办案经过】

浙江省温州市平阳县人民检察院在办理该案过程中,准确认定犯罪集团成员架构,审慎采取强制措施,坚持分层处理、区分罪责的原则,对该犯罪集团的6名一般参加者不予批准逮捕;针对侦查机关移送起诉时涉案赌资仅为34万元,赌资认定存在难点等问题,通过自行补充侦查,以用于支付结算的黑灰产业链为切入点,倒查赌资结算路径,排查犯罪集团相关人员及亲属的支付结算账号的大额、异常流水,明确涉赌支付结算账户以及赌资数额认定规则,将原认定的赌资由人民币34万元增至8746万元。

【典型意义】

近年来,跨境赌博犯罪活动向互联网迁移,其中赌资数额的认定,常常需要通过电子证据证实,认定困难。而准确认定该事实,既有利于依法打击赌博犯罪,斩断犯罪分子通过违法犯罪获利的利益链,也有助于摧毁该类犯罪的经济基础，最大限度剥夺犯罪分子再犯能力。该案中检察机关充分发挥检察职能，通过自行补充侦查，准确认定开设赌场犯罪赌资数额，依法严厉打击此类犯罪，同时积极贯彻少捕慎押的刑事司法政策，实现办案“三个效果”统一。

附：辩护人评述意见

辩护人评述意见：

判决之所以不认定“结算赌资”为非法经营罪，法理依据：

1.“为赌博网站从事结算业务”在《关于办理非法从事资金支付结算业务、非法买卖外汇刑事案件适用法律若干问题的解释》中找不到对应的情形，[①]而从立法本意看，“其他非法从事资金支付结算业务的情形”这一条款明显属于兜底条款，其设立目的是适应支付结算方式不断变化的需要，而该司法解释出台的背景刚好已经考虑到了诸如“地下钱庄”为赌博网站等从事资金结算服务。因此，兜底条款不适用本案。

2. 非法经营会导致刑期倒挂，“从犯”量刑高于“主犯”，罪责刑的不相适应：结合整个犯罪情节来考虑，为赌博网络提供资金支付结算服务的行为人，如果被定性为非法经营罪，则最高刑期为15年有期徒刑；行为人从事的是为赌博网站开设赌场的帮助行为，而开设赌场的行为人(主犯)将会被以开设赌场罪定罪量刑，最高刑期不过10年有期徒刑，这样势必就会造成“帮助犯”的量刑比“主犯”更重而最终导致罪责刑的不相适应。

3. 本案一审中公诉机关及法庭的错误认定实际上是错把想象竞合当成法条竞合，将法条竞合情形适用从一重处罚。通常来说，如果是想象竞合犯，应当从一重罪处断；而如果是法条竞合，则应适用特别法条优先原则。想象竞合是一行为触犯数罪名的行为竞合；而法条竞合则是刑法条文的竞合，“从数个法条之间的逻辑关系来看，只能适用其中一法条，而排除其他法条”。[②] 非法经营与开设赌场，具有法条的包容关系。首先，非法经营中的“非法从事资金结算业务”的行为被开设赌场罪中的“非法从事资金结算业务从而为赌博网站提供资金结算服务”的行为所包容。其次，从实质上看，笔者认为，单就行为人为赌博网站提

① “(一)使用受理终端或者网络支付接口等方法，以虚构交易、虚开价格、交易退款等非法方式向指定付款方支付货币资金的；(二)非法为他人提供单位银行结算账户套现或者单位银行结算账户转个人账户服务的；(三)非法为他人提供支票套现服务的；(四)其他非法从事资金支付结算业务的情形。”

② 张明楷：《法条竞合与想象竞合的区分》，载《法学研究》2016年第1期。

供资金支付和结算服务的犯罪事实部分，实质上是开设赌场的“帮助”行为，以开设赌场罪足以充分评价该部分的犯罪事实。

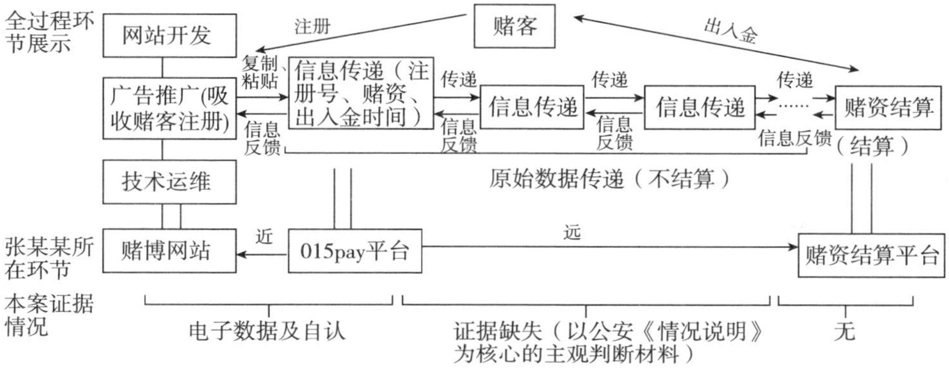

赌博类犯罪过程示意图

李　华

盈科律师事务所创始合伙人、盈科全国业务指导委员会主任。

李华律师作为盈科全国业务指导委员会主任，负责盈科体系内的专业化建设，带领盈科律师，构建出完整的专业化法律服务体系，包括研究院、专业委员会及综合性法律中心，推动盈科律师专业化的法律服务，以适应法律服务市场不断细分的需要。在此基础上，通过集成各专业委员会纵深化的法律服务能力为客户提供综合性的法律服务。

曾荣获全国律师行业优秀党员律师、北京市优秀律师、朝阳区优秀律师、朝阳区首届优秀女律师、朝阳区优秀党员的荣誉称号，钱伯斯《大中华区指南2023》TMT：数据保护&隐私领域上榜律师。

池锦刚

1981年生，浙江大学全日制法律硕士，现任衢州职业技术学院教师、盈科衢州兼职律师，同时担任衢州市人大常委会备案审查专家库成员，具有十年法律实务经验，具有丰富的经济金融风险事务管理经验，擅长经济、金融民商事纠纷、经济犯罪辩护、企业风险防控等。同时善于研究和办理各类疑难民商事案件和复杂的法律风险处置方案，办理多起涉及大型借款担保免除、票据、建设工程、合同等类型典型案件，相关法律实践研究成果多次在《行政与法》《法治研究》等核心期刊发表，并曾在省、市级实证型课题研讨中多次获奖，多次主持、参与市厅级课题研究。